# LE PROCÈS

DU

# MARÉCHAL BAZAINE

NANTES, IMPRIMERIE JULES GRINSARD.

# LE PROCÈS

## DU

# MARÉCHAL BAZAINE

## PREMIER CONSEIL DE GUERRE

### SÉANT AU GRAND-TRIANON (VERSAILLES).

## TOME III

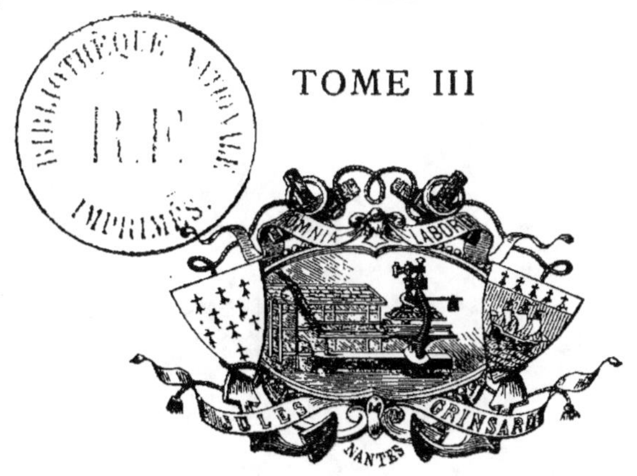

PUBLIÉ PAR

## JULES GRINSARD, IMPRIMEUR-ÉDITEUR

### SUCCESSEUR DE M. H. CHARPENTIER

### NANTES, RUE DE LA FOSSE, 32 & 34

### MAISON A PARIS

1873

[illegible]

[illegible]

[illegible]

[illegible]

[illegible]

[illegible]

1876

# LE PROCÈS

DU

# MARÉCHAL BAZAINE

## QUATRIÈME PARTIE

## PLAIDOIRIES

PRÉSIDENCE DE M. LE DUC D'AUMALE, GÉNÉRAL DE DIVISION.

*Audience du mercredi 3 décembre.*

### 1° Réquisitoire du général Pourcet,

COMMISSAIRE SPÉCIAL DU GOUVERNEMENT.

M. LE PRÉSIDENT. — La parole est à M. le commissaire spécial du gouvernement.

M. LE GÉNÉRAL POURCET :

MESSIEURS,

Un maréchal de France est traduit devant vous sous l'accusation d'avoir manqué aux devoirs du commandement et d'avoir livré sans combat une armée de cent cinquante mille hommes et une place de guerre de premier ordre.

La France attend votre jugement.

Elle veut savoir si un général en chef a failli à son devoir, s'il a violé les règlements et les lois, s'il a manqué de droiture et de loyauté, s'il a toujours prêté à ses lieutenants l'appui qu'il leur devait, s'il a engagé clandestinement avec l'ennemi des relations illicites, si, obéissant à des préoccupations coupables, il s'est éloigné de ces principes d'honneur qui font la sécurité du pays, la force et la gloire des armées !

Elle veut savoir enfin si les actes du commandant de l'armée du Rhin n'ont en rien contribué aux revers éprouvés sur d'autres théâtres, ou si, au contraire, sa conduite a exercé sur l'ensemble des opérations militaires pendant la campagne de 1870 une désastreuse influence !

Si pénible qu'il soit de raviver des plaies encore saignantes, l'équité comme l'intérêt général commandaient de déterminer par des débats publics les causes d'une capitulation qui a pesé d'une manière fatale sur les destinées de la patrie.

Désigné pour de redoutables fonctions, j'ai dû me soumettre à la tâche assignée et je viens aujourd'hui, après des investigations consciencieuses et de solennels débats, déclarer devant vous que les charges imputées au maréchal Bazaine sont pleinement fondées et réclamer contre lui la rigoureuse application de la loi.

Mais si mon mandat m'impose le devoir de soutenir l'accusation portée contre le maréchal Bazaine, il me donne aussi l'occasion de rendre un public hommage à sa vaillante armée, qui a pu subir un immense désastre sans cesser de mériter l'estime de la patrie. Dans ces luttes gigantesques, à Rézonville, à Saint-Privat, officiers et soldats firent toujours leur devoir. Par leur ténacité dans une lutte inégale, par leur courage dans les combats, par leur résignation dans les privations, par une discipline que les situations les plus extrêmes ne purent ébranler, ils ne cessèrent d'être dignes de notre glorieux passé. L'ennemi lui-même rendit un éclatant hommage à leur valeur. Ils ont droit aussi à la reconnaissance du pays, malgré leur défaite, car il est digne d'une grande nation d'honorer ses défenseurs, alors même que leurs efforts sont restés impuissants à la défendre.

Oui, messieurs, quelque funeste que soit le résultat de la lutte, un général d'armée restera honoré de tous si, avant comme après le combat, il a fait complétement son devoir de chef et de soldat ; s'il a pu, à bon droit, prononcer en tombant cette parole d'un de nos preux illustres dont la fortune avait trahi le courage : « Tout est perdu fors l'honneur. »

Dieu seul, en effet, messieurs, tient dans ses mains le sort des armées comme celui des nations.

La France qui, aux premières années de ce siècle, avait promené ses couleurs victorieuses dans toutes les capitales de l'Europe, n'a point échappé à cette loi de la destinée, et après avoir, récemment encore, ébloui le monde par l'éclat de ses triomphes, elle vient de s'étonner par l'étendue de ses désastres.

C'est qu'il n'est pas de jeu plus redoutable que le jeu des batailles, jeu terrible où, selon la parole de Napoléon, un général peut compromettre, à la fois, sa réputation, ses troupes et son pays. La stratégie de la guerre, la conduite des armées et leur emploi en face de l'ennemi exigent de vastes connaissances, un caractère résolu, des vertus éprouvées. Tout entier à sa noble mission, supérieur à tout esprit de parti, à toute pensée d'égoisme, le général en chef aura pour seul objectif de ses efforts l'honneur et l'indépendance de son pays, la gloire et le salut de son armée. Pour remplir ces devoirs, qui commandent le sacrifice de toute pensée personnelle et même de la vie, il faut intelligence, énergie et patriotisme, il faut surtout un grand cœur.

L'histoire glorifie les chefs d'armée qui se sont dévoués aux intérêts de leur patrie. Elle lègue avec orgueil leurs noms à la postérité et les lui propose pour modèles. Mais si elle leur décerne ainsi ses plus précieuses récompenses, elle réserve, par contre, ses plus sévères flétrissures pour le général qui, sans souci de ses devoirs, sacrifiant les intérêts généraux à des préoccupations personnelles, n'a pas craint de s'abaisser à des manœuvres coupables pour couvrir les visées d'une ambition égoïste.

C'est parce qu'elle lui impute une telle conduite, que l'opinion publique demande compte au maréchal Bazaine de la capitulation de Metz. Son émotion serait-elle aussi vive, s'il ne s'agissait que de fautes militaires d'un général en chef, quelles qu'en aient été les conséquences? Non, messieurs, comme celles de tous les peuples, nos armes ont eu des jours néfastes, et nos annales nationales, à côté de nombreuses victoires, durent enregistrer aussi des revers. L'année 1870 y a inscrit des dates à jamais douloureuses. A quelques jours de distance, à quelques lieues pour ainsi dire l'une de l'autre, sur le sol même de la patrie, deux de nos grandes armées ont subi les mêmes extrémités. Mais, malgré la similitude apparente de leurs désastres, quelqu'un a-t-il jamais eu la pensée de porter contre le loyal commandant de l'armée de Châlons les accusations graves articulées de toutes parts, et jusqu'au sein de notre armée, contre le commandant de l'armée du Rhin ?

N'a-t-il pas été, au contraire, universellement reconnu qu'entraîné par son désir de sauver l'armée de Metz, le maréchal de Mac-Mahon est tombé victime de son chevaleresque dévouement ?

Pouvait-il croire que le commandant de l'armée du Rhin, instruit de sa marche, ne tenterait pas une sortie sérieuse pour venir en aide à l'armée de Châlons, qui, malgré l'insuffisance de ses forces et de son organisation, se portait si généreusement à son secours !

Pourquoi la route de Metz ne fut-elle pas libre alors devant lui, comme l'avait été quelques jours plus tôt celle de Forbach pour le maréchal Bazaine?

Qui doute que les deux grands désastres de la guerre n'eussent été ainsi évités?

Faut-il chercher dans la faiblesse ou dans l'impéritie du maréchal Bazaine les motifs de sa conduite, ou doit-on l'attribuer à de mesquines et égoïstes passions auxquelles il aurait sacrifié les intérêts de son armée et de son pays?

Vous aurez, messieurs, à prononcer sur ces graves questions. Les faits révélés par les débats ont dû porter dans vos consciences, comme ils l'ont porté dans la nôtre, la conviction profonde que, ni la faiblesse, ni l'impéritie, ne suffisent à expliquer les actes du commandant en chef de l'armée du Rhin, et qu'on ne saurait en trouver le mobile que dans les suggestions inavouables de l'intérêt personnel.

Mis à la tête de nos armées par la confiance du pays, pourquoi s'éloigna-t-il de ces sentiers de l'honneur et du devoir où l'homme est sûr de rencontrer toujours le respect et la reconnaissance de ses concitoyens? N'avait-il pas reçu lui-même un éclatant témoignage de ces sentiments dans la démarche par laquelle la ville de Versailles manifestait sa fierté de le compter au nombre de ses plus glorieux enfants? Elle ne pouvait prévoir alors qu'elle aurait bientôt à lui donner une prison, et qu'un Tribunal réuni à ses portes aurait à prononcer sur une accusation flétrissante portée contre lui!

Vous connaissez, messieurs, les nombreux et brillants services du maréchal Bazaine; ils justifient hautement sa rapide carrière. Les commandements militaires et politiques dont il fut chargé mirent aussi en lumière les souplesses et les ressources variées d'un esprit fin, pénétrant et habile à dissimuler. Peut-être un long séjour en Algérie, dans la pratique des voies tortueuses de la politique arabe, ne fut-il pas pour lui sans inconvénient et sans danger.

Engagé volontaire en 1831, le maréchal avait gravi rapidement les degrés de la hiérarchie jusqu'au maréchalat. La modestie du début ajoutait au prestige de l'élévation. Le moment était proche où il faudrait la justifier plus complétement; mais, comblé par la fortune, il n'avait pas su se préparer aux grandes épreuves qu'elle lui réservait. Aussi, chargé un jour des destinées de la France, au lieu d'élever son cœur à la hauteur de ses patriotiques devoirs, il s'est laissé dominer par de mesquines passions et par un coupable égoïsme, manquant ainsi à la fois à sa fortune et à son pays qui, au jour du danger, l'avait désigné pour le commandement suprême. C'est pour avoir trahi cette confiance que le maréchal est aujourd'hui devant vous, attendant les arrêts de votre justice.

Pour éclairer vos décisions, vous interrogerez les faits avec impartialité, sans craindre que ce procès et le jugement que vous allez rendre puissent porter atteinte à la discipline, ni altérer la considération due à la plus haute dignité militaire.

L'histoire de tous les peuples mentionne des punitions éclatantes infligées aux généraux qui ont manqué à leur devoir, soit dans la défense des places, soit dans la conduite des armées, et ont ainsi compromis l'honneur des armes et les intérêts de leur pays.

Loin d'amoindrir le respect hiérarchique, ces grands exemples de juste sévérité n'ont fait qu'ajouter à sa force et à son prestige. Ils s'imposent avec une autorité particulière dans notre pays, où l'égalité devant la loi, qui est la base de notre société civile, est également le principe de notre organisation militaire.

A côté des hautes prérogatives du commandement, nos réglements ont inscrit les obligations qu'il impose ; il importe, en effet, qu'une position, si élevée qu'elle soit, ne puisse être considérée comme assurant l'impunité d'actes coupables. Plus le chef est haut placé dans la hiérarchie, plus doit être sévère le compte à lui demander de l'observation de ses devoirs.

Je n'ai pas à examiner avec quelle déplorable légèreté le gouvernement impérial précipita la nation dans une guerre formidable, sans moyens préparés pour la soutenir. Tant d'imprévoyance, fatalement aggravée par l'impuissance et l'irrésolution du commandement, devait être promptement et cruellement expiée. C'est ainsi qu'une armée valeureuse, mais numériquement insuffisante, mal pourvue et mal dirigée, fut, malgré son courage et sa discipline, amenée à subir une série de revers jusque-là inconnus ; et cette France, que les nations avaient appris à respecter et à craindre, après avoir fait l'admiration de l'Europe par sa résistance prolongée au delà même du possible, fut forcée de subir une paix douloureuse.

Cette paix cruelle, la capitulation de Metz l'avait rendue inévitable, en livrant à l'ennemi, avec une de nos places de premier ordre et l'immense matériel de guerre qu'elle renfermait, l'armée nombreuse qui, depuis la néfaste journée de Sedan, constituait la presque totalité de nos forces militaires organisées.

Celui qui livra cette place et cette armée est devant vous. Il est revêtu de la plus haute dignité militaire, de cette dignité illustrée par un grand nombre de ses prédécesseurs, et qu'il eût rabaissée par son mépris constant du devoir et la violation des lois militaires, si l'indignité de sa conduite eût suffi pour en ternir l'éclat.

On chercherait en vain dans l'histoire une capitulation plus déplorable que celle consentie pour la reddition de Metz et de l'armée campée sous ses murs.

Aussi, cette catastrophe imprévue causa-t-elle, dans toute la France, une immense stupeur.

C'est à la suite de cet événement que le principal délégué en province, du gouvernement du 4 Septembre, lança contre le maréchal Bazaine l'accusation publique de haute trahison.

Certes, il lui appartenait de traduire, en termes énergiques, la vive expression de la douleur nationale.

L'émotion du premier moment, l'absence de renseignements précis, expliquent l'amertume des reproches adressés au général qui venait de porter un coup si terrible à la défense du pays ; mais c'était dépasser le but que de confondre dans la même accusation tous les chefs de cette malheureuse armée. Tous avaient loyalement fait leur devoir jusqu'au dernier jour. Alors en captivité, ils ne pouvaient, pour repousser la calomnie, montrer leurs camarades tombés en grand nombre sur les champs de bataille.

Vous savez en effet, messieurs, que les combats livrés par l'armée du Rhin ont été de beaucoup les plus meurtriers de la campagne. L'armée de Metz compte 2,152 officiers, dont 26 généraux, mis hors de combat. C'est à ces chefs qui venaient de se montrer si courageux en face de l'ennemi que le ministre de la guerre infligeait l'épithète infâme de traîtres. S'il eût mieux connu l'armée, il n'aurait pas ignoré qu'elle n'est l'instrument ni d'un homme ni d'un parti, qu'elle appartient au pays seul, qu'elle met son devoir et son honneur à servir loyalement le pouvoir qu'il s'est donné, et à se consacrer exclusivement à sa noble mission : Protéger la France au dehors, assurer au dedans l'ordre public et le respect de la loi.

Nous avons donc été heureux d'entendre dans cette enceinte même l'auteur des proclamations du 30 octobre et 1er novembre 1870 laver les chefs de l'armée d'indignes soupçons, dont le respect unanime de l'opinion avait suffi d'ailleurs à les venger.

La capitulation signée pour la reddition de la place de Metz et pour celle de l'armée tombait sous le coup de la loi militaire. Aussi, dès le mois de décembre 1870, le ministre de la guerre désignait les membres du conseil d'enquête devant lequel devait préalablement comparaître l'auteur de cette capitulation. Mais la continuation de la guerre contre l'Allemagne, et, plus tard, les douloureux événements politiques qui survinrent en 1871, forcèrent à ajourner l'exécution de ces dispositions réglementaires ; le conseil d'enquête ne put s'assembler que dans le mois d'avril 1872, et après un examen approfondi, il émit l'avis que le maréchal Bazaine méritait le blâme.

C'est donc d'après l'avis unanime de ce conseil que le ministre de la guerre donnait un ordre d'informer contre l'ex-commandant en chef de l'armée du Rhin et que, à la suite de l'information, sur l'avis du rapporteur et les conclusions conformes du commissaire du gouvernement, le maréchal Bazaine était mis en jugement.

Aucune des garanties assurées par la loi n'a donc manqué au maréchal, et il ne nous reste plus qu'à vous démontrer que les actes de son commandement tombent directement sous l'application de la loi.

Mais avant d'entrer dans l'examen détaillé de ses actes, il convient de préciser les principes mêmes de la loi, en ce qui concerne son application aux faits articulés dans l'ordre de mise en jugement.

Vous le savez, messieurs, le maréchal Bazaine exerçait en fait deux commandements distincts : celui de l'armée du Rhin, dont il fut investi le 12 août 1870, et celui de la place, qui lui était momentanément dévolu en vertu des dispositions réglementaires qui subordonnent au général en chef le gouverneur de toute place comprise dans le rayon d'action de l'armée.

Le maréchal doit donc répondre devant la justice de la capitulation de la place de Metz, comme de la capitulation de son armée. Ce sont deux crimes distincts tombant, chacun séparément, sous les sévérités de la loi ; il convient donc d'en bien préciser les dispositions, car elles diffèrent, selon qu'il s'agit de la capitulation d'une place de guerre ou de la capitulation d'une armée en campagne.

La loi ne considère pas comme criminelle, toute capitulation d'une place de guerre. Le commandant qui rend sa place ne devient coupable, en effet, que lorsque, avant de capituler, il n'a pas rempli toutes les obligations imposées par les réglements.

Mais la loi prohibe d'une manière absolue toute capitulation en rase campagne. Si elle a eu pour objet de faire poser les armes devant l'ennemi, ou si, avant de capituler, le général n'a pas fait tout ce que lui prescrivaient le devoir et l'honneur, cette capitulation est déclarée déshonorante et criminelle.

Vous le voyez, messieurs, la loi place dans deux catégories bien différentes le gouverneur qui rend la place et le commandant qui capitule avec son armée.

Elle reconnaît que, dans certains cas, un gouverneur peut capituler sans déshonneur, sans même qu'aucun blâme puisse lui être infligé. Ainsi, quand il s'est énergiquement défendu jusqu'à la dernière extrémité, il peut se rendre sans cesser d'être honoré et estimé et il mérite même la reconnaissance du pays.

Il ne tombe sous la flétrissure et les rigueurs de la loi que, lorsqu'avant de se rendre, il n'a pas épuisé tous les moyens de défense, et fait tout ce que lui prescrivaient le devoir et l'honneur.

Il y a donc obligation pour le jugement à porter sur la capitulation d'une place, d'examiner préalablement, dans tous ses détails, la conduite militaire de son commandant, et la loi a voulu que cette conduite fut d'abord soumise à l'appréciation d'un conseil d'enquête.

Mais cette obligation préalable n'existe pas en ce qui concerne la capitulation d'une armée en campagne ; car cette capitulation est toujours défendue et la loi la punit en tous les cas.

Nous l'avons déjà rappelé, messieurs, le conseil d'enquête, appelé à donner son avis sur la capitulation de Metz, déclarait, à l'unanimité, le 12 avril 1872, que le maréchal Bazaine avait encouru le blâme. Nous devons ajouter que le conseil ne s'est pas borné à blâmer le maréchal au sujet de la capitulation de la place de Metz, mais qu'il l'a également blâmé dans ses actes comme commandant en chef de l'armée du Rhin.

Il me reste à examiner chacun des chefs d'accusation articulés contre le maréchal Bazaine.

Ils sont, comme vous le savez, messieurs, au nombre de trois.

Le premier, prévu par l'article 209 du Code de justice militaire, pour avoir capitulé avec l'ennemi et rendu la place de Metz sans avoir épuisé tous les moyens de défense dont il disposait, et sans avoir fait tout ce que lui prescrivaient le devoir et l'honneur.

Le deuxième, prévu par le premier paragraphe de l'article 210 du même Code, pour avoir consenti, en rase campagne, une capitulation qui a eu pour résultat de faire poser les armes à son armée.

Le troisième, résultant de la deuxième partie de ce même paragraphe, pour n'avoir pas fait, avant de traiter verbalement ou par écrit, tout ce que lui prescrivaient le devoir et l'honneur.

Chacun de ces chefs d'accusation sera de notre part l'objet d'un examen particulier, et de cet examen ressortira la preuve éclatante que l'accusation est fondée sur tous les points.

Examinons le premier chef, celui qui est relatif à la capitulation de la place de Metz. Il est inutile de vous rappeler, messieurs, que de toute antiquité les châtiments les plus sévères ont été infligés aux chefs militaires qui avaient rendu les places qu'ils commandaient sans avoir épuisé tous les moyens de défense.

La législation des nations modernes, moins rigoureuse et plus juste, a reconnu qu'il est des cas où le commandant peut rendre sa place sans déshonneur ; mais l'histoire cite des exemples nombreux de punitions rigoureuses prononcées contre les gouverneurs qui, avant de capituler, n'ont pas rempli tous les devoirs qui incombent au commandement. Je n'en citerai qu'un seul en ce moment, parce qu'il rappelle des circonstances analogues à celles que la France vient de traverser.

En 1808, la Prusse prononça la dégradation militaire et la peine capitale contre plusieurs de ses généraux qui avaient capitulé, devant notre armée victorieuse, sans avoir pleinement satisfait à leur devoir de commandement.

En France, les ordonnances de Louis XIV, les lois de la République et du premier empire punissaient sévèrement tout gouverneur. qui avait ouvert ses portes sans avoir forcé l'assiégeant à passer par les travaux lents et successifs des siéges, et sans avoir repoussé au moins un assaut au corps de la place, sur des brèches praticables.

Ils s'étaient montrés fidèles à ces principes, ces généraux, dont le maréchal Bazaine a, si mal à propos, invoqué les noms glorieux pour tenter une justification impossible.

Ainsi, à Gênes, Masséna n'ayant plus que deux onces par homme d'un pain fait avec de l'amidon et du cacao, dut se résigner, non pas à capituler mais à négocier. On avait parlé de capitulation, mais il en repoussa fièrement l'idée.

Il voulut et il obtint que l'armée pût se retirer librement avec armes et bagages, enseignes déployées, avec faculté de combattre lorsqu'elle aurait dépassé les lignes : « Sinon, disait-il, aux parlementaires autrichiens, je sortirai de Gênes les armes à la main, avec huit mille hommes affamés ; je me présenterai à votre camp et je combattrai jusqu'a ce que je me sois fait jour. »

On connaissait le caractère énergique du général français et on se hâta d'acquiescer à sa demande.

Sur 15,000 combattants, 3,000 étaient morts ; 4,000 étaient blessés, les trois quarts des officiers avaient eu le même sort.

La conduite de Masséna à Gênes fut celle d'un chef intrépide, défenseur héroïque de l'honneur de ses soldats et des intérêts de son pays.

Il s'était souvenu de ces nobles paroles du maréchal de Villars : « Que peut-il arriver de plus indigne que d'être prisonnier de guerre? Et quand une garnison aurait été forcée, l'ennemi ne la fait pas massacrer pour avoir fait son devoir ; il est, au contraire, porté à honorer sa bravoure et à lui accorder des avantages. »

Pour apprécier la conduite du maréchal Bazaine, à Metz, comparez, messieurs, la convention du 4 juin 1800, à la capitulation du 27 octobre 1870, et demandez-vous si les mêmes sentiments animaient les deux généraux qui signèrent ces deux stipulations.

Si en 1870, le commandant des forces prussiennes devant Metz eût osé repousser la demande du commandant de l'armée du Rhin, le maréchal Bazaine, qui commandait a 150,000 hommes braves et résolus, n'avait-il pas, pour inspirer ses résolutions, l'exemple du général Brenier à Almeida !

Cerné par l'armée anglaise, ce général, malgré le chiffre infime de la garnison, — 1,500 hommes au plus, — ne songe qu'à s'ouvrir un passage à travers les lignes ennemies. Toutefois, avant de partir, il détruit le matériel et fait sauter les remparts afin de ne laisser qu'une place vide et démantelée. Puis il sort à dix heures du soir, et sa petite et valeureuse troupe passe sur le corps des troupes assiégeantes. Grâce à l'énergie de son chef, cette poignée de braves se sauva ainsi presque tout entière.

Wellington honora la résolution héroïque du général Brenier, en déclarant que sa sortie valait une victoire. L'histoire a consacré ce jugement.

Je craindrais, messieurs, d'abuser de votre bienveillante attention en multipliant ces citations, heureusement fort nombreuses dans notre histoire militaire. J'ai hâte d'entrer dans l'examen particulier de la législation actuelle concernant la défense des places de guerre.

Cette législation, vous le savez, s'est inspirée des lois et réglements jusque-là en vigueur, et plus particulièrement du décret du 24 décembre 1811, qui les avait résumés.

Nous trouvons, en effet, édictées dans le décret du 13 octobre 1863, les règles suivantes :

« Art. 255. Le commandant d'une place de guerre ne doit jamais perdre de vue qu'il défend l'un des boulevards de l'empire, l'un des points d'appui de ses armées, et que de la reddition d'une place, avancée ou retardée d'un seul jour, peut dépendre le salut du pays.

» Il doit rester sourd aux bruits répandus par la malveillance et aux nouvelles que l'ennemi lui ferait parvenir, résister à toutes les insinuations et ne pas souffrir que son courage, ni celui de la garnison qu'il commande, soient ébranlés par les événements.

» Il ne doit pas oublier que les lois militaires condamnent à la peine capitale, avec dégradation militaire, le commandant d'une place de guerre qui capitule sans avoir forcé l'ennemi à passer par les travaux lents et successifs des siéges, et avant d'avoir repoussé au moins un assaut au corps de la place, sur des brèches praticables. »

L'article 209 du Code de justice militaire sanctionne ces dispositions dans les termes suivants :

« Est puni de mort avec dégradation militaire tout gouverneur ou commandant qui, mis en jugement après un conseil d'enquête, est reconnu coupable d'avoir capitulé avec l'ennemi et rendu la place qui lui était confiée, sans avoir épuisé tous les moyens de défense dont il disposait, et sans avoir fait tout ce que lui prescrivaient le devoir et l'honneur. »

Il est inutile de vous dire, messieurs, que la place de Metz n'a pas été attaquée.

Comment en eût-il été ainsi, puisque l'armée du Rhin formait autour de ses murs comme un rempart vivant?

Comment, en présence de cette armée, prête à reprendre la campagne, l'ennemi eût-il pu entreprendre les travaux réguliers d'un siége?

Il trouvait d'ailleurs à la fois plus commode et plus sûr, voyant la faiblesse et les préoccupations politiques du général en chef français, d'attendre dans ses lignes le résultat de ses feintes négociations d'abord et de la famine ensuite.

Ainsi donc, en raison de la présence de l'armée dans le camp retranché de Metz, les moyens de défense de la place ne consistaient ni dans son enceinte ni dans ses forts détachés, mais dans l'armée elle-même!

Puisque l'ennemi ne voulait pas attaquer, c'était à l'armée française à aller le chercher, à le combattre, à le harceler sans relâche, de manière à rompre le cercle d'investissement et à aller recueillir au loin les ressources nécessaires à prolonger la résistance.

Puisque le maréchal ne s'éloignait pas de Metz, puisqu'il ne se retirait pas dans l'intérieur, conformément aux instructions qu'il avait reçues, telle était pour lui la seule ligne de conduite à suivre. C'était celle, du reste, qui avait été conseillée, comme vous l'avez entendu déclarer, dans la réunion du 26 août, au château de Grimont.

Le devoir d'un commandant de place ne saurait être compris autrement. Peut-on admettre, en effet, qu'en présence d'un ennemi qui se contente de le tenir étroitement bloqué, un gouverneur ait le droit de se renfermer dans une attitude passive, s'il dispose surtout de forces assez imposantes pour tenter, avec chance de succès, de faire lever le siége, ou tout au moins de percer les lignes? Ce serait vraiment se tirer à trop bon compte des obligations que la loi lui impose.

Si, lorsque les vivres auront été consommés dans l'inaction, la place vient à ouvrir ses portes, nul ne voudra croire, nul n'osera dire que le gouverneur ait épuisé tous ses moyens de défense et qu'il ait rempli son devoir.

Le maréchal Bazaine, dont telle fut la situation, loin d'avoir épuisé ses moyens de défense, ne les a donc pas mis sérieusement en œuvre.

D'autre part, l'examen de ses actes, pendant qu'avec son armée il demeurait dans une fatale inaction, sous les murs de Metz, examen détaillé dans lequel nous entrerons bientôt devant vous, vous démontrera surabondamment que le maréchal n'a pas fait, avant de signer la capitulation de la place, ce que lui prescrivaient le devoir et l'honneur.

La culpabilité, en ce qui concerne le premier chef d'accusation, c'est-à-dire celui prévu par l'article 209 du Code de justice militaire, se trouvera donc ainsi irrévocablement établie.

Passons maintenant au deuxième chef, celui d'avoir capitulé à la tête d'une armée en rase campagne; cette capitulation ayant eu pour résultat de faire poser les armes à sa troupe.

Notre ancienne législation était muette à l'égard d'un tel crime, qui paraît même n'avoir pas été prévu.

L'histoire romaine n'avait offert que deux circonstances de cette nature: Les fourches caudines dans la guerre des Samnites et le traité de Numance en Espagne.

Le Sénat déclara ces traités honteux et refusa de les ratifier, bien que les généraux qui les avaient signés fussent investis à la fois des pouvoirs politiques et militaires.

En France, sous la monarchie, sous la république et sous le premier empire, on n'avait pas vu un général à la tête de son armée songer, même dans les situations les plus extrêmes, à rendre les armes à l'ennemi.

Ainsi, lorsque à Stein, le maréchal Mortier, avec une seule division, se trouva cerné par une armée russe, personne ne songea un instant à capituler, mais officiers et soldats jurèrent de mourir plutôt que de se rendre.

Après des prodiges de valeur désespérée, comme on pressait le maréchal de soustraire sa personne aux Russes:

« Non, répondit-il, on ne se sépare pas d'aussi braves gens. On périt avec eux. » Il continuait à lutter à leur tête, l'épée à la main, lorsqu'il fut enfin secouru. 5,000 Français avaient résisté à 30,000 Russes.

Bien nombreux sont dans notre histoire les exemples de généraux qui, dans les positions les plus difficiles, ne songèrent qu'à combattre, et non à se rendre. Ils expliquent l'irritation de Napoléon Ier et l'humiliation qu'il éprouva en apprenant qu'un de ses généraux avait signé à Baylen une capitulation flétrissante.

Faut-il rappeler cette apostrophe qu'il adressa au général Legendre, l'un des lieutenants de Dupont, en lui saisissant la main dans une revue, à Valladolid:

« Cette main, général, comment ne s'est-elle pas séchée en signant la capitulation de Baylen ! »

Si l'acte du général Dupont inspira à l'empereur ces dures paroles, qu'aurait-il dit si on lui eût annoncé qu'une armée de 150,000 hommes de ces soldats français qu'il avait connus si résolus et si dévoués, serait condamnée, par les calculs et les intrigues de son général en chef, à poser les armes sans combat !

On peut juger de la réprobation qu'il eût infligée à une telle conduite par la réponse que fit en son nom, en 1813, le maréchal Berthier au prince Poniatowski, auquel les coalisés refusaient de livrer passage pour rejoindre l'armée française, à moins que les armes de son corps d'armée ne fussent transportées sur des chariots à travers les lignes ennemies.

« Dans aucun cas, écrivait le major général, on ne doit déposer les armes ; on est déshonoré lorsqu'on se rend sans combat. L'empereur préfère la mort des 15,000 hommes qui sont à Cracovie, plutôt que de leur voir poser les armes. Sa Majesté ne fait aucun cas de la vie des hommes qui se sont déshonorés. »

« Cette fermeté réussit, ajoute l'illustre historien du Consulat et de l'Empire ; et à ce cri de l'honneur militaire, le général Frémont autorisa les troupes polonaises à se rendre en armes à Zittau. »

Comme nous l'avons dit, messieurs, jusqu'en 1800, la capitulation en rase campagne n'avait pas été prévue en France, et aucun texte de loi ne put être invoqué contre le général Dupont. Il importait qu'il n'en pût être ainsi à l'avenir. Tel fut l'objet du décret du 1er mai 1812, dont il est utile de vous donner lecture, car le Code de justice militaire, s'inspirant des mêmes principes, en reproduit les dispositions sinon les termes.

Ce décret s'exprimait ainsi :

« Article 1er. Il est défendu à tout général, à tout commandant d'une troupe armée, quel que soit son grade, de traiter, en rase campagne, d'aucune capitulation par écrit ou verbale.

» Article 2. Toute capitulation de ce genre, dont le résultat aurait été de faire poser les armes, est déclarée déshonorante et criminelle et sera punie de mort.

» Il en sera de même de toute autre capitulation, si le général ou commandant n'a pas fait tout ce que lui prescrivaient le devoir et l'honneur. »

Le Code de justice militaire reproduit la même règle. Son article 210 est ainsi conçu :

« Tout général, tout commandant d'une troupe armée qui capitule en rase campagne est puni : 1° De la peine de mort avec la dégradation militaire, si la capitulation a eu pour résultat de faire poser les armes à sa troupe, ou si, avant de traiter verbalement ou par écrit, il n'a pas fait tout ce que lui prescrivaient le devoir et l'honneur.

» 2° De la destitution dans les autres cas. »

Ainsi, vous le voyez, messieurs, la capitulation d'une armée en campagne est toujours proscrite ; elle est toujours punie, et si elle a eu pour résultat de faire poser les armes à la troupe, la loi prononce pour ce seul fait, indépendamment de toute autre considération, la peine de mort avec dégradation militaire.

C'est là un principe précis, formel, incontestable.

Comme il importe de bien préciser l'intention du législateur sur ce point, je crois devoir laisser la parole ici au rapporteur même du Code de justice militaire. Dans son rapport, sanctionné par le Corps législatif et qui est le commentaire légal de ce Code, M. de Chasseloup-Laubat s'exprime ainsi au sujet des articles 209 et 210 :

« Le gouverneur ou commandant ne peut rendre la place qui lui a été confiée sans avoir épuisé tous les moyens de défense dont il disposait et sans avoir fait tout ce que lui prescrivent le devoir et l'honneur.

» Le projet prévoit un fait plus grave : c'est la capitulation en rase campagne. Les principes ici sont différents. Si la raison, comme l'usage des nations, autorisent le commandant d'une place assiégée à capituler dans de certaines conditions, les considérations les plus hautes se réunissent pour interdire cette faculté au commandant d'une troupe armée en rase campagne. Aussi, les capitulations de ce genre sont-elles l'objet des sévérités de la législation. Il ne peut être question d'aucune atténuation, car un tel crime est toujours prémédité. La capitulation en rase campagne sera donc toujours punie. Le général eût-il fait tout ce que prescrivent le devoir et l'honneur, il est encore coupable d'avoir traité avec l'ennemi après la lutte, et la loi prononce sa destitution. »

Ainsi, dans la pensée du législateur, le général à la tête d'une armée en campagne ne peut et ne doit que combattre. Il n'a pas le droit de traiter avec l'ennemi. Un pareil acte de sa part est une usurpation de pouvoirs, même après l'insuccès de la lutte, et il est puni par la loi.

Mais la capitulation devient déshonorante et criminelle, si elle a eu pour résultat de faire poser les armes à la troupe, ou si le général en chef l'a consentie sans avoir fait tout ce que prescrivaient le devoir et l'honneur.

On avait cru, dans la rédaction primitive du Code, pouvoir laisser aux juges la faculté d'apprécier les circonstances qui auraient permis de réduire la peine ; mais à l'assemblée générale du Conseil d'Etat, les principes établis dans le décret de 1812 reçurent une consécration solennelle, à laquelle s'associa ensuite le Corps législatif.

On s'inspira à cet effet de l'opinion exprimée par l'empereur Napoléon Ier, dans un grand et noble langage que je demande à vous répéter ici, car il s'inspire à la fois du plus pur patriotisme et des considérations les plus élevées de l'ordre moral.

« Le souverain ou la patrie commande aux officiers et aux soldats l'obéissance envers leur supérieur pour tout ce qui est conforme au bien du service. Les armes sont remises au soldat avec le serment militaire de les défendre jusqu'à la mort. Un général a reçu des ordres et des instructions pour employer ses troupes à la défense de la patrie ; comment peut-il avoir l'autorité d'ordonner à ses soldats de livrer leurs armes et de recevoir des chaînes ?

» Les capitulations faites par des corps cernés, soit pendant une bataille, soit pendant une campagne active, sont un contrat dont toutes les clauses avantageuses sont en faveur de ceux qui contractent, et dont toutes les clauses onéreuses sont pour le pays et les autres soldats de l'armée.

» Se soustraire au péril pour rendre la position de ses camarades plus dangereuse est évidemment une lâcheté.

» Un soldat qui a prêté serment de défendre ses armes jusqu'à la mort, et qui dirait à un commandant ennemi : « Voilà mon fusil, laissez-moi m'en aller chez moi, » serait un déserteur en présence de l'ennemi ; les lois le condamnent à mort. Que fait autre le général qui dit : « Laissez-moi m'en aller, ou recevez-moi chez vous, je vous rends mes armes ? »

» Il n'est qu'une manière honorable d'être fait prisonnier de guerre, c'est d'être pris les armes à la main, et lorsqu'on ne peut plus s'en servir. C'est ainsi que furent pris le roi Jean et François I$^{er}$, et tant de braves de toutes les nations. Dans cette manière de rendre les armes, il n'y a pas de conditions, c'est la vie que l'on reçoit, parce qu'on est dans l'impuissance de l'ôter à son ennemi qui vous la donne, à charge de représailles, parce qu'ainsi le veut le droit des gens.

» Le danger d'autoriser les officiers et les généraux à poser les armes en vertu d'une capitulation particulière, dans une autre position que celle où ils forment la garnison d'une place for e, est donc incontestable.

» C'est détruire l'esprit militaire d'une nation, en affaiblir l'honneur que d'ouvrir cette porte aux lâches, aux hommes timides, ou même aux braves égarés ; si les lois militaires prononçaient des peines afflictives et infamantes contre les généraux, officiers et soldats qui posent les armes en vertu d'une capitulation, cet expédient ne se présenterait jamais à l'esprit des militaires pour sortir d'une position fâcheuse ; il ne leur resterait de ressources que dans la valeur et l'obstination, et que de choses ne leur a-t-on pas vu faire ?

» Cent faits de notre histoire montreraient quelles ressources savent trouver le courage et le génie de l'homme de guerre lorsque tout semble ainsi perdu et désespéré. Quel général, par exemple, eût été plus excusable de capituler que le maréchal Ney, lorsque séparé de l'armée sur les bords du Dniéper, conduisant 7,000 soldats mourant de froid, de faim et de fatigue, réduits à 4,000 en une heure, et cernés par 50,000 Russes, il était invité à remettre son épée! Cependant, il ne songea ni à se rendre, ni même à mourir, mais à percer et à se faire jour. Et la fortune seconda son audace ; la nuit même, il avait échappé à ces colonnes qui l'enveloppaient ; il avait franchi le fleuve et sauvé son honneur et celui de l'armée.

» Que doit faire, ajoutait l'empereur, un général cerné par des forces supérieures ?

» Nous ne saurions faire d'autre réponse que celle du vieil Horace :

» Dans une situation extraordinaire, il faut une résolution extraordinaire ; plus la résistance sera opiniâtre, plus on aura de chances d'être secouru ou de percer. Que de choses, qui paraissaient impossibles, ont été faites par des hommes résolus, n'ayant d'autres ressources que la mort ! Plus vous ferez de résistance, plus vous tuerez de monde à l'ennemi, et moins il en aura le jour ou le lendemain pour se porter contre les autres corps de l'armée. Cette question ne nous paraît pas susceptible d'une autre solution, sans perdre l'esprit militaire d'une nation et s'exposer aux plus grands malheurs. »

L'impression produite par ces pensées si éminemment patriotiques détermina les pouvoirs législatifs à n'admettre aucune circonstance pour excuser ou amoindrir le crime de capitulation d'une armée en rase campagne.

Ce sont ces mêmes raisons élevées, inattaquables, qui condamnent aujourd'hui l'auteur de la capitulation de l'armée sous Metz.

Ainsi, par l'article 210 du Code de justice militaire, le législateur a voulu punir dans tous les cas la capitulation en rase campagne.

Ce n'est pas cependant que tout en se montrant inexorable pour ce crime, il ait méconnu que certaines capitulations ne devaient pas subir les rigueurs de la loi.

Dans la discussion qui eut lieu au Corps législatif, un membre, après avoir reconnu qu'un corps d'armée, enveloppé par l'ennemi, n'avait pas le droit de capituler, ayant exprimé le désir qu'on distinguât pourtant les capitulations honorables comme celle de Junot en Portugal, de celles qui ne le sont pas, comme celles de Dupont à Baylen, le président de la commission répondit en faisant observer avec raison que satisfaction était donnée à cette juste demande, puisque les articles 99 et 108 du Code réservaient au ministre de la guerre l'appréciation des cas où il y aurait lieu de déférer à un Conseil de guerre la connaissance du crime de capitulation d'une place ou d'une armée.

Le commentateur du Code ajoute que les observations de M. de

Chasseloup-Laubat doivent servir à interpréter les articles 209 et 210, car il en résulte que le ministre est le premier juge de la criminalité de la capitulation et de l'opportunité de la poursuite.

Les garanties réservées par la loi ont donc reçu leur application.

Si la capitulation signée devant Metz eût été jugée excusable, le ministre de la guerre n'aurait pas traduit le maréchal Bazaine devant un Conseil de guerre. Nous nous trouvons donc aujourd'hui par le fait même de l'ordre de mise en jugement, en présence des termes formels de l'article 210, qui prohibe toute capitulation en rase campagne.

Cet article 210 renferme dans les dispositions de son premier paragraphe, deux circonstances aggravantes bien distinctes du fait principal qui est la capitulation en rase campagne.

La première est celle où la capitulation a eu pour résultat de faire poser les armes à la troupe.

La seconde est celle où avant de traiter, le général en chef n'a pas fait tout ce que lui prescrivaient le devoir et l'honneur.

Nous nous bornons à énoncer la première circonstance aggravante, celle résultant de ce que la capitulation a eu pour effet de faire poser les armes à l'armée.

Elle se trouve, en effet, matériellement constatée par le texte même de cette capitulation et, résultant ainsi d'un acte officiel que vous avez sous les yeux, elle ne peut donner lieu à aucun doute ni à aucune contestation.

Le deuxième chef d'accusation se trouve donc complétement établi. Le maréchal a capitulé en rase campagne, et la capitulation a eu pour résultat de faire poser les armes à sa troupe. L'examen consciencieux des textes, comme l'appréciation de l'esprit de la loi s'accordent donc pour établir d'une manière irréfragable la culpabilité du maréchal Bazaine sur ce chef d'accusation.

En présence d'une condamnation inévitable, il pourrait paraître superflu d'examiner le troisième chef d'accusation et de démontrer, par l'exposé des faits, que le maréchal Bazaine, avant de capituler, n'a pas fait tout ce que lui prescrivaient le devoir et l'honneur. Mais nous n'avons pas le droit de nous soustraire à une partie de notre tâche, et dans une affaire où se trouvent si gravement engagés l'honneur d'un maréchal de France et les intérêts du pays, il est indispensable de rechercher la vérité tout entière en examinant dans tous les détails la conduite du maréchal depuis le jour où il a été investi du commandement en chef de l'armée du Rhin jusqu'à la capitulation du 27 octobre, fatale conséquence de ses agissements criminels.

Le Conseil sait déjà quelle confusion et quel désordre, fruits d'une funeste imprévoyance, présidèrent aux débuts de la campagne. L'organisation et la concentration des corps d'armée s'accomplirent avec une lenteur qui eût à elle seule empêché de prendre l'offensive, si l'insuffisance de leurs effectifs incomplets et leur éparpillement le long de la frontière ne l'eussent d'ailleurs rendue impossible.

Des renseignements parvenus au quartier impérial, annonçant la réunion des forces considérables d'une part à Sarrelouis et d'autre part dans la Bavière rhénane, déterminèrent l'empereur à répartir les troupes de l'armée du Rhin en deux groupes principaux.

En vertu de cette décision, prise à la date du 5 août, les 1er, 5e et 7e corps furent placés sous le commandement du maréchal de Mac-Mahon; les 2e, 3e et 4e, sous les ordres du maréchal Bazaine. Malheureusement, les bons effets de cette mesure furent annulés par la rapidité des mouvements de l'ennemi, car les armées du prince Frédéric-Charles et du général Steinmetz avaient déjà pris l'offensive avant que nos armées d'Alsace et de Lorraine eussent pu se concentrer.

Dans la journée du 6, le maréchal de Mac-Mahon, que n'avait pu rejoindre à temps le 5e corps et la majeure partie du 7e, fut écrasé à Reischoffen, malgré des prodiges de valeur.

Le même jour, l'un des corps d'armée du maréchal Bazaine, celui du général Frossard, attaqué à Forbach par des forces supérieures, dut également succomber sous le nombre après une résistance opiniâtre.

La nouvelle de ce double échec et la menace de l'arrivée prochaine des Prussiens sous les murs de Metz répandirent la consternation dans l'entourage de l'empereur.

Il fut question d'abord d'un départ immédiat pour Châlons ; mais au milieu des incertitudes et des hésitations qui troublaient si profondément le quartier impérial, cette brusque détermination fut abandonnée dès le 8, et remplacée par le projet de concentrer le plus de forces possibles sous Metz et d'y attendre l'ennemi. La retraite sur Châlons ne fut décidée de nouveau que le 12 août, au moment même où le maréchal Bazaine était investi du commandement en chef de l'armée.

Cette nomination, généralement désirée en France, y fut favorablement accueillie. A la suite de nos revers inattendus, l'opinion publique avait perdu toute confiance dans les capacités militaires de l'Empereur, et demandait hautement qu'on mît à la tête de l'armée le général alors considéré comme le plus capable de diriger de grandes opérations.

Le maréchal Bazaine était-il resté étranger à la pression exercée dans ce but sur le souverain par l'opinion publique et surtout par l'opposition ?

C'est ce dont il est permis de douter lorsqu'on se rappelle la démarche de M^me la maréchale Bazaine auprès de M. de Kératry.

La vivacité du maréchal à contester les motifs de cette démarche comme l'étrange voyage que fit de Paris à Marseille, M^me la maréchale, pour demander à M. de Kératry la rectification de sa première assertion, sont, du moins pour le ministère public, la preuve de l'intérêt qu'on attache à dissimuler le véritable caractère de cette visite, à laquelle d'ailleurs nous n'entendons pas attacher plus d'importance qu'il ne convient.

En présence des complications et des difficultée résultant des premiers événements de la guerre, un ordre général de l'Empereur, en date du 12 août, investit le maréchal Bazaine du commandement en chef de l'armée du Rhin.

En acceptant ces hautes fonctions, le maréchal Bazaine était convenu avec l'Empereur de repasser immédiatement la Moselle et de se replier sur les plaines de la Champagne. A-t-il fait tout ce qu'il pouvait et tout ce qu'il devait faire pour assurer l'exécution de cette combinaison, ainsi qu'il en avait reçu mission ?

Telle est la première question qui s'impose à notre examen.

Ici, M. le commissaire spécial examine les mesures qui devaient être prises pour empêcher l'ennemi de passer la Moselle ou du moins pour retarder ce passage et permettre ainsi à nos troupes de continuer leur mouvement de retraite et de concentration. Les ponts de la Seille comme ceux de la Moselle, dit M. le commissaire du gouvernement, furent laissés intacts à la disposition des Prussiens; c'était au général Coffinières à provoquer l'ordre de détruire ces ponts et on se demande s'il ne faut pas attribuer la regrettable inertie du gouverneur à son désir de voir l'armée demeurer auprès de Metz. Le maréchal de son côté cherche vainement à justifier l'absence inexplicable de tous ordres à ce sujet, en disant qu'il a cru que ses ordres avaient été donnés avant sa nomination de commandant en chef. Quant aux dispositions à prendre pour la mise en mouvement de notre armée de la rive droite sur la rive gauche, la soirée du 12 et la matinée du 13 se passent sans qu'aucun ordre soit donné à l'état-major général.

La retraite, une fois décidée, il était nécessaire de se presser. Depuis le 12, en effet, les Prussiens avaient paru à Nancy, et leurs avant-gardes atteignaient la Moselle sur différents points, tandis qu'elles tiraillaient avec nos grand'gardes devant Metz.

Le maréchal assure qu'il n'a pas été mis au courant de la situation, et il laisse écouler dix-huit heures sans faire acte de commandement.

Mais, si on a pu, non sans raison, reprocher à ses chefs de service de n'avoir pas d'eux-mêmes donné tous les avis ou pris toutes les mesures que comportaient leurs fonctions, comment un blâme bien autrement sévère n'incomberait-il pas au général en chef, de qui devait émaner toute initiative, et qui, cependant, ne demande rien, ne prescrit rien, et attend jusqu'à l'après-midi du 13 avant de donner aucun ordre pour le mouvement de retraite de l'armée ?

Nous ne saurions, quant à nous, pour l'honneur du commandement, admettre le rôle passif auquel le maréchal voudrait ici descendre ! Il lui appartenait, en effet, d'exiger ce qui lui était dû. S'il n'obtenait des renseignements, il devait les réclamer ! S'il ne commandait pas, peut-il se plaindre de n'avoir pas été obéi ?

Et, d'ailleurs, quelle négligence pourrait être comparée à cette absence inexplicable d'ordres, qui entraîna une perte de temps de vingt-quatre heures ?

Nous n'attacherons pas non plus à la confusion qui exista dans le commandement, durant les journées du 12 et du 13 août, l'importance que le maréchal voudrait lui attribuer.

On doit reconnaître que, jusqu'au 13 au matin, des ordres ont été donnés par le major-général, mais ces ordres n'étaient que la conséquence des dispositions générales adoptées antérieurement, et d'ailleurs il était immédiatement rendu compte au commandant en chef.

D'autre part, tout en constatant cette confusion, il convient pourtant de faire remarquer qu'elle ne fut pas ce qu'on pourrait supposer. On a dit que, du 12 au 13, il y eut jusqu'à trois états-majors généraux distincts. Cela n'est pas rigoureusement exact. En effet, l'état-major impérial ne fonctionna jamais distinctement de l'état-major du maréchal Bazaine, attendu que, se composant l'un et l'autre des mêmes officiers, travaillant dans les mêmes locaux, sous une même direction, celle du général Jarras, ils n'en formaient en réalité qu'un seul qui ne fit que changer de nom lors du transfert du commandement.

Quant au troisième état-major général, c'était celui de l'armée de Lorraine, constitué depuis le 9 août sous les ordres du digne et regretté général Manèque. Après la nomination du maréchal Bazaine comme général en chef, cet état-major n'avait plus de raison d'être. Si donc le maréchal a continué à l'employer, il ne peut s'en prendre qu'à lui-même des inconvénients qui en résultèrent, notamment en ce qui concerne la non-communication des mesures relatives aux vivres et aux convois.

On n'a pas utilisé les deux ponts de la ville et du chemin de fer, et on a retardé d'un jour la marche de l'armée, dans le seul but de passer la Moselle sur un plus grand nombre de ponts à la fois ; une fois la Moselle passée, toute l'armée a été dirigée sur l'unique route de Gravelotte, alors qu'il en existait trois autres pour s'élever sur les plateaux, les routes de Briey par Woippy, celle de Plappeville et Amanvillers, et, enfin, le chemin de Lorry à Amanvillers.

Le maréchal Bazaine qui, peu d'années auparavant, avait commandé à Metz, devait, moins que tout autre, ignorer l'existence de ces voies de communication.

Il a cherché, pour se justifier, à rejeter la faute sur l'état-major général. « Je me suis borné, a-t-il dit, à indiquer les directions générales. C'était à l'état-major à faire les reconnaissances et à désigner aux différents corps les routes qu'ils auraient à suivre. »

Tel était, en effet, le véritable rôle de l'état-major général.

Mais comment l'excuse invoquée par le maréchal serait-elle valable, lorsque, pour toutes les mesures relatives au mouvement de retraite, nous le voyons ne pas vouloir se servir de cet état-major général, et, passant en quelque sorte par-dessus sa tête, rédiger et expédier directement les ordres, non pas sous forme d'indications générales, mais comme prescriptions détaillées et complètes.

Nous devons déplorer l'attitude effacée et passive qu'accepta, dès le début, le général Jarras, chef d'état-major. Il ne pouvait, selon nous, se laisser annihiler, car il avait à remplir des obligations qui engageaient dans une certaine mesure sa responsabilité, et dont il ne dépendait pas du commandant en chef de le dispenser.

Personne, mieux que vous, messieurs, ne connaît les devoirs multiples d'un chef d'état-major. Pour que ces devoirs puissent être remplis efficacement, il est d'une nécessité absolue qu'une confiance complète règne entre le commandant en chef et son chef d'état-major. Il faut que celui-ci connaisse, non-seulement les projets arrêtés, mais encore la pensée intime de son général, car c'est ainsi seulement qu'il pourra le suppléer au besoin.

Telle n'était pas, malheureusement, la situation du chef d'état-major général de l'armée du Rhin, vis-à-vis du commandant en chef, et le défaut de confiance qui se manifeste, dès le principe, entre le maréchal Bazaine et le général Jarras, ne fut peut-être pas sans influence sur les tristes résultats que nous aurons à constater.

Si ce fut un tort de nommer à ces fonctions l'ancien aide-major général de l'empereur, sans l'agrément du général en chef, assez disposé à écarter de lui l'entourage impérial, pourquoi le maréchal ne formula-t-il pas immédiatement ses réclamations à ce sujet, comme il en avait le droit?

Certes, on ne peut que regretter que ni l'un ni l'autre n'ait compris qu'il ne devait pas accepter une semblable position. Mais, toute fâcheuse qu'elle fut, cette situation ne saurait justifier ici le maréchal, et sur lui seul doit tomber uniquement et entièrement la responsabilité des dispositions prises par lui seul.

La bataille de Borny, où le commandant en chef fit preuve de vigueur, retarda la retraite.

Les conséquences du combat furent, il est vrai, aggravées encore par la fâcheuse condescendance du gouverneur de Metz, qui accorda, à l'insu du général en chef, un armistice pour la rive droite de la Moselle et de la Seille, lequel fut prolongé pendant vingt-quatre heures. Cet armistice, demandé par les Prussiens, sous prétexte d'enterrer leurs morts, leur permit de passer en toute sécurité à proximité de la place, et de gagner les ponts de la haute Moselle sans être inquiétés.

Lorsqu'enfin, le 15 au matin, toute l'armée reprit sa marche, on s'aperçut de l'immense confusion produite par l'entassement de tous les corps sur une seule route. Il suffit, pour se rendre compte de la lenteur du mouvement, de rappeler que l'armée avec ses convois, marchant en colonne sur une seule route, les troupes d'infanterie par demi-section, et les voitures par deux, n'eût pas occupé un développement moindre de cinquante lieues.

L'armée devait se remettre en marche le 16 au matin, on le pouvait facilement, l'avant-garde ennemie étant seule arrivée à la hauteur de notre gauche.

Ce dont il s'agissait, le 16, à cinq heures du matin, ce n'était pas de combattre, mais de marcher le plus vite possible. L'approche de l'ennemi ne faisait que rendre cette nécessité plus impérieuse, tout temps d'arrêt ne pouvant qu'augmenter les difficultés de la retraite.

Le maréchal Bazaine a toujours voulu demeurer sous Metz, il a déclaré qu'il ne s'agissait pas, pour lui, de traverser la Meuse, mais seulement d'aller prendre position à l'Est de Verdun, en s'appuyant sur cette place, de manière à manœuvrer dans l'espace compris entre Meuse et Moselle.

Il affirme que c'était là ce dont il était convenu avec l'empereur. S'il en fut ainsi, on doit reconnaître que le secret de ce plan d'opération fut bien gardé, attendu qu'il n'en avait jamais été question jusqu'au moment des débats et qu'il n'en existe trace nulle part.

Le maréchal avait paru convenir jusque-là qu'il fallait le 12, comme quelques jours plus tôt, ramener l'armée dans les plaines de la Champagne, et c'est là le projet qui se trouve énoncé dans l'ouvrage l'*Armée du Rhin*.

La nouvelle version indiquée, peu en harmonie avec la déposition du commandant Sers, s'accorde difficilement avec les termes de sa dépêche expédiée le 19 août à l'empereur, dans laquelle se trouvent ces mots :

« Je compte toujours prendre la direction du Nord et me rabattre ensuite par Montmédy sur la route de Sainte-Menehould à Châlons, si elle n'est point fortement occupée, etc. »

La bataille de Rezonville, glorieuse pour nos armes, n'amena pas de résultat décisif. Quel est le mobile qui a inspiré le maréchal pendant cette journée? Le maréchal, après la bataille, au lieu de continuer la retraite sur Verdun, fit reporter l'armée en arrière sur le plateau de Plappeville.

Le 16 août au soir, le colonel Vasse Saint-Ouen fut chargé, par le général Soleille, d'aller informer le maréchal que la consommation des munitions avait été considérable, qu'on pouvait l'apprécier au tiers ou à la moitié de l'approvisionnement de l'armée, et qu'il serait utile d'envoyer à Metz, dans la nuit même, chercher de nouveaux caissons de munitions.

La précipitation du général Soleille à fournir au commandant en chef des renseignements alarmants, qui se trouvèrent être complètement erronés, fut certainement regrettable.

Il est non moins fâcheux qu'en présence d'une consommation qui lui paraissait si considérable, le général Soleille n'ait pas envoyé, pendant la journée même, chercher, ou tout au moins faire préparer des caissons à l'arsenal de Metz, au lieu d'attendre la nuit, car, s'il eût agi ainsi, les munitions seraient arrivées et les distributions eussent pu se faire dès la matinée du lendemain.

Quoi qu'il en soit, le maréchal Bazaine reçoit cette communication sans paraître s'en émouvoir. Cependant, puisqu'il croit devoir se baser sur cette situation des munitions, pour suspendre sa marche et même revenir sur ses pas, il semble que l'avis apporté par le colonel Vasse Saint-Ouen doive singulièrement l'affecter.

En effet, ce n'est, à ses yeux, rien moins que l'ajournement, peut-être le renversement du plan d'opérations adopté, c'est-à-dire le projet de retraite sur Verdun.

Le temps matériel a manqué au général Soleille pour recueillir des renseignements positifs. Cela est bien évident. C'est donc une appréciation toute personnelle qu'il livre au maréchal. Celui-ci sait que le commandant en chef de l'artillerie est couché et qu'il souffre d'une contusion reçue pendant la bataille : il ne peut ignorer que la santé du général, gravement atteinte depuis quelque temps, a ébranlé son moral, et que lui, si vigoureux, si énergique autrefois, est maintenant trop porté à voir toutes choses sous le jour le plus sombre et à s'exagérer les difficultés de la situation, ainsi que ces débats l'ont fait ressortir pour plus d'une circonstance.

Ce serait bien le cas d'interroger l'officier que, de son lit, le général a envoyé lui porter cette désolante nouvelle, de le presser afin de savoir quel degré de confiance il doit y ajouter, sur quelles données elle se fonde, combien enfin il peut rester approximativement de coups de canon et de coups de fusil à l'armée.

D'ailleurs, en admettant que le tiers, que la moitié même de l'approvisionnement eût été épuisé à la suite des deux batailles du 14 et du 16, il en restait largement de quoi continuer la lutte, tout au moins pendant une ou deux journées.

Rien ne pressait donc de battre en retraite, rien n'empêchait surtout d'attendre au lendemain matin pour prendre un parti définitif et de se borner jusque-là à prescrire aux corps d'armée de se tenir prêts à marcher.

S'il eût ainsi procédé, si, comme sa haute expérience, comme son sang-froid éprouvé devaient le lui conseiller, s'il eût enfin fait la part de l'exagération du premier moment, il aurait pu être promptement rassuré, car il aurait appris bien vite que les appréciations du général Soleille étaient très-erronées.

Le 17 au matin, il restait, en effet, 80,000 obus et 16 millions de cartouches, sur 106,000 obus et 17 millions de cartouches que possédait l'armée à son départ de Metz. On avait donc consommé tout au plus le quart de l'approvisionnement en munitions d'artillerie et le seizième en munitions d'infanterie.

En accueillant l'appréciation du général Soleille, sans observations, en se déterminant immédiatement d'après elle, à reporter la ligne en arrière, le maréchal Bazaine, loin de témoigner d'une intention formelle de continuer son mouvement sur Verdun, a laissé voir au contraire son désir de profiter du premier prétexte pour abandonner l'opération entreprise.

Le deuxième motif allégué pour expliquer sa détermination de se rapprocher de Metz fut la pénurie des vivres. Il était encore moins valable que le premier.

Les vivres eussent pu manquer en effet si l'ordre de licenciement donné le 15 avait été suivi d'effet ; mais, comme nous l'avons précédemment constaté, il n'en était rien : quelques-uns des convois étaient parvenus sur le plateau dès le 16 au matin.

Le convoi du grand quartier-général, à lui seul, contenait plus d'un jour et demi de vivres pour toute l'armée. La plus grande partie des troupes avait encore un jour de vivres dans le sac ; certains corps d'armée en avaient deux.

L'intendant général Wolff était venu annoncer le matin même au maréchal que des approvisionnements considérables avaient été préparés à Verdun. Dans la soirée, l'intendant en chef intérimaire ne sut pas, il est vrai, et ce fut un tort, renseigner le maréchal sur l'existant à Gravelotte.

Mais pourquoi celui-ci, eu égard à la situation de M. de Préval, nommé depuis trois jours seulement, ne s'adressa-t-il pas au fonctionnaire chargé spécialement du service et qu'il avait également sous la main à son quartier général. M. Mony lui eût, vous le savez, fourni des indications très-rassurantes.

L'ignorance dans laquelle resta le commandant en chef n'eut d'ailleurs qu'un résultat favorable ; car, pour plus de sûreté, il envoya immédiatement chercher à Metz une partie des convois qui y étaient restés. Un convoi de quatre cent cinquante voitures allait rejoindre, le 17 ou matin, lorsqu'il fut arrêté par l'avis que l'armée rebroussait chemin.

Le maréchal a déclaré que ses appréhensions au sujet des munitions et des vivres, tout en pesant sur ses décisions, ne furent cependant pas les motifs déterminants de sa conduite. Il y aurait eu, selon lui, un défaut de rédaction dans ses dépêches :

« Dans ma pensée, a-t-il dit, ce n'étaient pas les vivres qui manquaient, mais il fallait les distribuer de façon que les hommes en aient pour deux ou trois jours dans le sac, de manière à nous débarrasser de notre immense convoi. »

La nécessité de ravitailler les troupes, tant en vivres qu'en munitions, soit avec les ressources sur le plateau, soit au moyen des convois qui allaient arriver, pouvait-elle déterminer le commandant en chef, non à attendre sur place, mais à se reporter en arrière? Il suffit de poser cette question pour la résoudre.

Cependant, la pénurie des munitions et celles des vivres furent les seules causes indiquées par le maréchal dans ses dépêches à l'empereur comme dans ses ordres aux commandants de corps, pour expliquer son mouvement rétrograde.

Il écrit, en effet, au souverain, le 16, à onze heures du soir :

« La difficulté aujourd'hui gît principalement dans la diminution de nos parcs de réserve, et nous aurions de la peine à supporter une journée comme celle d'aujourd'hui, avec ce qui nous reste dans nos caissons ; d'un autre côté, les vivres sont aussi rares que les munitions, et je suis obligé de me reporter sur la ligne de Vigneulles-Lessy, pour me ravitailler. »

Et à minuit, précisant encore mieux sa pensée, le maréchal écrivait aux commandants de corps :

« La grande consommation qui a été faite dans la journée, ainsi que le manque de vivres pour plusieurs jours, ne nous permettant pas de continuer la marche qui avait été tracée, nous allons nous reporter sur le plateau de Plappeville. »

Pressé de fournir des explications catégoriques sur une détermination si peu en harmonie avec la situation, le maréchal s'est borné à déclarer que les dépêches écrites par lui les 16 et 17 août, l'ont été sous l'impression du moment et des renseignements qui lui étaient fournis. Il a employé dans sa dépêche à l'empereur le mot « principalement » pour indiquer qu'il y avait d'autres causes qu'il ne croyait pas devoir rendre publiques.

Mais en vérité, la pénurie de munitions et de vivres où se serait trouvée l'armée, était bien autrement grave que les conditions d'ordre tactique que pouvait sous-entendre le maréchal. S'il devait craindre de rendre publique l'une quelconque des difficultés qui l'arrêtaient, c'était précisément celle-là qu'il aurait dû s'efforcer de dissimuler avec le plus grand soin, car elle était de nature à indigner et à consterner le pays, en lui apprenant que deux jours après sa mise en mouvement, l'armée française était obligée de suspendre sa marche, faute d'avoir été pourvue au départ de ce qui lui était indispensable.

Le maréchal a reconnu que ni les munitions ni les vivres ne lui faisaient défaut pour continuer sa marche.

Mais alors pourquoi ces fausses indications dans les dépêches du 16 à l'empereur et au maréchal de Mac-Mahon, indications que nous verrons cependant se reproduire les jours suivants, alors même qu'il ne pourra plus avoir aucun doute sur leur inexactitude.

Pourrait-on prétendre qu'il y ait quelque chose d'incertain dans des affirmations formulées en termes si clairs et si précis ?

Le commandant en chef de l'armée du Rhin a-t-il songé à l'effet qu'allaient produire ses télégrammes et au péril des résolutions qu'ils, pouvaient provoquer ?

Si le maréchal a pu se tromper pendant quelques heures sur la véritable situation, pourquoi ne pas s'empresser de rétablir la vérité dès qu'elle fût connue, au lieu de persévérer pendant plusieurs jours dans l'annonce des mêmes besoins, et, par conséquent, des mêmes dangers pour son armée ?

Tout en expliquant sa détermination à l'empereur, et la fondant sur la nécessité d'un ravitaillement, le commandant en chef avait soin, d'ailleurs, de l'avertir que cet arrêt dans la marche de l'armée n'était que momentané.

Dans sa dépêche du 17, il lui écrivait :

« ... L'ennemi a été repoussé et nous avons passé la nuit sur les positions conquises... Je pense pouvoir me remettre en marche après-demain, en prenant la direction plus au nord, etc... »

Il se montre plus affirmatif encore dans le télégramme ci-après, du même jour, expédié au ministre de la guerre, M. le général de Palikao, dans lequel nous lisons ces mots :

« J'arrête quelques heures mon mouvement pour mettre mes munitions au grand complet. »

Or, nous allons voir les sentiments qu'il manifestait tandis qu'il envoyait ces nouvelles à l'empereur et au ministre :

Le 16 au soir, au moment où il venait d'expédier ses ordres, s'adressant aux officiers qui l'entouraient, il leur disait : « Il faut sauver l'armée française, et pour cela revenir sous Metz. » On conçoit l'étonnement qu'un pareil langage dut faire naître parmi ces officiers, car il pouvait à bon droit sembler inexplicable dans la bouche du chef d'une armée qui, suivant ses propres expressions, venait de repousser l'ennemi et qui couchait sur les positions conquises.

Le lendemain 17, il annonçait son intention de faire descendre les troupes des positions qu'il venait de leur faire prendre pour les ramener vers la place, et il témoignait le désir de faire effectuer ce mouvement soit le jour même, soit le lendemain matin.

Ce simple rapprochement entre les avis qu'il envoyait à l'extérieur et l'opinion qu'il exprimait à ceux qui l'approchaient fait suffisamment ressortir la manière dont le maréchal Bazaine s'acquittait de son devoir, qui était de dire au souverain et au ministre la vérité sur sa situation.

Plus tard, nous retrouverons encore cette constante préoccupation de cacher la vérité au gouvernement, afin de mieux dissimuler les véritables motifs de son immobilité.

Pour justifier son mouvement rétrograde du 17, le maréchal a déclaré qu'en raison de la nécessité impérieuse de rétablir l'ordre tactique, il n'avait cru possible, ni de conquérir définitivement par un nouveau combat la route de Conflans, ni de s'élever vers le nord par la route de Briey, encore entièrement libre dans cette journée.

D'ailleurs, à ce qu'il assure, l'empereur, en le quittant, ne lui avait nullement donné l'ordre formel de poursuivre la retraite. Ce mouvement était subordonné aux circonstances et ne devait s'accomplir que dans de bonnes conditions tactiques, afin de ne pas compromettre l'armée.

Nous ne nous refusons nullement, quant à nous, à croire que le maréchal n'avait pas reçu d'ordres formels de la part du souverain. Un général en chef n'a pas à en recevoir de cette nature, et il est bien évident qu'il est toujours maître d'apporter à ses instructions primitives les modifications nécessitées par les événements imprévus, si fréquents dans la conduite des opérations militaires en face de l'ennemi.

Mais il n'en est pas moins incontestable qu'il avait un plan d'opérations à accomplir, et qu'il ne devait y renoncer que si ce plan devenait impraticable ou trop dangereux. Or, la retraite était encore très-exécutable le 17, et le maréchal n'a rien tenté pour l'eflectuer, il a donc trompé ainsi la confiance que l'empereur avait mise en lui.

C'est ce qui n'est que trop facile à établir.

Constatons d'abord qu'en reprenant sa marche sur Verdun, par les routes d'Etain et de Briey, le 17, une fois les distributions faites, ravitaillé ainsi de deux à trois jours de vivres dans le sac du soldat, et suffisamment réapprovisionné en munitions d'artillerie et d'infanterie, le maréchal avait encore une avance de vingt-quatre heures sur l'ennemi.

En effet, les corps allemands qui avaient combattu le 16 ne bougèrent pas pendant toute la journée du 17, obligés qu'ils étaient de se réorganiser et de se concentrer, et c'est seulement grâce à des marches forcées que les autres corps purent venir prendre part à la bataille du lendemain.

Pour se dérober par une marche vers le nord, il lui aurait fallu, a dit le maréchal, faire exécuter un changement de front, l'aile gauche en avant, par des chemins de traverse, ce qui aurait donné à l'ennemi le temps de le rejoindre.

Une telle explication est-elle sérieuse ? Que veut dire, à propos du mouvement à exécuter, cette expression de changement de front, l'aigle gauche en avant ?

Pour se porter des positions occupées, le 16, dans la direction de Briey, il fallait, au contraire, reculer en dérobant sa gauche; ce mouvement devait avoir pour résultat de s'éloigner de l'ennemi. Or, comme il ne put parvenir à la route de Briey, que le 18 après-midi, on pouvait par là l'éviter, au moins pendant quelques jours, et très-probablement se dérober tout à fait, si l'on prenait la direction des places du nord.

Nous reconnaissons toutefois qu'une marche en retraite dans ces conditions n'eût pas été exempte de dangers, et nous croyons, comme la plupart des généraux entendus dans le cours des débats, qu'il eût peut-être mieux valu compléter préalablement le succès du 16 en attaquant l'ennemi le 17 pour le refouler dans les ravins de Gorze et de là sur la Moselle.

Vous avez entendu les dépositions de MM. les commandants de corps, relativement à la possibilité de recommencer la lutte le 17, et malgré leur extrême réserve, dictée d'ailleurs par les plus honorables scrupules, vous avez compris, messieurs, que leur avis presque unanime était qu'il fallait continuer la bataille le lendemain et que les chances leur paraissaient favorables.

En cas d'un insuccès, on était toujours à même de se retirer sous Metz, tandis que les résultats d'une victoire eussent été incalculables.

L'armée du prince Frédéric-Charles, adossée à la Moselle, courait risque d'être détruite, et elle eût été du moins contrainte à reculer en toute hâte jusqu'au delà de la frontière, tandis que l'armée du prince royal, isolée au cœur de la France, avec ses communications coupées, se fût trouvée dans la position la plus critique.

Mais, sans vouloir insister à ce sujet, et sans entrer dans le domaine de l'hypothèse, nous nous contenterons de faire remarquer que, puisque le commandant en chef ne jugeait pas devoir continuer immédiatement sa marche vers la Meuse, il lui fallait nécessairement livrer le 17, une seconde bataille. En effet, plus il attendait et plus il laissait s'accentuer le mouvement tournant de l'ennemi et s'accroître le nombre des troupes à combattre. Plus il attendait et moins le projet de retraite concerté avec l'Empereur devenait exécutable !

Ces considérations élémentaires ne pouvaient échapper à la haute expérience du maréchal. Mais déjà, comme nous venons de le voir, il ne songeait plus guère à l'exécution de ce projet.

Aux premières nouvelles de la bataille, l'Empereur crut à une victoire, et il se hâta d'adresser au commandant en chef la dépêche suivante (17 août, neuf heures du soir) :

« Je vous félicite de votre succès ; je regrette de n'y avoir pas assisté. Remerciez, en mon nom, officiers, sous-officiers et soldats. La patrie applaudit à leurs travaux. »

Nous regrettons d'avoir à constater que le maréchal attendit jusqu'au 22 pour communiquer aux troupes les éloges du souverain, et pour les remercier de leur brillante valeur qui, dans trois batailles successives, avait excité l'admiration de l'ennemi.

Le maréchal a déclaré qu'il n'avait suspendu sa marche qu'afin de se ravitailler et de se réorganiser. Or, presque toute la journée du 17 fut nécessairement occupée à s'établir sur la nouvelle ligne de bataille, où les corps d'armée ne purent être installés que dans l'après-midi. Le 6e corps, destiné à former l'aile droite, ne parvint même à Saint-Privat qu'à la nuit tombée. Ainsi à peu près remplie par la marche et la nouvelle installation des troupes, cette journée ne servit guère plus aux ravitaillements que si elle eût été employée à gagner Etain ou Briey.

Le maréchal a fait connaître également que s'il avait fait choix de la ligne Rozérieulles-Amanvillers, c'était « afin de recevoir l'ennemi dans de bonnes conditions défensives et pour rester maître des débouchés sur les plateaux. Nos troupes avaient besoin, dit-il, après le combat, de reprendre du calme et de retremper leur moral dans des combats défensifs, qui doivent être à leur avantage par la supériorité de leur armement. »

Cette appréciation nous paraît, nous l'avouons, fort contestable.

Toutes nos traditions militaires démontrent, en effet, que le combat défensif n'est pas approprié au tempérament national et qu'il convient beaucoup moins que l'offensive à l'ardeur proverbiale du soldat français.

Quoi qu'il en soit, le maréchal ne s'était pas arrêté tout d'abord à la position qui s'étend de Rozérieulles à Amanvillers. Sa première pensée avait été d'assigner à l'armée une position bien plus en arrière encore et placée immédiatement sous les forts.

Le 16, à onze heures du soir, en envoyant à l'empereur la nouvelle de la bataille, il lui écrivait : « Je suis obligé de me porter sur la ligne de Vigneulles-Lessy, pour me ravitailler. » Or, la ligne de Vigneulles-Lessy, c'est le pied des remparts des forts Saint-Quentin et de Plappeville. Mais, comprenant presque aussitôt que ce mouvement rétrograde ne pouvait se comprendre après le résultat de la journée qu'il a dépeint comme favorable, il s'arrête à faire choix d'une position intermédiaire. Le 17, expédiant, par le commandant Magnan, copie de sa lettre précitée, il annonce à l'empereur que c'est par une erreur de rédaction qu'il avait indiqué la ligne Vigneulles-Lessy, au lieu de la ligne Rozérieulles-Amanvillers.

Le prétexte des erreurs de rédaction revient souvent chez le maréchal. Nous l'avons rencontré déjà ; nous le retrouverons encore plus d'une fois.

Mais, ici, il n'y avait pas eu erreur, le maréchal l'a reconnu aux débats. Comme nous l'avons déjà constaté, il avait bien l'intention de se retirer sous Metz.

Dès le 17, le colonel Lewal avait reçu l'ordre d'étudier une position plus en arrière, où les troupes devaient se trouver en partie sous l'appui des forts et des ouvrages de la place. Le 18 au matin, avant que la bataille ne s'engageât, le colonel Lewal avait réuni en conséquence les sous-chefs d'états-majors généraux sur le terrain, et ils y avaient pris connaissance des points que leurs corps d'armée auraient à occuper.

Cette série de circonstances en nous dévoilant la pensée du commandant en chef, nous laisse voir combien le projet de continuer la retraite était en réalité loin de son esprit.

Les incidents qui vont se produire dans cette funeste journée du 18 nous fixeront davantage encore sur ses véritables intentions.

Le maréchal avait justement prévu que son armée allait être attaquée dans ses nouvelles positions, et il avait prescrit de s'y établir solidement et de s'y couvrir par des tranchées.

Dès le matin, il fut avisé de l'approche des colonnes ennemies. Les renseignements successivement envoyés par les commandants des 3ᵉ et 6° corps, depuis six heures du matin, ne pouvaient lui laisser aucun doute sur l'imminence d'une attaque sérieuse, ni même sur le point principalement menacé.

L'ennemi, en effet, défilait en masses profondes en avant des positions de l'armée, en se portant de la gauche à la droite. C'était la droite française que, par une manœuvre facile à prévoir, il prenait pour objectif, afin de couper au maréchal la route de Briey, seule communication qu'il conservât encore avec l'est.

Restant en dehors des considérations tactiques qui sont du domaine exclusif de l'historien militaire, nous devons nous borner à rechercher, dans la conduite du maréchal Bazaine pendant cette bataille, les actes propres à établir qu'il a négligé ou méconnu les obligations rigoureuses imposées au commandant d'une armée.

A l'approche d'une lutte formidable, quand l'ennemi, considérablement renforcé, va tenter un dernier effort pour achever l'œuvre commencée par les batailles du 14 et du 16 août, le maréchal ne juge pas à propos de visiter le terrain, ni de parcourir les positions sur lesquelles il a établi son armée pour y recevoir le combat.

Il a déclaré, il est vrai, qu'il connaissait le terrain et qu'il avait passé une partie de la matinée du 18 sur une hauteur, entre les fermes de Moscou et de Leipsick, à observer les mouvements de l'ennemi.

Le maréchal paraît ici confondre la matinée du 18 et celle du 17 où, en se portant de Gravelotte à Plappeville, il s'arrêta en effet quelques instants auprès de ces fermes, à voir défiler ses troupes.

Vous remarquerez d'ailleurs, messieurs, qu'en raison de l'étendue de la ligne comme de la configuration du terrain mamelonné et coupé de bois qu'occupaient ses troupes, le commandant en chef, placé entre les fermes de Moscou et de Leipsick, ne pouvait découvrir que les emplacements des 2° et 3° corps et ne voyait nullement sa droite, clef de la position par où il annonçait à l'empereur devoir déboucher le lendemain.

Puisqu'il prévoyait une bataille défensive, pourquoi ne pas parcourir, en l'examinant dans ses détails topographiques, le théâtre où elle devait s'engager, afin de reconnaître les points faibles et de prendre ses dispositions pour en augmenter les défenses naturelles?

S'il eût agi ainsi, son coup d'œil militaire et son expérience auraient reconnu de suite que la position de l'armée, très-solide à la gauche, suffisamment forte au centre, n'offrait plus à la droite d'autre avantage que celui de dominer sensiblement le terrain en avant, sans présenter ni sur le front ni sur le flanc du 6° corps d'obstacle de nature à arrêter les mouvements de l'ennemi.

C'est vers sa droite, point à la fois le plus faible et le plus important de sa ligne de bataille, que se seraient alors tournées ses principales préoccupations, c'est dans cette direction qu'il eût pu masser ses réserves d'artillerie, d'infanterie, de cavalerie, au lieu de les laisser inutiles derrière sa gauche. Et s'il eût agi ainsi, n'avons-nous pas le droit de supposer que cet emploi judicieux de ces forces, dans cette journée, aurait exercé sans doute une influence décisive sur l'issue de la bataille.

Pendant cette matinée, le général en chef demeure tranquillement à son quartier général sans voir aucun des commandants de corps d'armée, sans donner aucune instruction en vue des redoutables éventualités qui se préparent et dont il est prévenu.

Nous nous trompons, le maréchal Bazaine avait donné plusieurs ordres.

D'abord, comme nous venons de le dire, il avait prescrit que, le 18 au matin, les sous-chefs d'état-major des corps d'armée se rendraient auprès du colonel Lewal pour aller reconnaître avec lui, en arrière et plus près de Metz, de nouvelles positions à occuper ultérieurement.

Interrogé sur les raisons qui lui avaient fait donner cet ordre, le maréchal à répondu qu'il s'était conformé à cet égard aux prescriptions du service en campagne, d'après lesquelles le général en chef doit prendre ses dispositions à l'avance, en vue de toutes les éventualités à prévoir. Certes, il eût été vivement à désirer que le maréchal se fût toujours montré aussi scrupuleux observateur du règlement, mais ce luxe de précautions en cette circonstance vous semblera plutôt dénoter la nature de ses préoccupations secrètes, qui le poussaient à tourner ses regards vers Metz, au lieu de les porter dans la direction de Verdun ou de Briey.

Le second ordre du maréchal Bazaine concernait la garde impériale et fut porté par M. le capitaine de Mornay-Soult, son officier d'ordonnance. Cet officier vint annoncer au général Bourbaki, vers neuf ou dix heures du matin, que le maréchal le laissait libre de ses mouvements, l'autorisant à se mettre en marche quand il le jugerait convenable.

C'était, il faut l'avouer, singulièrement comprendre les devoirs du commandement en chef que de se borner à expédier au commandant du corps de réserve, pour toute instruction, lorsque la bataille allait s'engager, l'avis qu'il était autorisé à se mettre en mouvement quand il le jugerait convenable, sans lui assigner ni objectif, ni direction !

C'est là aussi, qu'il nous soit permis de le remarquer, une étrange manière d'interpréter le réglement que d'invoquer, comme le fait le maréchal, pour expliquer de telles instructions, la disposition qui recommande de laisser une certaine latitude au commandant de la réserve.

Énfin, un troisième ordre fut adressé à M. le maréchal Canrobert. En lui écrivant, à dix heures du matin, pour lui annoncer l'éventualité d'une attaque sur Saint-Privat, le commandant en chef lui disait :

« Si par cas, l'ennemi se prolongeant sur notre front semblait vouloir attaquer sérieusement Saint-Privat-la-Montagne, prenez toutes les dispositions de défense nécessaires pour y tenir et permettre à l'aile droite de faire un changement de front, afin d'occuper les positions en arrière, si c'était nécessaire, positions qu'on est en train de reconnaître. Je ne voudrais pas y être forcé par l'ennemi, et si ce mouvement s'exécute, ce ne sera que pour rendre les ravitaillements plus faciles et donner une plus grande quantité d'eau aux animaux et permettre aux hommes de se laver. »

C'est bien là le style ambigu que semblait affectionner le commandant en chef, et dont nous rencontrerons de nombreux exemples.

Que signifient ces mots : « Prenez vos dispositions pour tenir à Saint-Privat et permettre à l'aile droite de faire un changement de front en arrière, » quand c'est justement Saint-Privat qui forme le point d'appui de la droite de l'armée, et, qu'il se trouvera abandonné par le changement de front préparé qui devait reporter cette ligne à plus d'une lieue en arrière ?

Et ceux-ci : « Je ne voudrais pas y être forcé par l'ennemi et si ce mouvement s'exécute, ce ne sera que pour rendre les ravitaillements plus faciles et donner une plus grande quantité d'eau aux animaux et permettre aux hommes de se laver ? »

Quelles sont ces considérations au moins singulières au moment où une grande bataille va se livrer ?

Tout cela ne voulait-il pas clairement dire qu'on ne tenait guère à cette préoccupation ?

Cependant Saint-Privat était la clef de la position, c'était le débouché par où l'armée devait le lendemain reprendre sa marche, ainsi que le maréchal l'avait annoncé au souverain. Malgré ces graves considérations, nous voyons le commandant en chef prévenir qu'en cas d'attaque sérieuse, l'aile droite, abandonnant les plateaux, devra venir occuper des positions en arrière.

Ici encore apparaît avec évidence l'intention bien arrêtée de ne pas s'éloigner de Metz.

Mais, hâtons-nous de le dire, M. le maréchal Canrobert comprit toute l'importance de la position qui lui était confiée.

Bien que le 6e corps n'ait jamais eu à Metz que les trois quarts de son infanterie, qu'il ne disposât que d'une artillerie très-insuffisante, qu'il eût été le plus éprouvé à Rezonville, que ses munitions fussent incomplètes, son digne chef, sans entrer dans les finesses de l'ordre qu'il recevait, défendit Saint-Privat avec une ténacité héroïque qui aurait, sans aucun doute, lassé les assauts multipliés d'un ennemi trois ou quatre fois supérieur en nombre, si le 6ᵉ corps avait été soutenu.

Cependant, la bataille est engagée; que va faire le commandant en chef, retiré dans sa maison de Plappeville ?

On s'émut à l'état-major général, quand on apprit que l'armée ennemie avait attaqué nos lignes sans qu'on eût reçu aucun ordre pour se porter sur le théâtre de l'action.

Le général Jarras prescrivit que les chevaux de l'état-major fussent sellés et bridés, et fit en même temps demander au maréchal Bazaine quand il monterait à cheval.

Mais le commandant en chef ne semblait pas pressé de se porter au milieu de ses troupes. Quoiqu'il fût informé du mouvement offensif de l'ennemi, d'abord à sept heures, puis à neuf heures du matin, par M. le maréchal Le Bœuf; que la bataille eût commencé vers la gauche depuis onze heures ; qu'enfin le colonel Lewal eût fait prévenir le général en chef entre midi et une heure, que l'action s'étendait sur toute la ligne, celui-ci ne se décida à monter à cheval qu'à trois heures et demie.

A ce moment, il avait déjà reçu de l'extrême droite de l'armée plusieurs avis dont le caractère inquiétant devait cependant lui montrer la gravité de la lutte entamée. Nous devons rappeler ici leur rapide succession.

A dix heures un quart, le maréchal Canrobert signale au maréchal Bazaine la présence de l'ennemi au village de Valleroy.

A midi et demi, il l'informe, dans un billet porté par M. de Bellegarde, officier de son escorte, qu'un combat sérieux s'engage, que la rareté des munitions l'oblige à ralentir le feu de son artillerie, et qu'il en demande avec instance, ainsi que des renforts.

Après avoir pris connaissance de la lettre, le commandant en chef répond à M. de Bellegarde:

« Vous direz au maréchal Canrobert que je donne l'ordre au général Bourbaki de lui envoyer une division de la garde pour le cas où l'attaque dont il est l'objet deviendrait plus sérieuse ; que je donne l'ordre en outre au général Soleille de lui envoyer une batterie de 12. Vous direz au maréchal d'envoyer remplir ses caissons au parc de réserve qui est ici. »

Vers une heure, le maréchal Canrobert charge l'officier de l'état-major général qui lui a apporté la lettre de dix heures du matin de rappeler au général en chef que les munitions s'épuisent.

Entre deux et trois heures, les pièces ne pouvant plus tirer qu'un coup toutes les deux minutes pour répondre au feu formidable dirigé contre elles, le commandant du 6ᵉ corps expédie au quartier général le capitaine de Chalus pour presser l'envoi des renforts d'artillerie et la division d'infanterie annoncée.

Après trois quarts d'heure ou une heure de marche, M. de Chalus arrive à Plappeville ; il trouve le maréchal Bazaine dans son salon et lui explique sur la carte comment s'était produite l'attaque du 6ᵉ corps ; il ajoute que lorsqu'il avait quitté Saint-Privat, la situation commençait à donner de graves inquiétudes.

Le maréchal paraît se décider alors à envoyer la division promise déjà depuis deux heures ; mais à ce moment arrive un billet qui, d'après les paroles du maréchal, lui annonce que tout va bien au 6ᵉ corps. Aussitôt le général en chef renonce à l'idée d'envoyer la division de grenadiers, et M. de Chalus est autorisé seulement à aller prendre quatre caissons au fort de Plappeville.

Vous savez, messieurs, que le général Bourbaki, auquel le maréchal attribuait ce billet, a déclaré n'avoir jamais envoyé un semblable avis, et sa déclaration à ce sujet n'était pas nécessaire.

Comment, en effet, eût-il annoncé au commandant en chef ce qui se passait sur un champ de bataille où il ne se trouvait pas et qu'il ne pouvait même apercevoir ?

Quel pouvait donc être ce général qui donnait au commandant en chef des avis si rassurants au sujet de la droite ?

Mais sans chercher à éclaircir ce mystère, nous ne pouvons nous expliquer la conduite du général en chef dans cette circonstance.

Lorsque M. le maréchal Canrobert lui fait réclamer, pour la seconde fois, les renforts en artillerie et en infanterie vainement attendus jusque-là, comment le maréchal Bazaine peut-il croire que tout se passe bien au 6ᵉ corps.

Au lieu de s'en rapporter au vaillant commandant de ce corps d'armée, comment peut-il, sur la foi d'un renseignement venu on ne sait d'où, lui refuser le secours depuis longtemps promis et réclamé avec instance.

Entre les deux renseignements contradictoires qu'il recevait, le maréchal ne pouvait hésiter ! Dans tous les cas, si le doute eût été possible, la vérité était de trop d'importance pour ne pas l'éclaircir sans délai en envoyant immédiatement un officier auprès du maréchal Canrobert ! S'il ne le fit pas, s'il avait tant tardé à envoyer la division annoncée, s'il revenait si facilement sur sa promesse, c'est qu'assurément il ne tenait guère à soutenir le 6ᵉ corps.

La lettre qu'il écrivait à dix heures du matin le faisait d'ailleurs suffisamment pressentir.

Jusqu'au départ du capitaine de Chalus, le maréchal était resté à son quartier général sans expédier un ordre à ses commandants de corps, sans envoyer aux nouvelles, demeurant comme indifférent aux événements extérieurs.

Enfin, vers trois heures et demie, il monte à cheval et se rend sur le plateau du Saint-Quentin.

La lutte continue avec une intensité croissante. Le maréchal sait sa droite fortement engagée; néanmoins, toute son attention paraît se concentrer sur sa gauche, presque inexpugnable dans ses positions.

Il craignait, a-t-il déclaré, un mouvement tournant de l'ennemi par la vallée de la Moselle.

Ici reparaît cette crainte d'être séparé de Metz, que nous avons déjà rencontrée chez lui le 16. Cette préoccupation exclusive, mais nullement justifiée, semble avoir influé d'une manière fâcheuse sur ses appréciations. En effet, l'ennemi ne pouvait tourner la gauche de l'armée qu'en s'avançant sous les feux du 2ᵉ corps, dans la plaine battue dans tous les sens par les canons du fort Saint-Quentin et de la place.

Une semblable tentative eût bien pu effrayer les convoyeurs campés vers Longeville, ou jeter le désordre dans la masse de cavalerie entassée par ordre du général en chef dans l'étroit vallon de Châtel-Saint-Germain ; mais elle ne pouvait faire courir à l'armée aucun danger sérieux.

Après avoir pris des dispositions pour parer à cette attaque, le maréchal Bazaine se porte sur le plateau de Plappeville. C'est vers ce moment que le maréchal Canrobert lui adresse un billet au crayon, portant que les attaques contre la droite redoublaient, que l'artillerie prussienne avait presque éteint la sienne, et que bientôt il ne pourrait plus tenir. Ce billet resta sans réponse.

Le général en chef était arrivé sur le plateau de Plappeville quand M. de Beaumont, officier d'ordonnance du général Bourbaki, passa auprès de lui. Le maréchal l'arrêta et le chargea de porter un ordre à son général.

D'après la déposition de M. de Beaumont, cet ordre consistait à annoncer au général Bourbaki qu'il devait rentrer avec la garde en prévenant le maréchal Canrobert de ce mouvement.

A ce qu'affirme au contraire le maréchal Bazaine, M. de Beaumont avait à dire au général qu'il devait demeurer là où il se trouvait, c'est-à-dire sur le plateau du Gros-Chêne, et en prévenir le maréchal Canrobert.

Il y a entre ces deux versions une contradiction complète, au sujet de laquelle vous avez entendu, messieurs, le maréchal donner au conseil une explication qu'il n'avait pas présentée à l'instruction.

Aux débats, le souvenir lui est revenu. En causant avec M. de

Beaumont, il avait employé le mot *rester*, et c'est ce mot qui aurait été pris pour celui de *rentrer*.

Nous voudrions pouvoir croire à cette rectification, mais nous ne saurions trouver l'explication suffisante, en présence des détails précis et circonstanciés donnés par M. de Beaumont, qui ne se contenta pas des premières paroles du général en chef, mais crut devoir les répéter lui-même, et les entendit confirmer par le maréchal, et après celui-ci par un officier supérieur de l'état-major général.

Le capitaine de Mornay-Soult, ayant le même retour de mémoire que le maréchal, a déclaré aux débats que le commandant en chef s'était servi, en parlant à M. de Beaumont, du mot rester et non du mot rentrer.

Nous ne discuterons pas, en ce moment, le témoignage de cet officier d'ordonnance, nous réservant d'indiquer, dans une circonstance ultérieure, les motifs qui nous empêchent d'y ajouter entière confiance.

Au surplus, l'incident de M. de Beaumont n'est pas le seul qui dénote les intentions du commandant en chef.

Vers le même moment, le maréchal voyant passer deux autres officiers d'ordonnance du général Bourbaki, qui allaient rejoindre leur chef, les interpella, et leur annonçant que la journée pouvait être considérée comme terminée, il ajouta : « C'est inutile de continuer, la garde va rentrer dans ses campements. »

Il n'était pas possible de confondre ici rentrer avec rester.

Les paroles du maréchal à MM. de Lacale et de Sancy démontrent péremptoirement qu'il ne voulait pas envoyer la garde au secours du 6e corps, et de plus, qu'il avait envoyé l'ordre au général Bourbaki de rentrer.

Le fait que, quelques instants après, le commandant en chef, rencontrant le colonel Clappier, l'aurait laissé continuer sa route, ne vient nullement à l'encontre de cette conclusion, car cet officier supérieur, appelé alors par le général Bourbaki, ne reçut que plus tard l'ordre de protéger la retraite du 6e corps avec les quatre batteries de la réserve de la garde, et cet ordre émanait de la seule initiative du général.

Ce fut également le commandant de la garde qui, de lui-même, dirigea vers le champ de bataille, sur l'appel pressant du général Ladmirault, la division de grenadiers.

Cette division n'atteignit malheureusement pas le théâtre de l'action où elle eût, en tout cas, appuyé le 4e corps, et non le 6e, auquel seul cependant elle avait été promise par le maréchal Bazaine.

Ainsi, malgré ses demandes instantes et réitérées, malgré la promesse qu'il avait reçue de la part du général en chef, le maréchal Canrobert n'obtint aucun renfort d'infanterie.

Il ne lui fut pas envoyé autre chose que les quatre caissons ramenés par le capitaine de Chalus, plus deux batteries de la réserve générale expédiées en même temps que vingt caissons, vers trois ou quatre heures de l'après-midi, par le général Soleille, sur l'ordre du maréchal.

Pour comble de malheur, ces batteries, qu'il a fallu aller chercher à leur camp et faire atteler, ne purent arriver avant la retraite de l'aile droite et ne servirent qu'à protéger ce mouvement, de concert avec quelques batteries de ce corps, d'autres du 4e et les quatre batteries de la réserve de la garde envoyées par le général Bourbaki.

La concentration formidable de leurs feux arrêta court la poursuite de l'ennemi, et l'effet produit par cette grande batterie permet d'apprécier le résultat qu'aurait obtenu sa puissante intervention, si elle se fût produite en temps opportun.

En résumé, le 6e corps resta pendant toute la journée du 18 août abandonné à lui-même, obligé de supporter successivement le choc de la garde royale d'abord, puis du 10e corps, et enfin du corps saxon.

L'artillerie de ces différents corps allemands comprenait 260 bouches à feu, auxquelles le maréchal Canrobert n'avait pu opposer que 66 pièces très-incomplétement approvisionnées.

Ces chiffres ont une éloquence suffisante pour dispenser de tout commentaire.

Pendant que cette lutte inégale était engagée, la réserve générale d'artillerie, à l'exception des deux batteries envoyées par le général Soleille et de celles qui surveillaient d'une part la vallée supérieure de la Moselle, et de l'autre le débouché de Saulny, restait sans emploi au bivouac.

Cette artillerie, jointe aux quatre batteries de la réserve de la garde, aux trois batteries de la division de grenadiers, formait une masse de 90 bouches à feu dont l'action au moment favorable eût pu modifier singulièrement les résultats de la journée.

Le maréchal ne songea pas davantage à tirer parti des dix régiments de la cavalerie de réserve.

Tandis que les blessés tombaient par milliers, l'intendant en chef n'était pas informé qu'une bataille se livrait sur les plateaux et les ambulances du quartier général demeuraient à Plappeville.

Du point où il s'était placé, le maréchal aperçut, du côté de la droite, les premiers symptômes d'une défaite. Sur la route de Saulny, il vit, vers cinq heures et demie, des voitures en désordre, des blessés pris de panique redescendre précipitamment vers la vallée.

« Que faire avec de pareilles troupes, » s'écria-t-il alors, confondant des convoyeurs et des traînards avec son armée.

S'il se fût trouvé sur le champ de bataille, il eût promptement reconnu son erreur ; il eût pu constater que le 6ᵉ corps tenait toujours, et que ses soldats, abandonnés par lui sans secours dans la lutte désespérée qu'ils soutenaient contre un ennemi trois ou quatre fois supérieur en nombre et appuyé par près de 300 pièces de canon, méritaient d'autres remercîments que ces paroles injustes et cruelles.

Pendant que, du plateau de Plappeville, le maréchal portait sur ses troupes un jugement si sévère, le souverain ennemi, présent, lui, sur le terrain du combat, exprimait hautement son admiration pour leur héroïque ténacité !

Vers sept heures, le maréchal rentra à son quartier général.

Ainsi, une promenade stérile sur le plateau de Plappeville et l'envoi de deux ou trois dépêches à l'empereur, voilà à quoi se borna l'action du commandant en chef pendant cette journée où se décidaient le sort de son armée et probablement l'issue de la campagne et les destinées du pays !

Lorsque ses troupes sont attaquées par 240,000 hommes dirigés par le roi de Prusse en personne, pendant cette formidable canonnade qui dure depuis onze heures jusqu'à huit heures du soir, le maréchal Bazaine se tient obstinément éloigné du champ de bataille, sans que les avis pressants et répétés qui lui arrivent de la droite parviennent à le tirer de sa quiétude.

« J'ai cru, a-t-il dit, devoir rester sur les plateaux pour être plus à même d'expédier des ordres. »

Or, non-seulement il n'a donné aucun ordre important, mais comme si ce qui se passait sur les plateaux était sans intérêt pour lui, il n'a même pas eu la pensée d'envoyer aux nouvelles.

Si un des officiers de l'état-major général va en chercher, c'est de son propre mouvement et par une louable initiative.

En vain le maréchal a-t-il prétendu qu'il n'avait autour de lui personne qui pût aller aux renseignements. A quoi donc lui servaient les cinq officiers de l'état-major général, son aide de camp, ses nombreux officiers d'ordonnance, tous groupés autour de lui ?

En vain a-t-il allégué aussi qu'il ne savait pas pour quel motif le général Jarras ne l'avait pas rejoint sur les plateaux. Le général a déclaré que c'était sur l'indication du maréchal qu'il était resté dans les bureaux avec tout son personnel. Quoi qu'il en soit, n'est-il pas pénible d'entendre invoquer de pareilles raisons par un général en chef ?

Certes, nous ne pensons pas que le chef d'état-major eût besoin d'une permission pour se rendre à son poste, qui pendant le combat était à côté du maréchal, ni pour envoyer ses officiers aux nouvelles ; mais n'était-ce pas, en tous cas, au général en chef à commander et à exiger que ses subordonnés fissent leur devoir?

Comme nous l'avons indiqué, le maréchal, pendant cette journée, avait expédié plusieurs dépêches télégraphiques ; la première, adressée vers deux heures au maréchal de Mac-Mahon, contenait cette phrase : « Le corps Canrobert pourrait bien être attaqué à Saint-Privat-la-Montagne ; » la deuxième dépêche, adressée à l'empereur à quatre heures, disait : « Attaque générale sur toute la ligne, dirigée par le roi de Prusse en personne. Les troupes tiennent bon, mais des batteries ont été obligées de cesser le feu. »

On voit par ces dépêches que le commandant en chef ne saurait se retrancher derrière l'ignorance où il se serait trouvé des péripéties de la lutte, car elles le montrent parfaitement au courant de la direction et de l'importance de l'attaque comme de la gravité du danger.

Enfin, après être rentré chez lui, le maréchal télégraphiait à l'empereur la dépêche suivante : « Plappeville, 7 heures 50. J'arrive du plateau ; l'attaque a été très-vive. En ce moment, sept heures, le feu cesse ; nos troupes sont constamment restées sur leurs positions. »

Or, le plateau d'où arrivait le maréchal n'était pas celui où se livrait la bataille, et, à l'heure où, selon lui, le feu avait cessé, les troupes restant dans leurs positions, l'aile droite de l'armée, formée du 6e corps, était débordée, tournée et rejetée en désordre vers Metz, tandis que le 4e corps se voyait contraint de suivre ce mouvement!

C'est également en rentrant à son quartier général que le commandant en chef faisait rédiger les ordres prescrivant à tous les corps d'armée de se replier pour venir s'établir sous le canon des forts. Ce n'était pas l'échec éprouvé par la droite qui lui faisait prendre ce parti, puisqu'il n'en avait pas reçu encore la triste nouvelle !

Ainsi, cette détermination de se retirer sous Metz était indépendante de l'issue de la bataille. Ce n'était que la mise à exécution du projet annoncé la veille.

Cette constatation nous donne la clef de l'étrange conduite du maréchal pendant la journée. Elle nous le montre, le 18, comme il l'avait été le 17, et même dès le 16 au soir, uniquement préoccupé de ramener l'armée dans le camp retranché.

Elle nous explique et son inaction obstinée et son éloignement du champ de bataille.

S'il ne fait pas soutenir le 6e corps, ce n'est pas qu'il ignore sa situation critique, le contraire est surabondamment établi, mais c'est qu'il ne tient pas à conserver la position de Saint-Privat, débouché de l'armée sur les plateaux. Il espère aussi, apparemment, que M. le maréchal Canrobert, s'autorisant du texte de la lettre de dix heures du matin et de l'avis qu'il avait reçu dans la journée, se replierait sans qu'il soit nécessaire de lui en donner l'ordre. Si enfin le général en chef demeure loin du champ de bataille, c'est pour décliner toute responsabilité touchant le résultat de la journée.

On s'explique maintenant les paroles qu'il adresse aux officiers d'état-major qui, encore sous l'impression de cette lutte sanglante à peine terminée, viennent lui rendre compte et demander ses instructions.

A l'un il dit : « Ne vous désolez pas. Ce mouvement rétrograde que vous faites maintenant, vous deviez l'opérer demain matin ; vous le faites donc douze heures plus tôt, voilà tout. »

A l'autre : « Nous devions nous en aller demain matin, nous nous en irons ce soir. Le mal n'est pas bien grand, après tout ? »

Le mal n'est pas bien grand ! mais 12,000 hommes sont à terre ! mais l'armée, refoulée sous Metz, a perdu sa ligne de retraite et se trouve séparée du reste de la France ! mais le pays demeure à découvert, et il ne lui reste plus d'autres forces à opposer au flot de l'invasion que les éléments disparates qui, groupés en toute hâte autour des débris de Reichshoffen, vont former l'armée de Châlons.

En vérité, le maréchal se consolait trop facilement des funestes conséquences de la journée !

**Le général Pourcet résume les actes du commandant en chef de l'armée du Rhin pendant la période du 12 au 18 août. Il termine ainsi :**

Sur ce sujet, il ne nous reste qu'à conclure, et la conclusion est facile à déduire.

Sans opposer un refus formel ou une résistance ouverte aux ordres qu'il recevait, et tout en s'y conformant en apparence, il a toujours nourri la secrète pensée de les faire échouer, et il les a contrecarrés systématiquement, tant par ses omissions volontaires que par ses mesures allant directement à l'encontre du but indiqué.

Une fois maître de ses actions, par suite de l'éloignement du souverain, il a abandonné le projet qu'il avait mission d'accomplir. mais il n'en a pas moins continué à promettre de l'exécuter, et n'a pas craint d'entretenir ainsi volontairement le gouvernement dans une erreur qui pouvait avoir et qui a eu, en effet, les plus terribles conséquences.

C'est de cette conduite tortueuse que nous demandons compte au maréchal Bazaine ; car c'est en usant de ces procédés déloyaux qu'il a perdu son armée et compromis le sort de la guerre ! C'est en agissant ainsi, c'est en sacrifiant des milliers d'existences, sans autre mobile que celui de mieux dissimuler ses secrets desseins, que, dans la période du 12 au 18 août, le maréchal a gravement manqué au devoir et à l'honneur.

Voyons maintenant ce qui se passait au camp de Châlons au moment où, le 18 au matin, y arriva l'aide de camp en chef de l'armée du Rhin, le commandant Magnan, expédié par le maréchal Bazaine,

Les troupes du maréchal de Mac-Mahon devaient être, le surlendemain, prêtes à être mises en mouvement, ainsi qu'il l'avait télégraphié au maréchal Bazaine. Il fallait leur assigner un plan d'opérations.

Le ministre de la guerre, général comte de Palikao, avait présenté un projet d'après lequel l'armée de Châlons, quittant le camp le 21, devait se porter vers l'Est, atteindre Verdun le 25, combattre le 26, et opérer alors sa jonction avec l'armée de Metz.

Nous n'entendons nullement contester la valeur de ce plan, dont la réussite eût pu incontestablement amener d'immenses avantages.

Nous croyons cependant, on nous permettra de le dire, qu'il avait le défaut de tous les plans conçus dans le cabinet, loin du théâtre des opérations, c'est-à-dire qu'il ne tenait peut-être pas suffisamment compte des circonstances et des éléments de l'exécution.

Aussi, dans un conseil de généraux tenu le 17 au quartier impérial, ce projet avait été rejeté, et on avait décidé que l'armée se replierait sur Paris. L'empereur se rangea à cet avis.

Le soir même, à dix heures vingt-sept, le ministre, informé de cette décision, lui télégraphia : « Je supplie l'empereur de renoncer à cette idée, qui paraîtrait l'abandon de l'armée de Metz, qui ne peut faire, à ce moment, sa jonction à Verdun, etc.

» L'impératrice partage mon opinion. »

Le lendemain, 18, à neuf heures quatorze du matin, l'empereur répondait : « Je me rends à votre opinion. »

Si donc il avait adopté l'idée du retour à Paris, il ne tarda pas à partager l'opinion du ministre, et ce fut cette dernière qui prévalut dans son esprit, du moins pendant quelques jours.

M. le général de Palikao, par une interversion de souvenir, facile à comprendre du reste, a paru croire que l'empereur, d'abord de son avis, avait été ramené au sentiment opposé par la délibération du conseil des généraux. Il n'est pas sans intérêt de faire remarquer qu'en réalité ce fut l'inverse qui eut lieu.

Par conséquent, au moment où le commandant Magnan, qui déjeuna au quartier impérial avant de quitter le camp, se trouvait avec l'empereur, celui-ci était d'accord avec le ministre et la régente pour porter l'armée de Châlons au secours du maréchal Bazaine.

Le commandant de cette armée restait donc seul à ramener à cette opinion.

M. le maréchal de Mac-Mahon, à qui les préoccupations politiques ne faisaient pas perdre de vue les conseils de la prudence, tardait en effet davantage à se rallier à l'opinion du ministre de la guerre.

Si l'empereur, mû par un honorable scrupule, évitait de peser sur ses déterminations, tous n'imitèrent sans doute pas cette réserve.

Le 19 août, le maréchal écrivait à son tour au général de Palikao : « Veuillez dire au conseil des ministres que je ferai tout pour rejoindre Bazaine. »

La présence d'un aide de camp du maréchal Bazaine était une occasion précieuse pour le prévenir des intentions du gouvernement, en lui faisant parvenir les instructions nécessaires pour arriver à une action combinée.

Il serait de toute invraisemblance qu'il en eût été autrement. Mais c'est le commandant Magnan lui-même qui va nous faire connaître les instructions qu'il emportait.

Nous trouvons, en effet, dans sa lettre du 19 au ministre, dont nous avons déjà parlé, le passage suivant :

« Les trains se groupent à Charleville, qui deviendra un fort centre d'approvisionnements pour l'armée du Rhin, dont l'objectif, suivant les indications de Sa Majesté, devait être plutôt actuellement la ligne de Thionville à Charleville, que la zone de Verdun, trop fortement occupée par les armées prussiennes. »

Il est vrai que, depuis lors, le commandant Magnan a déclaré devant vous que le mot objectif, employé dans cette lettre, était un mot impropre.

Il.a déclaré également qu'il aurait eu tort d'annoncer au ministre que l'intention du maréchal avait été jusque-là de marcher sur Verdun.

D'après lui, ces termes : retraite sur Verdun, objectif sur la ligne de Thionville-Charleville, n'étaient que les expressions différentes d'une seule pensée, celle de se replier sur la Meuse, qu'avaient à la fois le maréchal Bazaine et l'empereur.

Sans vouloir examiner si la précipitation du commandant Magnan à rédiger sa dépêche suffit à expliquer la double confusion dont il s'accuse, nous ferons observer que nous trouvons aussi dans la lettre du maréchal à l'empereur, du 16 au soir, puis dans sa dépêche du 17, cette expression : « *route de Verdun,* » pour indiquer la ligne que suivrait l'armée.

Enfin, rien ne pressait M. Magnan lorsqu'il a déposé à l'instruction, et cependant, *à quatre reprises différentes*, il a parlé de Verdun comme du point que voulait atteindre le maréchal Bazaine.

D'après ce qui précède, nous pouvons affirmer, sans crainte de nous tromper, les deux faits suivants :

1° Le commandant Magnan annonça à l'empereur que le maréchal Bazaine avait toujours le projet de marcher sur Verdun, tout en faisant au besoin un détour par le nord ;

2° L'empereur lui fit part de l'intention où était le gouvernement de porter l'armée de Châlons au devant de celle de Metz, et, comme conséquence, il l'avertit que cette dernière armée prendrait pour objectif la ligne Thionville-Charleville, sur laquelle, par conséquent, devait s'opérer la jonction.

La première de ces assertions se trouve déjà surabondamment établie. Nous verrons tout à l'heure les faits venir donner à la seconde une entière confirmation.

Pour en terminer avec le séjour du commandant Magnan au camp de Châlons, nous rappellerons qu'il avait à donner des indications à l'empereur au sujet de la situation des vivres et des munitions.

La lettre dont il avait été chargé contenait relativement à cette situation le passage suivant :

« Les corps sont peu riches en vivres ; je vais tâcher d'en faire venir par la ligne des Ardennes, qui est encore libre. M. le général Soleille, que j'ai envoyé dans la place, me rend compte qu'elle est peu approvisionnée en munitions, et qu'elle ne peut nous donner que 800,000 cartouches, ce qui, pour nos soldats, est l'affaire d'une journée.

» Il y a également un petit nombre de coups pour pièces de quatre, et enfin il ajoute que l'établissement pyrotechnique n'a pas les matières nécessaires pour confectionner des cartouches.

» M. le général Soleille a dû demander à Paris ce qui est indispensable pour remonter l'outillage, mais cela arrivera-t-il à temps ? »

D'après ces renseignements, ou pouvait croire à Châlons que la place de Metz elle-même manquait aussi de vivres, et que les troupes n'avaient plus de munitions que pour une bataille.

Le commandant Magnan, loin d'avoir à effrayer l'empereur, devait, à ce qu'il déclare, s'attacher à le rassurer, en lui indiquant comment le maréchal Bazaine ferait pour parer à l'insuffisance des approvisionnements.

Nous ne savons comment il s'y prit. Mais ce qu'il y a de certain, c'est que trois jours après, M. le maréchal de Mac-Mahon exprimait à M. Rouher sa crainte de ne pouvoir arriver à temps au secours du maréchal Bazaine, l'armée du Rhin devant d'ici là, disait-il, être réduite par la famine.

C'était même l'un des arguments qu'invoquait le maréchal contre le projet de marcher vers l'Est.

Or, à ce moment, aucun émissaire, aucun avis n'avait apporté de nouvelles de Metz, depuis le commandant Magnan. L'opinion si alarmée du maréchal de Mac-Mahon ne pouvait donc provenir que des indications de cet officier supérieur.

Nous ajouterons enfin que, d'après la déposition du commandant à l'instruction, il insista, mais en son nom personnel seulement, pour obtenir que le maréchal de Mac-Mahon consentît à se porter au-devant de l'armée de Metz.

Au moment où il quitta le camp de Châlons pour revenir vers Metz, son départ fut annoncé par le télégramme suivant adressé par M. Piétri au maréchal Bazaine :

« Commandant Magnan part pour Reims et Thionville ; arrivera ce soir. »

Le commmandant ne vit là, dit-il, qu'un simple acte de camaraderie ; nous pensons, nous, que le secrétaire particulier de l'empereur, son plus intime confident, celui que nous trouvons mêlé aux démarches les plus secrètes et les plus importantes, n'aurait pas envoyé au maréchal Bazaine une dépêche chiffrée pour lui annoncer le retour de son aide-de-camp, si la mission de ce dernier n'avait eu une gravité tout exceptionnelle.

On remarquera, du reste, que les nombreux télégrammes échangés à ce sujet semblent indiquer que le rôle du commandant fut loin d'être aussi effacé, aussi secondaire qu'il s'attache aujourd'hui à le faire paraître.

Nous allons, au surplus, en juger par les résultats.

Nous parlerons tout à l'heure des incidents de son voyage.

Constatons, pour le moment, qu'il revient à Montmédy le 19, au soir, et que, dans la nuit, y arrivent de leur côté, le commandant en chef du génie de l'armée, général Dejean, et l'intendant en chef, M. Wolff, venant de Verdun.

Le 19 au matin, le maréchal Mac-Mahon avait prescrit au commandant supérieur de cette place de faire diriger sur Reims les approvisionnements non indispensables pour la place et le ravitaillement d'un faible corps.

En présence de cet ordre, M. Wolff s'était hâté de télégraphier au maréchal en ces termes :

« Verdun, 19 août, 9 h. 30 m. du matin.

» J'ai réuni à Verdun les vivres nécessaires pour assurer les mouvements du maréchal Bazaine ; si je les dirige ailleurs, il reste sans ressources. Nous sommes sans communications avec le maréchal Bazaine, dont je voudrais recevoir des instructions avant d'exécuter votre ordre, que je vous prie de préciser, afin de couvrir ma responsabilité. »

Les observations de l'intendant en chef avaient porté leur fruit, et le maréchal de Mac-Mahon avait répondu par la dépêche suivante :

« Camp de Châlons, 19 août, 10 h. 50 m. du matin.

» Faites charger les approvisionnements que je vous ai invité à diriger sur Reims, mais ne les mettez en route que si vous apprenez, ce qui est probable, que le maréchal Bazaine a suivi une autre direction.

» Faites le possible pour connaître la direction qu'il a choisie en quittant Metz. »

Le 20 au matin, après avoir rejoint le commandant Magnan, M. Wolff, de concert avec le général Dejean, télégraphia au commandant supérieur de Verdun :

« Dirigez de suite, sur Montmédy, le convoi de vivres et le troupeau. Faites partir pour Reims les vivres chargés sur les wagons et toutes les munitions. Nos renseignements sont tels que nous ne mettons pas en doute l'opportunité de cette mesure. »

Ainsi, le 19, le départ des approvisionnements pour Reims avait été suspendu, sur les observations de l'intendant en chef, jusqu'à ce qu'on eût appris que le maréchal Bazaine dût suivre une autre direction.

Le lendemain, sans avoir reçu de nouveaux ordres, M. Wolff prenait la détermination de faire partir ces approvisionnements, et en dirigeait une portion sur Montmédy. S'il croyait pouvoir prendre l'initiative d'une décision aussi grave, c'est assurément parce qu'il savait assurément que le maréchal Bazaine ne devait plus aller à Verdun, et qu'il allait, au contraire, passer par Montmédy.

C'est donc enfin qu'il reconnaissait les instructions que le commandant Magnan rapportait du camp de Châlons, instructions dont cet officier supérieur rendait compte au ministre par sa lettre du 19.

Voilà un premier résultat de ces instructions. Mais nous trouvons d'autres traces des résolutions prises le 18.

Ce jour-là, à dix heures et demie du matin, le ministre de la guerre envoyait au commandant supérieur de Verdun une dépêche qui se terminait par ces mots :

« Le commandant Portes n'a pas été envoyé à Verdun seulement pour communiquer avec le général Soleille, mais surtout pour que l'armée trouve des munitions en arrivant à Verdun. »

Le ministre comptait encore à ce moment que le maréchal Bazaine effectuerait sa retraite par Verdun.

Le 19, il ne se préoccupe plus de Verdun, et il fait préparer tous les moyens propres à faciliter le mouvement de l'armée de Metz sur la ligne Thionville-Charleville.

Dans ce but il écrit au colonel Turnier, commandant la place de Thionville :

« Veillez à ce que les dispositifs de mine ne soient point chargés sur le chemin de fer de Mézières à Thionville pour que les Prussiens prévenus ne mettent pas le feu.

» Il faut seulement avoir poudres, mèches et moyens de bourrage préparés en lieu sûr et cachés à proximité de chaque fourneau, pour le cas d'une retraite de l'armée par cette direction.

» Donnez au besoin pour cela ordres aux autorités civiles. »

Quelques heures après, le ministre envoie au maréchal Bazaine un télégramme pour l'avertir de ces dispositions et il prescrit aux commandants de place de Mézières, Sedan, Montmédy et Longwy, de faire parvenir la dépêche à son adresse par tous les moyens possibles.

Du 18 au 19, le général de Palikao avait donc appris le changement d'objectif de l'armée de Metz, et il s'attendait à ce qu'au lieu de la route de Verdun elle prît la direction de Thionville à Mézières ou Charleville. C'est dire qu'il avait connaissance des résolutions arrêtées au camp de Châlons dans la matinée du 18 et si nettement indiquées dans la lettre que lui avait écrite le commandant Magnan.

Nous ne prétendons pas pour cela que ce fût par le commandant que le ministre fût instruit de ces résolutions. Elles étaient assez importantes pour qu'elles lui fussent directement adressées, soit par le général de Béville, que l'empereur lui envoya le 18, et qui fit route du camp de Châlons à Reims avec M. Magnan, soit de toute autre manière.

En résumé, l'entrevue de l'aide-de-camp marque le point de départ de tous les préparatifs, en vue de la marche de l'armée de Metz par les places du Nord, et nous trouvons cet officier supérieur directement mêlé à l'exécution d'une partie de ces préparatifs.

*Audience du jeudi 4 décembre.*

**M. le général Pourcet continue en ces termes :**

Au départ du camp de Châlons, il s'agissait pour lui de porter au maréchal Bazaine les nouvelles des résolutions prises.

C'est la seconde phase de sa mission.

Nous ne croyons pas devoir renouveler le récit détaillé des diverses péripéties de ce voyage de retour, ni des circonstances qui semblent témoigner, de la part du commandant, d'un médiocre empressement à rejoindre son chef.

Vous savez, messieurs, que parti du camp de Châlons le 18, à midi trois quarts, il parvient à neuf heures du soir à Hayange, à sept kilomètres seulement de Thionville.

Il y apprit que la voie était coupée entre Thionville et Metz, et qu'elle était menacée entre Thionville et Hayange.

Sur cette indication, sans chercher à en vérifier l'exactitude, sans quitter le train pour essayer de passer de sa personne, au lieu d'attendre à proximité, soit à Audun-le-Roman, soit sous les murs de Montmédy, de manière à pouvoir se mettre en route aussitôt la voie réparée, il retourne d'un trait à Charleville, à trente-trois lieues en arrière, à quarante-deux du but à atteindre.

Le lendemain 19, il repart à onze heures du matin seulement, et arrive sans encombre à Thionville, une heure et demie environ après que la voie rétablie pendant la matinée, venait d'être coupée de nouveau par les coureurs ennemis.

Cela n'avait eu lieu, disons-le en passant, que parce que le maréchal Bazaine n'avait pris aucune mesure pour protéger la ligne, bien qu'il disposât de vingt-six régiments de cavalerie qu'il avait laissés inactifs, et qu'il attendît par cette voie son aide-de-camp, dont la venue lui avait été annoncée par M. Piétri, et les vivres qu'il avait envoyé chercher par l'intendant de Préval.

Le commandant Magnan resta une heure à causer avec le colonel Turnier, puis, sans s'inquiéter plus que la veille des moyens de gagner Metz, il repartit pour Montmédy.

Or, au moment où il se trouvait à la gare de Thionville, les communications avec Metz n'étaient nullement interrompues. Les premiers éclaireurs ennemis étaient seuls descendus dans la vallée. Ce jour-là, le lendemain 20, le 21 même, les troupes allemandes ne s'y étaient pas encore établies, et elles se bornaient à envoyer des partis isolés. Durant ces trois jours, des courriers du colonel Turnier, des personnes de différentes conditions circulèrent entre Metz et Thionville.

Nous citerons parmi elles le sieur Mercier, le garde forestier Dechu, l'agent Flahaut, la femme Imbert, MM. Renou et de la Motte-Fénelon, les docteurs Felizet et Lemaître.

Quelques-unes de ces personnes firent le double trajet, aller et retour. Certaines voyagèrent par la grand'route. La plupart ne rencontrèrent pas d'ennemis; d'autres virent seulement quelques uhlans.

Quand le 19, le colonel Turnier vit le commandant Magnan, il ne put donc lui dire qu'il était impossible de passer. Et cependant ce dernier, non-seulement ne chercha pas à le faire, mais, d'après sa déclaration, il n'aurait pas même essayé d'envoyer une dépêche au maréchal!

Il est bien loin de notre pensée de contester les qualités militaires qui valurent au colonel Magnan son rapide avancement. Cependant nous devons lui rappeler ici qu'un officier ne doit pas être seulement intelligent et brave, mais que l'intérêt de la patrie, le respect de la vérité, doivent faire taire en lui tout autre sentiment.

L'absence de renseignements sur les émissaires envoyés par le commandant Magnan n'a pas permis à l'instruction de retrouver la plupart d'entre eux.

Elle a constaté toutefois que, dans les jours qui suivirent la rentrée de l'armée sous Metz, il fut possible de franchir les lignes d'investissement, non-seulement par la route de Thionville, mais dans toutes les directions.

Ainsi, le 19 et le 20, les gardes forestiers Braidy, Fissabre, Scalabrino et Guillemin, venant de Verdun, entrèrent dans Metz et en sortirent avec des dépêches.

Sur la rive droite, les communications ne furent que faiblement gardées jusqu'au 25; des paysans purent circuler à pied ou même en voiture entre la place et Saint-Avold, Faulquemont et Rémilly.

Du côté d'Ars et de Jussy on put passer jusqu'à la fin du mois à peu près sans difficulté.

Des femmes, des vieillards firent ce trajet, pour lequel l'autorité militaire prussienne alla même jusqu'à délivrer des laisser-passer.

Cette facilité de communication est d'ailleurs constatée par la lettre suivante qu'écrivait le 27 août au chef d'état-major général M. Arnous-Rivière, chargé du service des avant-postes vers la route d'Ars.

« J'ai l'honneur de vous informer que les gens du pays entrent et sortent de Moulins comme il leur plaît, et que nombre d'entre eux vont dans les villages voisins occupés par l'ennemi. »

Ces exemples montrent combien étaient praticables les communications avec Metz pendant les premiers jours du blocus, et, par suite, ce qu'il faut penser de l'assertion du commandant Magnan quand il déclare que « la barrière s'était faite autour de Metz dans la nuit du 18 au 19 août, et qu'il était absolument impossible de traverser les postes prussiens, même à l'homme le plus résolu. »

L'exposé ci-dessus était indispensable pour faire ressortir toute l'importance de la nouvelle que le commandant était chargé d'apporter au maréchal Bazaine, et pour vous démontrer d'abord que, si cet officier n'a pas rejoint son chef, c'est qu'il ne l'a pas voulu, ensuite qu'il a eu toute facilité pour lui faire passer une dépêche.

N'est-on pas amené à conclure de là qu'en ne rentrant pas à Metz, le commandant Magnan savait seconder les désirs de son chef, qui conservait ainsi sa complète liberté d'action, et avait sa responsabilité pleinement dégagée.

Nous avons suivi déjà, messieurs, les péripéties de la grande bataille du 13 août. Le lendemain de cette désastreuse journée, l'armée du Rhin était établie dans l'intérieur du camp retranché, d'où elle ne devait plus sortir que prisonnière, après avoir livré ses armes à l'ennemi.

Dans un rapport daté du 19, mais expédié seulement le 20, cinq heures du soir, le maréchal informa l'empereur du résultat de la bataille. Ce rapport, qui représentait l'armée comme ayant conservé ses positions pendant la lutte, et qui transformait l'échec si grave de l'aile droite en un simple changement de front pour parer au mouvement tournant de l'ennemi, ne faisait prévoir aucun obstacle à la reprise du mouvement de retraite.

Le commandant en chef se bornait à dire que les troupes, fatiguées par ces combats incessants, avaient besoin de deux ou trois jours de repos. Enfin, il indiquait ses intentions dans le passage suivant :

« Je compte toujours prendre la direction du Nord et me rabattre
» ensuite, par Montmédy, sur la route de Sainte-Menehould à Châ-
» lons, si elle n'est pas fortement occupée. Dans le cas contraire, je
» continuerai sur Sedan et même Mézières pour gagner Châlons. »

En comparant cette dépêche avec la précédente, on remarque qu'il s'agissait, dans celle du 17, de la retraite sur Verdun, tandis qu'il n'en est plus question dans la dernière, où la direction de l'armée est indiquée par le chemin des Ardennes.

Pour la première fois, le maréchal Bazaine annonce ici un nouvel objectif, et l'on ne peut s'empêcher de se demander si ce changement, si surtout ces indications, parfaitement conformes à celles données par le commandant Magnan dans sa lettre au ministre, ne seraient pas la conséquence d'une communication de cet officier supérieur déjà parvenue à Metz.

La dépêche du maréchal Bazaine arriva, le 22 août, au quartier général de l'armée de Châlons, expédiée de Verdun, où elle avait été apportée par le garde forestier Braidy. Sa réception mit fin aux divergences d'opinions qui existaient entre le gouvernement et le maréchal de Mac-Mahon.

En effet, celui-ci, après s'être rendu une première fois, comme on sait, aux instances du ministre et du conseil de régence, était justement inquiet de ne pas apprendre que l'armée de Metz eût entamé son mouvement. Hésitant à se lancer ainsi sans renseignements au milieu des masses ennemies qui commençaient à s'approcher, il se borna à remonter au nord, et en donna les motifs au ministre, dans le télégramme suivant du 20 août, 4 heures 40 minutes du soir :

« Je partirai demain pour Reims. Si Bazaine perce par le Nord, je
» serai plus à même de lui venir en aide. S'il perce par le Sud, ce

» sera à une telle distance, que je ne pourrai, dans aucun cas, lui
» être utile. »

Arrivé à Reims, le maréchal déclara que si le lendemain 22, il ne recevait pas d'instructions du commandant en chef, il se replierait décidément sur Paris.

Comme nous l'apprend le témoignage de M. Rouher, cette résolution souleva une vive opposition au sein du conseil des ministres. A l'issue de la séance, le général de Palikao se hâta de télégraphier à l'empereur :

« Paris, le 22 août, 1 h. de l'après-midi.

« Le sentiment unanime du conseil, en présence des nouvelles du
» maréchal Bazaine, est plus énergique que jamais. Les résolutions
» prises hier au soir devraient être abandonnées; ni décret, ni lettres,
» ni proclamations, ne devraient être publiés. — Ne pas secourir Ba-
» zaine aurait à Paris les plus graves conséquences.

» En présence de ce désastre, il faudrait craindre que la capitale
» ne se défendît pas. — Votre dépêche à l'impératrice nous donne la
» conviction que notre opinion est partagée. Nous attendons une dé-
» pêche par télégraphe. »

Mais au moment où ce télégramme arriva au quartier impérial, la dépêche du 19, du maréchal Bazaine, y était déjà parvenue.

Sentant que le plus grave motif de sa résistance tombait devant l'annonce du mouvement offensif de l'armée de Metz, déjà, sans doute, en voie de se produire, le maréchal de Mac-Mahon donna immédiatement les ordres pour mettre son armée en marche sur Montmédy, point indiqué comme objectif par le maréchal Bazaine.

C'est ainsi que l'arrivée à Reims de la dépêche du 19 août, et l'ignorance où l'on était du retour du maréchal Bazaine sous Metz, eurent pour résultat de faire abandonner définitivement le projet de retraite sur Paris, auquel était revenu le commandant de l'armée de Châlons.

Quatre à cinq heures avant que le maréchal Bazaine n'expédiât cette dépêche, il recevait du maréchal de Mac-Mahon un télégramme ainsi conçu :

« Si, comme je le crois, vous êtes forcé de battre en retraite très-
» prochainement, je ne sais comment, à la distance où je me trouve,
» vous venir en aide sans découvrir Paris. Si vous en jugiez autre-
» ment faites-le-moi connaître. »

Malgré cette demande, le commandant en chef de l'armée du Rhin laissa partir son messager sans lui confier de réponse pour son lieutenant. Dans la soirée, toutefois, il envoya à celui-ci une dépêche dont la minute est écrite de sa main sur l'original du télégramme qu'il venait de recevoir.

« J'ai dû prendre position près de Metz, lui disait-il, pour donner
» du repos aux soldats et les ravitailler en vivres et en munitions.
» L'ennemi grossit toujours autour de moi, et je suivrai très-proba-
» blement, pour vous rejoindre, la ligne des places du Nord, et vous
» préviendrai de ma marche, si je puis toutefois l'entreprendre sans
» compromettre l'armée. »

Ainsi, dans cette dépêche comme dans son rapport à l'empereur,
le maréchal Bazaine taisait l'échec du 18 et présentait toujours comme
très-probable la reprise de son mouvement de retraite. Il s'abstenait
de répondre à la demande du maréchal de Mac-Mahon et même de
lui laisser voir qu'il l'avait reçue. Il se bornait à lui annoncer qu'il
le préviendrait de sa marche s'il pouvait l'entreprendre.

Vous jugerez, messieurs, si c'était là dire la vérité, si c'était là
donner les renseignements et les instructions que réclamait le commandant de l'armée de Châlons, afin de pouvoir régler ses opérations.

En présence du mouvement des armées ennemies, le maréchal de
Mac-Mahon ne pouvait demeurer immobile au camp de Châlons, à
attendre une seconde dépêche.

Le prince royal s'avançait rapidement, et il fallait se décider sans
retard entre les deux alternatives : ou marcher au secours de l'armée
de Metz, en se dérobant à la 3ᵉ armée allemande, comme le voulait
le ministre, ou se replier sur Paris, conformément à l'opinion du
conseil des généraux réuni le 17 chez l'empereur.

En écrivant : « Je vous préviendrai de ma marche, si toutefois je
» puis l'entreprendre sans compromettre l'armée, » le maréchal
Bazaine ne faisait donc qu'augmenter les perplexités de son lieutenant.

En effet, si ces mots pouvaient empêcher le maréchal de Mac-
Mahon de se porter vers l'Est, avant d'avoir reçu un nouvel avis, ils
devaient tout aussi bien le détourner de revenir vers Paris, d'où il
ne lui aurait plus été possible de tendre la main à l'armée de Metz.

Cette dépêche fut remise à Flahaut, le 20, dans la soirée, ainsi
que deux autres par lesquelles le maréchal Bazaine annonçait à
l'empereur et au ministre que les forces ennemies autour de Metz
allaient croissant.

Le lendemain, 21, à midi, Flahaut les apportait à Thionville, en
même temps qu'une lettre du général Coffinières au colonel Turnier.

De Thionville, les dépêches adressées à l'Empereur, au maréchal
de Mac-Mahon et au ministre de la guerre furent portées à Givet
par M. de Bazelaire, qui les fit expédier par le télégraphe.

Elles parvinrent d'autre part au colonel Massaroli, commandant de
place à Longwy, par l'intermédiaire du sieur Guyard.

Sans entrer dans plus de détails qu'il ne convient, disons que les dépêches furent expédiées par le télégraphe de Givet et par celui de Montmédy dans l'après-midi du 22.

Vous savez, messieurs, que la dépêche destinée au maréchal de Mac-Mahon, la seule importante des trois, la seule qui contînt une réserve de nature à influer sur la marche des opérations, ne parvint jamais à son adresse, bien qu'elle soit arrivée au quartier impérial à Courcelles.

Ni l'expédition envoyée de Givet, ni celle de Longwy, ni l'original, remis le 26 au colonel Stoffel, chargé du service des renseignements, ne furent communiqués au maréchal !

Le ministère public, sur la constatation de cette suppression, a dû faire les réserves légales que la situation rendait indispensables. A cela se borne son rôle, car il n'a pas à rechercher les motifs, ni les circonstances de ce grave et mystérieux incident, lequel n'appartient pas à la cause soumise au Conseil.

Tandis que la dépêche au maréchal de Mac-Mahon était ainsi détournée de sa destination, une expédition en parvenait au ministre de la guerre.

Malgré sa réception, le ministre ne crut devoir apporter aucune modification au plan qui s'exécutait. Il ne paraît même pas qu'il ait eu la pensée de s'assurer si le maréchal de Mac-Mahon avait reçu cette dépêche.

Il vous a fait connaître, du reste, messieurs, la conviction intime où il se trouvait que le maréchal marcherait vers son chef, à moins que celui-ci ne l'avisât formellement de l'impossibilité où il eût été de quitter Metz.

Cependant, le 27 août, le commandant de l'armée de Châlons, arrivé au Chêne-Populeux, écrivait au ministre :

« Depuis le 19, je n'ai aucune nouvelle de Bazaine. Si je me porte
» à sa rencontre, je serai attaqué de front par une partie de la 1re et
» de la 2e armée qui, à la faveur des bois, peuvent dérober une force
» supérieure à la mienne ; en même temps attaqué par l'armée du
» prince royal de Prusse me coupant toute ligne de retraite.

« Je me rapproche demain de Mézières, d'où je continuerai ma
» retraite, selon les événements, vers l'Ouest. »

Bien qu'il résultât de ce télégramme que le maréchal de Mac-Mahon n'avait pas reçu la dépêche du 20, le général de Palikao ne semble pas s'en être aperçu ; il lui répondit :

« Si vous abandonnez Bazaine, la révolution est dans Paris, et
» vous serez attaqué vous-même par toutes les forces de l'ennemi.
» Contre le dehors, Paris se gardera ; les fortifications sont termi-
» nées. Il me paraît urgent que vous puissiez parvenir rapidement
» jusqu'à Bazaine, etc... »

Si nous citons ces dépêches, c'est qu'il est juste de reconnaître que le maréchal Bazaine ne contribua pas seul à faire décider la marche de l'armée de Châlons vers la Meuse. La pression exercée de Paris sur le commandant de cette armée eut sans doute la plus large part dans le changement de ses résolutions.

Cette réserve faite, disons que si le commandant en chef de l'armée du Rhin avait été plus explicite et plus ferme dans ses dépêches, et notamment dans celle du 20 à son lieutenant, s'il avait annoncé qu'il avait perdu le débouché sur les plateaux, le ministre de la guerre n'aurait pu se méprendre sur la portée d'un tel avis.

En le recevant, il aurait sans doute été beaucoup moins pressant près du maréchal de Mac-Mahon, si même cette nouvelle ne l'eût déterminé à renoncer au projet qu'il poursuivit au contraire avec une funeste persévérance.

Le maréchal Bazaine, vous le savez, messieurs, n'a nullement partagé la manière de voir du ministre au sujet de la dépêche du 20.

Il a toujours déclaré qu'à son sens, l'avis envoyé à son lieutenant devait suffire à arrêter le mouvement en avant de l'armée de Châlons.

S'il nous était permis d'exprimer ici toute notre pensée, nous dirions que ces deux opinions contraires nous paraissent exagérées. Il nous semble que la dépêche du 20 août au maréchal de Mac-Mahon eût peut-être dû inspirer au ministre une certaine appréhension pour l'armée, en marche vers la Meuse, qui pouvait se trouver seule au milieu de toutes les forces ennemies, si le maréchal Bazaine n'effectuait pas sa sortie.

Quoi qu'il en soit, l'avis exprimé devant vous par le général de Palikao fait ressortir une fois de plus l'insuffisance et l'obscurité d'une dépêche d'où l'on a pu tirer des conclusions si opposées.

En cachant volontairement la vérité, en continuant d'annoncer un projet auquel il avait déjà renoncé, le maréchal Bazaine n'a jamais eu souci des dangereuses résolutions que pouvaient provoquer ses télégrammes incomplets et trompeurs.

Une semblable manière d'agir suffirait à elle seule pour engager sa responsabilité au sujet du mouvement de l'armée de Châlons. Mais que sera-ce si, averti de ce mouvement, comme il le fut en effet, le maréchal reste néanmoins immobile et ne fait aucune tentative pour détourner une partie des forces de l'ennemi qui vont se réunir pour écraser son lieutenant qui lui vient en aide?

Le lendemain de la bataille de Saint-Privat, l'armée s'était établie auprès de la place, sur la rive gauche de la Moselle.

Le prince Frédéric-Charles, ayant la plus grande partie de ses troupes massées sur les hauteurs de la même rive, suivait d'un œil attentif les progrès des deux autres armées allemandes en marche sur Paris, prêt à les appuyer si les circonstances l'exigeaient.

Dans ces conditions, toute tentative pour déboucher dans cette direction devait rencontrer de sérieuses difficultés.

Les terrains de la rive droite, au contraire, d'un accès plus facile et faiblement occupés par les Allemands, se prêtaient mieux à un mouvement offensif. Cette situation respective se prolongea ainsi du 19 au 26 août, sans que le maréchal ait songé à en tirer parti, ni au point de vue des opérations, ni pour le ravitaillement. Il ne pouvait pourtant ignorer l'insuffisance de ses approvisionnements, ni la facilité qu'il avait de les augmenter en faisant rentrer dans la place les denrées accumulées dans les contrées environnantes.

Vous connaissez, messieurs, les résultats des recherches de l'instruction au sujet de l'importance de ces ressources. Ils sont basés, non sur des témoignages qui ne représentent souvent qu'une appréciation personnelle, mais sur des documents officiels et sur les renseignements précis et contrôlés fournis par les personnes compétentes. Tout en s'arrêtant aux évaluations les plus modérées, on a pu établir ainsi, d'une manière indiscutable, que les denrées faciles à recueillir, durant les premiers jours du blocus, tant sur la rive droite de la Moselle que dans la vallée vers Thionville, dans un rayon moyen de cinq à six kilomètres des lignes, eussent assuré à l'armée et à la population pour plus d'un mois de vivres.

Dans ces approvisionnements ne sont pas compris, bien entendu, les quantités de denrées qui furent ramenées dans la place, non plus que celles nécessaires aux besoins des habitants des villages.

Une circonstance particulière eût permis d'accroître encore ces ressources.

L'ennemi avait établi un immense dépôt de vivres entre Courcelles et Remilly, sur la voie ferrée de Sarrebrück, à dix ou douze kilomètres seulement du camp retranché. Plus de 1,500 wagons de denrées de toute espèce s'y trouvaient réunis.

Durant la fin du mois d'août, ces dépôts n'étant que faiblement gardés, il paraissait facile de s'en emparer.

Un ingénieur du chemin de fer, M. Scal, en fut informé par ses relations, et il apprit en même temps que la rive droite était presque complétement dégarnie de troupes allemandes.

Le 22 août au matin, il vint en rendre compte au commandant en chef. Mais le maréchal l'éconduisit sans paraître se soucier d'entreprendre une opération qui, cependant, lui eût permis peût-être d'enlever, sans grande effusion de sang, les approvisionnements nécessaires à son armée pour plusieurs semaines.

Il était trop préoccupé, a-t-il dit, de son projet de marche vers le nord, pour tenter une aventure sur des renseignements dont il ne pouvait contrôler l'exactitude.

Quelles que fussent ses préoccupations, n'aurait-il pas dû penser aussi qu'avant de s'éloigner de Metz, son devoir était d'accumuler dans la place la plus grande quantité de vivres possible ? C'était d'ailleurs pour lui un devoir impérieux.

Le réglement impose, en effet, au général en chef le soin de pourvoir aux approvisionnements de siége des places situées dans le rayon de ses opérations.

Si ces approvisionnements n'avaient pas été constitués avant son entrée en fonctions, ce devait être une obligation plus stricte encore de réparer cette omission autant qu'il dépendait de lui de le faire.

Cependant l'armée, au repos depuis huit jours, avait eu largement le temps de se refaire. L'immobilité plus longtemps prolongée, devait paraître inexplicable au dehors.

D'un autre côté, le maréchal ne pouvait se soustraire à l'obligation morale de se conformer aux instructions de l'empereur pour la retraite.

Aussi, dans toutes les dépêches, du 19 au 26 août, le commandant en chef ne manque-t-il jamais d'accuser, d'une manière plus ou moins précise, l'intention de reprendre le mouvement de retraite suspendu depuis le 16 août.

Ses engagements à cet égard, tant de fois renouvelés, lui imposaient le devoir de tenter les plus grands efforts pour s'éloigner de Metz.

L'occasion était favorable, car une partie des forces ennemies venait de se diriger vers la Meuse. Le maréchal était informé de ce mouvement et l'annonçait à l'empereur dans une dépêche du 23 août.

C'est dans ces circonstances qu'il donna des ordres pour mettre l'armée en marche, le 26 août, dans la direction de Thionville par la rive droite de la Moselle.

Nous verrons un peu plus loin si l'opération exécutée ce jour-là peut témoigner de l'intention de franchir les lignes. Nous devons examiner pour le moment si les considérations que nous venons d'indiquer furent les seules qui déterminèrent le maréchal Bazaine à exécuter cette démonstration.

Après la bataille de Saint-Privat, il était devenu bien difficile de percer par la rive gauche. L'ennemi y occupait toutes les positions dominantes, très-fortes et d'un accès très-difficile. On était donc conduit à chercher une issue par la rive droite. De ce côté de la Moselle, deux directions se présentaient : celle du sud-est, par où l'armée pouvait atteindre les Vosges, et celle du nord, vers Thionville, d'où l'on eût regagné l'intérieur en suivant la ligne du chemin

de fer des Ardennes par Montmédy, Sedan et Mézières. La nécessité
de traverser une seconde fois la Moselle en présence de l'ennemi et
de faire ensuite une marche de flanc pendant plusieurs jours le long
de la frontière, rendait une opération dans ce sens fort délicate. Le
général en chef ne se le dissimulait pas, et, le soir même du 26, il
avouait à M. le maréchal Le Bœuf sa préférence pour la direction
du sud.

Interrogé à l'instruction sur les motifs qui lui avaient fait néanmoins adopter, le 26, la direction de Thionville, le maréchal Bazaine a
répondu qu'il avait voulu ainsi faire une diversion utile dans le cas
où les troupes venant de l'intérieur auraient manœuvré du côté de
Verdun. Il aurait ensuite mis à exécution la marche vers le nord.

Or, vous savez, messieurs, que, dans son opinion, la dépêche
envoyée le 20 avait dû arrêter l'armée de Châlons.

Si donc le maréchal Bazaine prévoyait, en donnant ses ordres pour
le 26, que des troupes venant de l'intérieur pouvaient marcher vers
la Meuse, s'il croyait devoir tenter une diversion en leur faveur, il
fallait, ou qu'il eût envoyé au maréchal de Mac-Mahon un nouvel
avis, ou qu'il eût reçu de celui-ci l'avis de sa marche. C'était ce dernier cas qui s'était présenté.

Le 23 août, vers trois ou quatre heures de l'après-midi, le maréchal reçut, en effet, des mains du colonel Lewal une dépêche qui
annonçait le mouvement de l'armée de Châlons vers l'est. Sur cet
avis, il décida que les troupes se mettraient en marche.

Les indications si nettes, si précises, si concluantes du colonel
Lewal démontrent que cet officier supérieur n'a pu faire confusion
au sujet du jour de réception de la dépêche. On sait d'ailleurs qu'il
fit le récit de cette circonstance le 26 ou le 27 août au colonel d'Andlau et quelques jours plus tard à M. le maréchal Canrobert et à
d'autres officiers.

Ce fait exclut jusqu'à la possibilité d'une erreur de date de la part
de M. Lewal. C'est bien le 23 et non le 29 qu'eut lieu l'incident dont
il a déposé.

Le maréchal Bazaine a ici un trop grand intérêt à cacher la vérité
pour que nous puissions nous en rapporter entièrement à sa déclara-
ration, quand il assure n'avoir pas reçu le 23 la dépêche dont parle
le colonel Lewal.

Nous ne saurions, non plus, accepter l'affirmation dénuée de
preuve, par laquelle M. de Mornay-Soult est venu confirmer le dire
du maréchal.

Nous ne pouvons oublier, en effet, que cet officier avait formellement déclaré devant le conseil de guerre que la dépêche reçue le 23
était celle par laquelle le maréchal de Mac-Mahon, le 19, demandait

des instructions à son chef, ne sachant comment lui venir en aide sans découvrir Paris.

A l'exception de la date, au sujet de laquelle il hésitait entre le 22 ou le 23, les indications de M. de Mornay-Soult étaient précises.

A l'instruction, cet officier ne s'est pas montré moins affirmatif, et il a renouvelé la même déclaration qui a été faite également en termes explicites par le maréchal Bazaine dans son ouvrage : *L'Armée du Rhin*, au conseil d'enquête, et enfin, devant le général rapporteur.

Or, la dépêche que le maréchal et son officier d'ordonnance donnent comme étant arrivée le 22 ou le 23, est réellement parvenue au commandant en chef, le 20 août, vers midi.

Elle avait été apportée de Thionville par l'agent de police Flahaut au directeur du télégraphe de Metz. La date exacte de son arrivée se trouve matériellement établie par l'inscription sur l'original même de la main du maréchal, de sa réponse, qui fut expédiée dans la soirée du 20 : « J'ai dû prendre position près de Metz. Je vous préviendrai de ma marche... »

Les déclarations répétées du maréchal et de son officier d'ordonnance étaient donc contraires à la réalité. En présence de cette preuve matérielle, ils ont dû, l'un et l'autre, le reconnaître.

De l'aveu de M. de Mornay, ce qu'il donnait comme l'expression de la vérité n'était que le résultat d'un concert entre lui et le maréchal.

Comme l'a fait si justement remarquer M. le président, ce n'est point là le caractère qui convient à une déposition judiciaire.

Après avoir relevé ainsi chez le témoin une complaisance de souvenirs dont cet incident ne semble pas être le seul indice, nous sommes en droit de n'accueillir ses déclarations que sous bénéfice d'inventaire.

Cependant, nous ne voulons pas croire que, dans le témoignage de M. Mornay-Soult, tout soit imaginaire.

Il a déclaré positivement, ainsi que le maréchal, qu'une dépêche etait arrivée le 22 ou le 23, qu'elle était écrite sur un petit morceau de papier et roulée en forme de cigarette. Il croit qu'elle avait été apportée par un piéton venant de Verdun ou de Longuyon.

Or la dépêche reçue le 20 n'était pas inscrite sur un petit carré, mais sur une feuille de papier. Elle n'était pas roulée en cigarette, mais pliée comme une lettre ordinaire. Elle ne venait pas de Verdun ni de Longuyon, mais de Thionville.

Quelle est donc alors, nous le demandons, cette dépêche dont M. de Mornay et le maréchal ont fixé l'arrivée au 22 ou 23, et dont ils ont donné le signalement que nous venons d'indiquer ?

Assurément, tous ces détails ne peuvent avoir été inventés, et ; puisqu'ils ne se rapportent pas à la pièce venue par Flahaut, ils doivent s'appliquer à une autre dépêche dont M. de Mornay peut ignorer le contenu, mais qui présente, sous tous les rapports, une analogie singulière avec celle dont parle le colonel Lewal.

Nous trouvons donc dans les assertions du maréchal Bazaine et de son officier d'ordonnance une confirmation nouvelle de la déposition de cet officier supérieur.

De qui provenait la dépêche reçue le 23 au Ban-Saint-Martin ? Il n'est peut-être pas sans intérêt de le rechercher.

La dépêche était, disons-nous, roulée en cigarette.

Or, de nombreux témoignages nous apprennent que c'était la forme que donnait habituellement le commandant Magnan à ses missives.

De cette coïncidence résulte pour nous présomption grave que la dépêche émanait de cet officier supérieur. D'autres indices viennent corroborer cette hypothèse.

Le 22, à dix heures cinquante-cinq minutes du matin, M. le maréchal de Mac-Mahon, auquel l'empereur venait de communiquer le rapport du maréchal Bazaine, daté du 19, envoyait aux commandants des places de Montmédy, de Verdun et au maire de Longuyon, la dépêche suivante, chiffrée, avec ordre de la faire parvenir par tous les moyens possibles :

« Reçu votre dépêche du 19. Suis à Reims. Me porte dans la direc-
» tion de Montmédy. Serai après-demain sur l'Aisne, d'où j'agirai
» selon les circonstances pour vous venir en aide. Envoyez-moi de
» vos nouvelles. »

Les débats n'ont pas établi, qu'en même temps qu'il expédiait cette dépêche en chiffres, le maréchal en ait envoyé des copies *en clair*.

Il ne semble donc pas que ce fut la dépêche du 22 à dix heures cinquante-cinq minutes que reçut le maréchal Bazaine le 23.

Mais on ne doit pas perdre de vue que le commandant Magnan, alors à Carignan, était chargé, depuis le 18, de communiquer à son chef les instructions de l'empereur en vue de la jonction des deux armées. Il est donc extrêmement vraisemblable qu'aussitôt la décision du maréchal de Mac-Mahon prise, le souverain en fit donner avis à l'aide-de-camp du commandant en chef, qui naturellement dut s'empresser d'envoyer à ce dernier cette bonne nouvelle.

Enfin, il serait fort possible que la dépêche reçue le 23 ait été envoyée le 22, par M. Magnan, soit qu'il ait été averti de l'acquiescement momentané donné, dès le 19, par le commandant de l'armée de Châlons au plan du ministre de la guerre, soit que sa dépêche ne fît que mentionner les intentions où se trouvait le gouvernement le 18, intentions d'après lesquelles l'armée du maréchal de Mac-Mahon devait se porter le surlendemain vers l'Est et arriver le 26 sur la Meuse.

Puisque, dès le 20, le commandant se croyait assez sûr de l'exécution de ce plan pour déterminer l'intendant Wolff à rappeler de Verdun les vivres préparés pour l'armée du maréchal Bazaine, ne devait-il pas considérer en même temps comme un devoir d'informer son chef du mouvement convenu de l'armée de Châlons ?

Pour clore ces considérations, nous croyons devoir citer la réponse que fit au premier moment le maréchal Bazaine, lorsqu'il fut informé par le général rapporteur que la dépêche du 23 ne pouvait être celle qu'il indiquait et qui lui était parvenue le 20.

Après avoir renouvelé ses précédentes dénégations, le maréchal a continué en ces termes :

« Je profite de la circonstance pour dire que si, par cas, une dé-
» pêche pareille était arrivée à titre de renseignements, puisqu'elle
» n'émanait pas du maréchal de Mac-Mahon, elle n'aurait pas eu
» pour moi une autorité assez grande pour remettre en opération une
» armée qui se reconstituait après des combats qui avaient fait subir
» aux cadres des pertes très-sensibles, sans connaître d'une manière
» positive les mouvements opérés par le maréchal de Mac-Mahon.
» — Ce que je dis là est à titre de réflexion. »

Vous apprécierez, messieurs, si cette réflexion ne peut pas être considérée comme un demi-aveu, et si le maréchal ne semble pas reconnaître, par ces paroles, qu'il a pu recevoir avis de la marche de l'armée de Châlons par voie indirecte, c'est-à-dire, suivant toute apparence, par son aide-de-camp, le mieux, sinon le seul en mesure de le prévenir.

D'après tout ce qui précède, nous sommes en droit de considérer, comme définitivement acquis au débat, ce point important, à savoir que le maréchal Bazaine reçut certainement le 23 août un avis annonçant la marche du maréchal de Mac-Mahon dans la direction de la Meuse.

Ainsi donc, la prise d'armes du 26 fut non pas, comme le dit le maréchal, l'œuvre de son inspiration personnelle, mais bien en réalité la conséquence immédiate, presque forcée, des renseignements qu'il avait reçus le 23, au sujet de l'armée de Châlons.

Il n'est pas impossible que, à la réception de la dépêche et sous sa première impression, stimulé d'ailleurs par les exigences de la situation, le maréchal ait conçu la pensée d'un effort énergique, qui pouvait aboutir à la jonction des deux armées. On pourrait le supposer d'après les dispositions adoptées en vue du départ prochain de l'armée, telle que la formation d'un corps de cavalerie et la réduction des bagages, toutes mesures prises seulement à partir du 23 dans la soirée, comme en font foi les registres de correspondance. Mais s'il en fut ainsi, nous allons voir du moins que la détermination de faire son devoir dura peu chez le commandant en chef, et que la funeste arrière-pensée des jours précédents reparut bien vite. Le 26, au moment de monter à cheval, toute idée de s'éloigner des remparts de Metz était bannie de l'esprit du commandant en chef. On en trouve la preuve dans les ordres donnés dès le matin à la garde, à la réserve d'artillerie et dans le dispositif général assigné aux troupes, dont on arrêta le mouvement, alors qu'il était déjà en voie d'exécution.

On le savait d'ailleurs déjà au grand quartier général : ainsi, un officier annonçait dans la matinée que l'armée ne sortirait pas, et l'on apprenait bientôt, en effet, que les bagages et la garde d'honneur du général en chef devaient rester au camp.

Le conseil sait quelle fut l'intervention des généraux Coffinières et Soleille auprès du maréchal, dans la matinée du 26.

Ces officiers généraux insistèrent pour que l'armée ne s'éloignât pas.

Cette opinion n'était pas nouvelle, d'ailleurs, chez le commandant de la place. Dès le début, il l'avait soutenue, et, comme nous l'avons déjà dit, son inaction à l'endroit de la rupture des ponts de la Seille et de la Moselle, dans les journées des 12 et 13 août, semble résulter de son désir de voir les troupes demeurer autour de la place au lieu de se retirer sur Châlons.

Cette communion de sentiments semble même avoir engagé le commandant en chef à s'ouvrir davantage avec le général Coffinières qu'avec ses autres lieutenants. Nous lisons, en effet, dans les notes journalières du général que, le 22, il avait assisté, au quartier général, à une réunion des commandants de corps, dans laquelle il fut question du mouvement de l'armée de Châlons.

Or, il ressort de tous les témoignages des généraux, qu'ils n'assistèrent à aucune réunion ce jour-là, et que jamais ils n'avaient entendu parler de ce mouvement. Le général Coffinières s'y est donc trouvé soit seul, soit tout au plus avec le général Soleille.

Quoi qu'il en soit, après la conversation tenue le 26 au matin, le commandant en chef ne voulut contremander aucun ordre. Nous comprendrons tout à l'heure pourquoi.

D'après les instructions transmises dans la nuit du 25 au 26, l'armée devait se porter sur la rive droite de la Moselle. Des ponts de bateaux avaient été jetés ; mais on avait négligé d'ouvrir sur leurs abords des routes distinctes pour chaque colonne, ce qui détruisait en grande partie l'avantage résultant de la construction de plusieurs ponts.

Conformément aux prescriptions du commandant en chef, l'armée se forma en avant du fort Saint-Julien, et sur deux lignes obliquement au cours de la Moselle, où elle appuyait sa gauche, la garde et les réserves en troisième ligne, sous le fort.

M. le commissaire du gouvernement donne son appréciation sur la conférence de Grimont, dont le procès-verbal, dit-il, manque de sincérité et d'exactitude. Il n'y a pas lieu de s'arrêter à ce qu'il contient. Il résulte, il est vrai, de l'instruction et des débats, que le général Coffinières exprima l'opinion que la place de Metz ne pouvait pas tenir sans l'armée, et que le général Soleille déclara que la pénurie des munitions ne permettait pas aux troupes de s'éloigner de Metz ; mais le maréchal savait que ces déclarations étaient erronées.

Le silence volontaire qu'il garda dans cette circonstance est d'autant plus significatif, que ce fut, d'après lui, le manque de munitions qui seul détermina plusieurs commandants de corps à opiner pour le maintien de l'armée sous Metz. Il est certain que cette considération dut influer sur l'opinion émise par quelques-uns, comme l'indiquent si énergiquement ces paroles du général Bourbaki :

« Mon désir le plus vif eût été de faire un trou par Château-Salins, » et de nous donner de l'air ; mais si nous n'avons pas de munitions » il est clair que nous ne pouvons rien faire. »

Néanmoins, de l'absence de toute observation pendant la réunion, comme des dépositions de MM. les commandants de corps, il résulte pour nous l'intime conviction que ni la déclaration du général Coffinières au sujet des dangers que l'éloignement de l'armée pourrait faire courir à la place, ni celle du général Soleille relative à la pénurie des munitions, n'exercèrent sur la décision du Conseil l'influence prépondérante, exclusive même que leur prête le compte-rendu.

Ce qui, à notre sens, entraîna cette décision, ce fut l'ignorance où le commandant en chef laissa ses lieutenants sur toutes les circonstances extérieures de nature à les éclairer sur les nécessités de la situation.

Il ne leur donna en effet aucune connaissance des nombreuses dépêches qu'il avait adressées, depuis le 17 août, à l'empereur, au ministre de la guerre, au maréchal de Mac-Mahon, accusant toutes l'intention persistante de sortir de Metz et de gagner Verdun et Châlons.

Il ne leur annonça pas ce qu'il savait de la réorganisation de l'armée du maréchal de Mac-Mahon, réorganisation qui lui était connue depuis plusieurs jours, par la dépêche télégraphique du maréchal en date du 18 août, huit heures trente-cinq minutes du matin, ainsi conçue :

« Demain soir, toutes les troupes sous mes ordres seront réor-

» ganisées ; Failly est à Vitry-le-Français, Margueritte, avec une
» division de cavalerie, à Sainte-Menehould. Si l'armée du prince
» royal arrive en force sur moi, je prendrai position entre Epernay
» et Reims, de manière à être prêt à me rallier à vous ou à marcher
» sur Paris si les circonstances m'obligent à le faire. »

Quel effet n'eût pas produit sur ses lieutenants la communication
de cette dépêche ? Une armée existait au camp de Châlons, et sa tête
de colonne s'avançait déjà jusqu'à Sainte-Menehould, à deux petites
étapes de Verdun. Bien plus, le commandant de cette armée, le
maréchal de Mac-Mahon, laissait entrevoir, comme une éventualité
prochaine, l'intention de rallier l'armée du Rhin. Ces nouvelles seules
étaient de nature à impressionner vivement les esprits et à modifier,
dans un sens diamétralement opposé, le sentiment qui prévalut dans
la conférence.

Le maréchal déclare que, s'il n'a point communiqué cette importante dépêche aux membres de la réunion, c'est qu'il a jugé
qu'au point de vue du service, il y aurait imprudence à la rendre
trop publique.

Ainsi, le 26 août, le maréchal aurait trouvé imprudent de communiquer confidentiellement à ses lieutenants une dépêche indiquant
la situation de l'armée de Châlons, à la date du 18. Vous apprécierez,
messieurs, à sa juste valeur une telle explication, qui ne nous semble
pas devoir être discutée.

Le maréchal ne parla pas de l'éventualité du mouvement d'une
armée française vers la Meuse, éventualité qui, cependant, d'après
ses propres déclarations, l'avait déterminé à marcher vers le nord,
quand il aurait préféré sortir par le sud. Il n'appela pas l'attention
des commandants de corps sur le départ d'une partie des forces allemandes qui s'étaient dirigées depuis plusieurs jours vers l'ouest. Et
cependant il avait annoncé lui-même ce départ dans sa dépêche du
22 août à l'empereur.

Enfin, est-il besoin de le rappeler ? Il ne fit point connaître à la
réunion la dépêche qu'il avait reçue le 23, indiquant un mouvement
du maréchal de Mac-Mahon vers la Meuse. Dans ce cas, il n'eût pas
été question de délibérer, le devoir commandait d'agir.

Qui douterait que les commandants de corps n'eussent alors été
unanimes pour demander à partir immédiatement pour aller tendre
la main à cette armée qui s'exposait à tant de périls pour venir à
leur secours ?

Si nous avions su que le maréchal de Mac-Mahon marchait vers
nous, a dit M. le maréchal Canrobert devant le conseil d'enquête,
nous aurions dit au commandant en chef : « Marchons sur la tête
s'il le faut, mais marchons ! »

Vous avez entendu, messieurs, le vaillant maréchal exprimer devant vous la même pensée, et nous ne ferons pas à ses compagnons d'armes l'injure de supposer un instant qu'en tenant ce mâle langage, il n'était pas le fidèle interprète de leurs sentiments.

Mais, au lieu de les informer, le maréchal se tait ; il n'est question au conseil que des difficultés de l'opération sur Thionville, des inconvénients qu'elle peut entraîner pour la place. Les commandants de corps ignorent la reconstitution, presque l'existence de l'armée de Châlons ; ils n'apprennent ni les intentions manifestées par le maréchal de Mac-Mahon, ni les promesses faites par leur chef.

Comment s'étonner que, dans ces conditions, persuadés d'ailleurs que l'armée, en opérant sur les derrières de l'ennemi, pouvait jouer un grand rôle, comment s'étonner, disons-nous, qu'ils se soient décidés à attendre provisoirement sous Metz jusqu'à ce qu'ils soient informés des événements du dehors?

Car, il ne faut pas l'oublier, le maintien de l'armée autour de la place fut considéré par tous comme une mesure essentiellement temporaire. Il était entendu, en outre, que les troupes ne resteraient pas inactives, mais qu'en s'appuyant sur le camp retranché comme base et pivot de leurs manœuvres, elles harcèleraient constamment l'ennemi, de manière à entretenir le moral du soldat et à recueillir au loin des approvisionnements en vivres et en fourrages.

En laissant fournir au conseil, sur la situation des munitions, des renseignements qu'il savait erronés, et surtout en dérobant à ceux dont il demandait les avis, le côté important de la question soumise à leur examen, le maréchal Bazaine les trompait sur la situation, et dès lors, ses lieutenants ne se trouvaient pas en état de formuler une opinion en connaissance de cause.

Seul responsable de ses résolutions comme chef de l'armée, le maréchal pouvait adopter tel parti qu'il jugeait convenable. Mais, dès l'instant où il demandait l'avis de ses lieutenants, il était rigoureusement tenu de leur faire connaître loyalement et sans réticence tout ce qu'il savait lui-même. Sa lettre du 7 octobre prouve qu'il le comprenait bien ainsi. Si donc il ne l'a pas fait, c'est que la nature de ses projets lui imposait l'obligation de dissimuler.

Sa réserve ambiguë à la conférence du 26 août, doit être d'autant plus sévèrement jugée, qu'en arrêtant ce jour-là le mouvement de son armée, il perdait l'occasion, unique peut-être, de rallier dans une action commune toutes les forces nationales jusque-là si malheureusement morcelées.

Les résolutions prises à Grimont furent donc, au point de vue militaire, d'une importance capitale. Le maréchal s'engagea devant ses lieutenants dans la voie dangereuse des réticences et des dissimulations ; procédé funeste qui allait lui permettre plus tard d'entamer plus facilement des négociations illicites, mais qui, de mécompte en mécompte, de déception en déception, devait aboutir finalement, pour son armée et pour lui, à la plus épouvantable catastrophe !

Pourquoi à Grimont le maréchal Bazaine crut-il devoir cacher la vérité à ses lieutenants? S'il eût agi autrement, quels qu'eussent été les résultats d'une détermination loyalement concertée, il ne serait sans doute pas aujourd'hui à cette place ! Sans doute aussi d'immenses malheurs eussent été évités à notre pays !

Le maréchal annonça au ministre la résolution qui venait d'être prise par la dépêche suivante :

« Toujours sous Metz avec munitions d'artillerie pour un combat seulement. Impossible de forcer les lignes ennemies dans ces conditions derrière ses positions retranchées. Aucune nouvelle de Paris, ni d'esprit national. Urgence d'en avoir. Agirai efficacement si mouvement offensif à l'intérieur force l'ennemi à battre en retraite. »

Ainsi l'armée de Metz, la plus nombreuse, la plus solidement organisée, attendait pour attaquer l'ennemi qu'il fût contraint de battre en retraite ! N'y avait-il pas quelque chose d'humiliant à un pareil plan de conduite ? Etait-ce bien là ce qu'avaient voulu les commandants de corps ?

D'autre part, il est à peine besoin de vous faire remarquer, messieurs, que le motif invoqué dans cette dépêche pour le maintien de l'armée sous Metz était absolument faux. Si la pénurie des munitions pouvait exciter certaines appréhensions, personne n'avait prétendu néanmoins que dans ces conditions il fut impossible de percèr les lignes ennemies.

Tous les documents, tous les témoignages établissent le contraire ; tous les commandants de corps pensent que l'on pouvait percer ce jour-là sans difficulté sérieuse. Enfin, la meilleure preuve que la raison donnée au ministre n'était pas fondée, c'est que le 31 août, lorsqu'il fut question de nouveau de reprendre la campagne, le maréchal lui-même parut ne plus songer à cette soi-disant impossibilité.

Du reste, il n'émettait une semblable assertion que pour colorer son inaction.

Il était loin de dire au ministre le fond de sa pensée. En effet, vers le moment où il lui écrivait partait de Metz, pour le commandant de l'armée de Châlons, une dépêche que le colonel Turnier remit, le 27, au procureur impérial Lallement, chargé de la faire parvenir.

Sans entrer ici dans l'exposé des diverses péripélies que suivit cette communication, bornons-nous à dire qu'elle fut remise à Raucourt, dans l'après-midi du 29 août, à M. le maréchal de Mac-

Mahon, par un citoyen énergique et dévoué. M. Hulme, manufacturier et adjoint au maire de Mouzon.

M. le maréchal n'a pas conservé, il est vrai, le souvenir d'avoir reçu cette dépêche, et ce défaut de mémoire ne s'explique que trop si l'on songe aux graves préoccupations du commandant de l'armée de Châlons pendant cette journée du 29, où l'on arriva au contact de l'ennemi, et où les funestes conséquences du plan du ministre de la guerre commençaient à éclater.

Mais nous ne pensons pas que malgré cet oubli, il soit possible de concevoir un doute sur l'exactitude absolue du témoignage de l'honorable M. Hulme, corroboré par un faisceau de preuves si concluant et si complet.

Le sens de la dépêche adressée au nom du maréchal Bazaine par le colonel Turnier au premier général français, était le suivant :

« Nous sommes entourés, mais faiblement, nous pouvons percer quand nous voudrons, nous vous attendons. »

La lettre n'était pas signée, il est vrai, et le maréchal Bazaine a déclaré qu'elle n'émanait pas de lui.

Mais qui donc pouvait se permettre d'envoyer une semblable invitation, sinon le commandant en chef lui-même?

Si le colonel Turnier n'avait eu la preuve que la communication émanait du maréchal Bazaine, comment l'eût-il transmise sans y mentionner aucune réserve?

D'ailleurs cette dépêche se rapprochait bien plus de la vérité que celle adressée au ministre, quand le maréchal écrivait à son lieutenant qu'il pouvait percer facilement, il dépeignait plus exactement la situation que lorsqu'il annonçait au général de Palikao qu'il lui était impossible de forcer les lignes fortifiées de l'ennemi.

Comment expliquer ces deux langages contradictoires?

N'est-on pas contraint de reconnaître que, faisant bon marché de la vérité, le maréchal n'hésitait pas à la travestir, suivant les nécessités de ses combinaisons tortueuses.

Auprès du ministre, il faut s'excuser de ne pas marcher : il lui écrit : — La sortie est impossible. — Quant au maréchal de Mac-Mahon, il faut le déterminer à venir, et par conséquent le rassurer ; il lui annonce que l'armée de Metz pourra lui donner son concours. « Nous pourrons percer quand nous voudrons, nous vous attendons. »

Ici encore, messieurs, les faits parlent assez haut pour nous épargner la triste nécessité de conclure et de qualifier la conduite du commandant en chef de l'armée du Rhin.

L'opération, abandonnée le 26 août, fut reprise le 31, à la suite de l'avis ci-dessous, apporté de Thionville le 29 août par les émissaires Flahaut et Marchal : « Général Ducrot commande corps Mac-Mahon ; il doit se trouver aujourd'hui 27 à Stenay, gauche de l'armée ; général Douay à la droite sur la Meuse. Se tenir prêt à marcher au premier coup de canon. »

Cette dépêche avait été apportée au colonel Turnier, le 27 août, dans la soirée, par un homme courageux et dévoué, M. Lagosse, maire de Montgon. Mais quatre jours auparavant, le colonel en avait reçu une plus importante encore, celle du 22 août, dix heures cinquante-cinq du matin, par laquelle le maréchal annonçait sa marche vers l'Est.

Cette dépêche, entièrement chiffrée, avait été adressée du quartier général de Courcelles aux commandants de Verdun et de Montmédy, ainsi qu'au maire de Longuyon, avec cette recommandation :

« Envoyez au maréchal Bazaine la dépêche ci-après très-importante ; faites-la lui parvenir par cinq ou six émissaires différents auxquels vous remettrez les sommes, quelles qu'elles soient, qui leur seraient nécessaires pour accomplir leur mission. »

Le commandant de place de Montmédy avait expédié aussitôt la lettre par quatre émissaires. Deux d'entre eux, les douaniers Hiégel et Simon, l'apportèrent le 23, dans l'après-midi, au colonel Turnier, en lui transmettant les recommandations que nous venons de citer. Le colonel promit de la faire parvenir.

Néanmoins nous le voyons, le 28, négliger de remettre cette dépêche à Flahaut, qu'il envoie porter au maréchal Bazaine la lettre du général Ducrot.

Que conclure de là, sinon qu'il avait déjà la certitude que cette dépêche était parvenue ? Nouvelle preuve que le maréchal a été informé bien plus tôt qu'il ne veut le reconnaître du mouvement de l'armée de Châlons !

A la réception de la lettre du général Ducrot, il n'était pas possible au commandant en chef de faire croire plus longtemps à son ignorance.

D'après cette déclaration, cette nouvelle le détermina à faire une seconde tentative pour percer les lignes ennemies. Mais il semble que cette détermination fut antérieure à l'arrivée de la dépêche, car, dès le 28, dans une tournée qu'il fit sur la route de Sainte-Barbe, le maréchal annonça, pour le 30, son projet de sortie au général Soleille ainsi qu'au colonel Lewal.

Ne peut-on pas en inférer l'arrivée au quartier général avant le 29, de communications relatives à la marche du maréchal de Mac-Mahon ?

Le 29 août, dans la soirée, l'ordre fut donné aux corps d'avoir à se tenir prêts pour se mettre en mouvement le 30, à midi.

Mais, quelques heures plus tard, cet ordre était contre-mandé. Pourquoi cet ajournement? Le maréchal a assuré que c'était afin de recevoir de Thionville les renseignements qu'il avait demandés, touchant la dépêche du général Ducrot. C'était là un scrupule tardif, car il ne l'avait pas empêché d'expédier ses ordres.

L'avis reçu le 29 fut confirmé le lendemain par l'arrivée de la dépêche du maréchal de Mac-Mahon, du 22, venue cette fois par Verdun, d'où le sieur Macherez l'apporta au maréchal Bazaine, le 30 août, à dix heures du matin.

Au reçu de la dépêche, le mouvement suspendu est de nouveau ordonné pour le lendemain.

Mais aucune disposition n'est prise pour surprendre ou devancer l'ennemi, rien qui paraisse dénoter l'intention de pousser l'entreprise à fond.

Rien n'eût empêché d'engager la lutte de bonne heure avec les 2$^e$ et 3$^e$ corps qui, campés déjà sur la rive droite, étaient en position avant sept heures du matin. Cela eût permis d'enlever sans difficulté les premiers villages, alors défendus seulement par de faibles détachements. Néanmoins, on attendit avant de commencer le combat, l'entrée en ligne des 4$^e$ et 6$^e$ corps et de la garde, qui perdirent la plus grande partie de la journée à défiler sur les ponts de la Moselle.

Enfin, à quatre heures, il donne le signal convenu et la lutte s'engage. On sait avec quelle ardeur nos troupes culbutèrent les avant-postes prussiens et s'emparèrent des villages de Noisseville, de Nouilly et de Servigny. bien que, depuis la démonstration du 26, ils eussent été organisés pour la défense. A la tombée de la nuit, malgré une résistance opiniâtre, l'armée était de tous côtés victorieuse; encore un effort et la ligne d'investissement allait être forcée.

A ce moment, le général en chef voulut prendre lui-même part au combat, et se plaçant, avec sa bravoure accoutumée, devant un régiment, il marcha quelques instants à sa tête pour le conduire à l'ennemi.

Mais l'heure était trop avancée pour permettre de remporter un succès décisif, et, quand l'obscurité fut tout à fait venue, les troupes durent s'arrêter à petite portée de fusil de l'ennemi, qui restait maître du village de Sainte-Barbe, clef de la position.

Si l'action n'a débuté, le 31 août, qu'à quatre heures, Bazaine l'a voulu ainsi. Or, à ce moment, l'ennemi probablement informé dès la veille, avait pu à loisir organiser la défense et faire affluer les renforts.

Nous n'avons pas à apprécier ici le mérite des combinaisons adoptées et des mouvements ordonnés par le maréchal, mais nous devons constater que cet ensemble de dispositions devait avoir pour inévitable résultat de diminuer singulièrement les chances de succès.

La nuit venue, le commandant en chef s'était éloigné du champ de bataille sans adresser aucun ordre, sans demander aucun renseignement aux différents corps d'armée, sans faire soutenir les troupes engagées par celles aussi nombreuses qui n'avaient pas eu à combattre. Il s'arrêta au village de Saint-Julien et y passa la nuit.

Pendant que nos troupes restaient ainsi sans instructions, sans soutien, dans les positions conquises dans la soirée, les Prussiens mettaient à profit le temps qui leur avait été si imprudemment laissé. Des renforts considérables accouraient de toutes les directions. Dans la nuit même, une forte colonne attaqua le village de Servigny, et malgré les efforts du général Aymard, parvint à en déloger nos troupes, laissées en partie sans direction. Au point du jour, l'ennemi prit l'offensive sur toute la ligne pour regagner le terrain dont il avait été chassé la veille.

A ce moment le maréchal adressait aux commandants de corps l'ordre confidentiel que vous connaissez :

« Selon les dispositions que l'ennemi aura pu faire devant vous, nous devons continuer l'opération entreprise hier... Dans le cas contraire, il faudra tenir dans nos positions, s'y fortifier, et ce soir nous reviendrons alors sous Saint-Julien et Queuleu. »

Ainsi, selon les dispositions de l'ennemi, il faudrait ou se porter en avant pour rompre le blocus ou reculer et reprendre les positions autour de la place.

Telles sont les seules instructions du général en chef pour la journée du 1ᵉʳ septembre. A partir de ce moment il ne donne plus aucun ordre pour l'ensemble des opérations. Ses lieutenants, laissés sans direction, restent seuls chargés d'apprécier la situation et d'y pourvoir. On est confondu en voyant le maréchal abdiquer ainsi ses fonctions pour s'en remettre à l'initiative individuelle des commandants de corps.

Quels étaient donc les devoirs du commandement aux yeux de celui qui se montrait si peu soucieux du résultat à obtenir?

Les instructions confidentielles du maréchal Bazaine ne témoignaient guère de la ferme volonté de percer les lignes. Les commandants de corps ne s'y trompèrent pas. L'élan des troupes fut ainsi paralysé et dès lors elles se bornèrent à la défensive jusqu'au moment où il leur fit prescrire de regagner leurs campements, mouvement qui s'effectua dans le meilleur ordre.

Est-il besoin de s'arrêter à l'allégation du maréchal, mettant sur le compte du mouvement rétrograde d'une division du 2ᵉ corps, l'insuccès de la journée du 1ᵉʳ septembre.

Vous savez, messieurs, que cette division, après avoir reculé de quelques centaines de mètres, reprit sa position dès qu'elle en reçut l'ordre. D'ailleurs, si elle avait plié un moment, il eût été facile de la faire soutenir, puisque cinq divisions d'infanterie, la réserve d'artillerie et celle de la cavalerie ne furent qu'à peine engagées.

En résumé, pas plus que le 26 août, le maréchal n'eût le 1er septembre la pensée bien arrêtée de s'éloigner de Metz pour tendre la main au maréchal de Mac-Mahon. Ce fut donc principalement dans le but de se mettre à l'abri de légitimes reproches encourus par son inaction, que le maréchal Bazaine livra ce combat inutile et sanglant.

Au moment où son armée rentrait frémissante dans les positions qu'elle ne devait plus quitter avant le jour de la capitulation, celle du maréchal de Mac-Mahon, assaillie par les forces trois fois supérieures au milieu desquelles l'avait conduit sa généreuse entreprise, était écrasée à Sedan.

Nous avons vu que c'étaient les renseignements inexacts, les réticences calculées du maréchal Bazaine qui avaient déterminé la marche de l'armée de Châlons. Nous savons que, depuis le 23 août, il était informé de ce mouvement. Enfin, le 26, pouvant croire qu'en raison de sa dépêche du 20, le maréchal de Mac-Mahon se serait arrêté, attendant un nouvel avis, il lui avait écrit pour l'inviter à pousser en avant pour lui assurer son concours.

D'autre part, nous avons constaté qu'après avoir déterminé cette opération hasardeuse, qui ne pouvait réussir qu'à la condition d'une action combinée, prompte et énergique, le commandant en chef était demeuré dans l'inaction, recourant au subterfuge pour obtenir l'assentiment de ses lieutenants, et qu'abandonnant ainsi le maréchal de Mac-Mahon à ses propres forces, il l'avait laissé écraser sans secours!

Si le conseil d'enquête, qui ignorait en grande partie des détails mis en lumière par l'instruction et les débats, n'a pas hésité à déclarer que le maréchal Bazaine était en partie responsable du désastre de Sedan, nous sommes bien autrement autorisés à porter la même conclusion!

Ce n'est pas, il est vrai, pour la capitulation de Sedan que le maréchal est en cause. Mais sa conduite, en tant que commandant de l'armée du Rhin, vous appartient tout entière.

C'est pourquoi, après l'examen scrupuleux auquel nous venons de nous livrer, nous venons vous demander si, dans sa conduite vis-à-vis de l'armée de Châlons, le maréchal n'a pas manqué gravement à ce qu'exigeaient de lui le devoir et l'honneur?

Lors du retour de l'armée sous Metz, la situation des vivres était devenue déjà assez critique pour motiver les sérieuses préoccupations du commandant en chef. Le relevé établi par l'administration militaire indiquait, en effet, qu'il ne restait de pain à l'armée que pour un mois ; la viande de boucherie faisait presque complétement défaut ; il allait bientôt en être de même du sel et des fourrages.

Il fallut immédiatement commencer à abattre les chevaux pour nourrir les hommes.

Cet état de choses, dont le maréchal était journellement tenu au courant, aurait dû suffire pour le déterminer à s'éloigner à tout prix de Metz, dont la présence de l'armée devait inévitablement hâter la chute.

Depuis le jour où le maréchal Bazaine fut placé à la tête de l'armée, il semble qu'il ne se soit pas un seul instant préoccupé des obligations que lui imposait le commandement suprême. Il n'est peut-être pas un point, non-seulement de la règle écrite, mais aussi de nos traditions militaires, que le maréchal n'ait transgressé plus ou moins ostensiblement. Si grande que soit l'autorité du commandant en chef, le meilleur usage qu'il en puisse faire sera toujours d'assurer la rigoureuse observation des réglements, lesquels s'imposent également à tous les degrés de la hiérarchie. Là seulement se trouve l'accomplissement de son devoir et la sauvegarde de sa responsabilité personnelle.

Toutefois, ce mépris des principes élémentaires ne fut jamais aussi flagrant ni aussi funeste qu'à propos de cette question si importante des subsistances.

A partir de la conférence de Grimont, le réquisitoire nous montre le maréchal Bazaine se bornant à quelques opérations insignifiantes sans plan d'ensemble qui sont demeurées à peu près stériles, même au point de vue des fourrages et des vivres ; les commandants de corps ont toujours ponctuellement exécuté ses ordres. Le camp retranché de Metz, qui n'a servi qu'à assurer l'inaction de l'armée, devait seulement lui permettre de se refaire pour se préparer à de nouvelles opérations actives.

Le maréchal a allégué que ses troupes étant réparties sur les deux rives de la Moselle, ne se trouvaient pas, au point de vue tactique, dans une position centrale, l'ennemi occupant les positions culminantes. Il n'était pas possible, a-t-il dit, de le surprendre sur un point et de l'accabler avec des forces supérieures, dans la situation topographique de Metz et de son camp retranché.

Comment ! lorsque les sommets environnant la place étaient couronnés par les forts de Saint-Quentin, de Plappeville, de Saint-Julien et de Queuleu, lorsque le maréchal disposait de cinq ponts sur la Moselle et que rien n'empêchait d'augmenter ce nombre, lorsque deux lieues à peine séparaient les corps les plus éloignés l'un de l'autre, lorsqu'il suffisait, par conséquent, de quelques heures de nuit pour concentrer l'armée tout entière sur un point quelconque du cercle des avant-postes, lorsqu'enfin l'armée allemande occupait un développement de quarante-deux kilomètres, comment, disons-nous, peut-on admettre que, dans ces conditions, il n'eût pas été possible, facile même, de surprendre l'ennemi et de le battre ?

Sans donc nous arrêter à cette allégation du maréchal, non plus qu'aux excuses qu'il tire du mauvais temps, du grand nombre de blessés, etc., toutes raisons sans valeur devant la nécessité suprême de sauver l'armée, nous arrivons au motif invoqué par lui pour justifier sa longue inaction !

A l'instruction, le maréchal s'est exprimé en ces termes : « Rien » ne faisait prévoir qu'un armistice ou un traité de paix ne serait » pas intervenu avant que nous soyons réduits à la dernière ex- » trémité. Et j'ai toujours pensé que la conservation de la place » de Metz faciliterait les négociations et sauvegarderait la Lor- » raine. »

Le secret de la conduite du maréchal et l'explication de sa longue immobilité sont tout entiers dans cet aveu. Le maréchal a pensé, après le désastre de Sedan, que la France, désormais sans armée, serait hors d'état de continuer la lutte, et que, dans un avenir nécessairement très-rapproché, la guerre finirait faute de combattants. A l'abri de toute atteinte dans l'intérieur de son camp retranché, il n'avait qu'à attendre, sans risque et sans effort, la solution inévitable qu'amèneraient la force des choses et le cours naturel des événements.

Ces prévisions ne se trouvèrent pas justifiées, grâce à la résistance de Paris et aux efforts énergiques du patriotisme national ; mais l'ordre d'idées dans lequel se plaçait le maréchal l'entraîna à une série d'actes ayant pour but d'amener l'armée à partager sa conviction, en justifiant en même temps sa conduite aux yeux de ses soldats.

L'accusation doit relever ces actes, car, en propageant l'opinion que la guerre était désormais impossible et que la paix allait être fatalement conclue, le commandant en chef ne pouvait qu'amener le découragement parmi les troupes et les dégoûter de nouveaux combats.

Nous verrons plus tard l'action que le maréchal exerça dans un but analogue sur la presse de Metz. Pour le moment, nous rappellerons l'incident relatif au rapport adressé au maréchal, le 13 septembre, par M. Debains, dans les circonstances connues du conseil.

Les nouvelles alarmantes prises dans les journaux prussiens et contenues dans ce rapport, sont communiquées aux commandants de corps. Le maréchal dit au commandant Jouanne-Beaulieu, qu'il voit pour la première fois, que la partie est perdue et que Strasbourg a capitulé ; agir ainsi, c'était semer le découragement dans l'armée, le maréchal prétend que la communication de ces nouvelles a été faite par un sentiment de loyauté vis-à-vis de ses compagnons d'armes ; mais pourquoi ne leur a-t-il pas communiqué tout ce qui parvenait à sa connaissance ? Les divers éléments d'information qu'il possédait sur les événements qui venaient de s'accomplir en France, rendent inexplicable la lettre qu'il a adressée le 16 septembre au prince Frédéric-Charles, sous prétexte de lui demander des renseignements. S'il a agi ainsi, c'est, à ce qu'il déclare, parce qu'il voulait être fixé « sur la portée des événements et sur la manière dont ils avaient été appréciés par l'autorité allemande. »

Ainsi donc, c'était une pensée toute politique qui avait inspiré le maréchal dans cette circonstance. Pour risquer cette démarche irrégulière et compromettante, il fallait apparemment qu'il attachât une grande importance à tâter le terrain, à sonder les intentions de l'ennemi, et à provoquer de sa part des ouvertures que les conséquences probables de la situation faisaient aisément pressentir. A ce moment, l'armée de Metz était, en effet, la seule force organisée qui restât au pays.

Le gouvernement du 4 septembre, quelle que pût être l'énergie de ses résolutions, se trouvait à peu près désarmé en face de trois cent mille Allemands marchant sur Paris.

La résistance devait, dès lors, paraître matériellement impossible, et l'on pouvait croire que des négociations en vue de la paix ne tarderaient pas à se produire. Dans cette éventualité, le commandant en chef de l'armée du Rhin se crut, sans doute, en droit d'intervenir, jugeant avec raison du reste, que son intervention serait prépondérante, sinon décisive.

La conduite ultérieure du maréchal nous autorise à croire que telles furent les préoccupations sous l'empire desquelles il se détermina à écrire au général en chef ennemi pour lui demander des renseignements sur des faits qu'il connaissait parfaitement. Quoi qu'il en soit, la minute de cette lettre du 16 septembre n'existe pas au dossier ; elle a disparu avec la majeure partie de la correspondance échangée entre les deux commandants d'armée.

Le maréchal a déclaré que cette minute devait se trouver au nombre des pièces brûlées, à son insu, par ordre du général Boyer. On comprendrait difficilement que l'aide-de-camp du commandant en chef se soit permis de faire détruire, de sa propre autorité, des documents de si haute importance dont il était dépositaire, et il a affirmé du reste devant vous n'avoir jamais conservé par devers lui aucune partie de cette correspondance.

Le prince Frédéric-Charles n'interpréta pas la démarche du maréchal dans le sens d'une simple demande de renseignements. Il comprit que le commandant en chef de l'armée française était alors plus disposé à négocier qu'à combattre. Nous en trouvons la preuve dans l'empressement avec lequel le prince, après avoir fourni les renseignements demandés, se déclara prêt et autorisé à faire toutes les communications que le maréchal pourrait désirer.

Dans tous les cas, le maréchal Bazaine venait de faire le premier pas dans la voie dangereuse de ces communications avec l'ennemi, qui allaient quelques jours plus tard prendre un caractère si funeste.

Le jour même où il écrivait au prince Frédéric-Charles, et avant même d'avoir reçu sa réponse, ce qui suffirait à démontrer qu'il n'en avait pas besoin, le commandant en chef adressait à l'armée l'ordre général n° 9, qui lui annonçait officiellement le désastre de Sedan et les événements du 4 septembre.

Dans cet ordre, il ne parlait ni de l'emperur, ni de son gouvernement, et il se bornait à rappeler, en termes élevés, auxquels nous nous associons pleinement, que les événements survenus ne changeaient en rien les devoirs de l'armée envers le pays, devoirs indépendants de la forme du gouvernement.

Nous verrons plus loin si le maréchal se montra fidèle à cette noble déclaration. Constatons, pour le moment, que cet ordre du jour était la reconnaissance officielle du gouvernement de fait qui venait de succéder au régime impérial.

La révolution se trouvant accomplie, et quelles que fussent les légitimes réserves que pouvaient faire naître l'origine irrégulière et violente du nouveau pouvoir, le seul devoir de l'armée, en présence de la France envahie, était, disons-le bien haut, de le seconder loyalement dans ses efforts pour repousser l'ennemi, et de se consacrer exclusivement à cette tâche sacrée.

C'est en vain que voulant chercher à justifier les manœuvres auxquelles il se livra plus tard, en vue d'une restauration impériale, le maréchal Bazaine s'est efforcé de contester les conséquences de sa proclamation du 16 septembre. C'est en vain qu'il prétend n'avoir jamais reconnu d'autre gouvernement que celui de l'empire.

Ses protestations tardives ne sauraient retirer à l'ordre général n° 9 le caractère d'une reconnaissance explicite du gouvernement de la défense nationale.

Du reste, si le maréchal veut attribuer cet ordre du jour uniquement à son désir d'instruire l'armée des graves modifications politiques qui venaient de se produire, nous ne pensons pas qu'il puisse expliquer de la même manière la communication qu'il fit à la presse de Metz, de la proclamation de M. Jules Favre, qui contenait ces mots :

« La population de Paris n'a pas voulu périr avec le pouvoir criminel qui conduisait la France à sa perte. Elle n'a pas prononcé la déchéance de Napoléon III, elle l'a enregistrée au nom du droit, de la justice et du salut public, etc. »

Etait-ce donc faire acte de sujet fidèle et respectueux que de propager un document qui s'exprimait en termes si injurieux pour le régime renversé le 4 septembre.

Vers ce moment, le maréchal, invitant le gouvernement de Metz à surveiller la presse locale et à réprimer chez certains journaux de fâcheuses violences de langage, lui écrivait à la date du 14 :

« Il n'est jamais permis de laisser insulter le malheur et ridiculiser aux yeux de nos soldats ceux auxquels nous obéissions naguère. »

En s'exprimant ainsi, le commandant en chef était incontestablement le fidèle interprète des sentiments de l'armée, à laquelle il répugne toujours d'outrager l'infortune ; mais ces paroles indiquaient en même temps, avec une grande netteté, qu'à ses yeux le gouvernement impérial n'était plus qu'un gouvernement déchu.

Enfin, l'ordre donné par lui, le 15 septembre, de supprimer sur les lettres de nomination d'officiers et sur les brevets de la Légion d'honneur les fleurons aux armes impériales, ainsi que l'en-tête au nom de l'empereur, achèvent de montrer les sentiments qui animaient le maréchal, lorsqu'il faisait paraître son ordre du jour du 16 septembre.

Ces sentiments, toutefois, durèrent peu. Deux ou trois jours après la suppression des emblêmes impériaux, ordre était donné de les rétablir, et les événements que nous verrons se dérouler depuis lors témoignent que le maréchal revint promptement à une manière de voir bien différente.

D'où provenait ce revirement?

Pour s'en rendre compte, il faut se rappeler qu'après Sedan, l'armée ennemie n'avait plus trouvé de résistance, et qu'elle s'avançait sans obstacles jusque sous les murs de Paris.

Le gouvernement prussien hésitait à entreprendre une opération aussi colossale que celle du siége de cette capitale. Il eût de beaucoup préféré conclure immédiatement la paix, pourvu que les avantages qu'il se croyait en droit d'exiger lui fussent dûment garantis.

Dans ce but, après avoir essayé en vain de traiter avec l'empereur, prisonnier, M. de Bismark accueillait, à Ferrières, les ouvertures du gouvernement de la défense nationale.

Mais, en même temps, il n'oubliait pas que l'accession de la seule force militaire de la France était indispensable pour assurer l'exécution des stipulations à intervenir. Pour éviter toute difficulté de la part de l'armée du Rhin, le plus sûr était de traiter avec son commandant en chef lui-même.

Tel fut du moins l'avis du gouvernement prussien.

La première démarche, dans ce but, est marquée par l'insertion, dans un journal de Reims, d'un communiqué officiel de l'autorité supérieure dans cette ville, où résidait le gouverneur général des départements envahis.

Ce communiqué, dont nous ne croyons pas nécessaire de reproduire ici le texte en entier, se terminait comme il suit :

« Les gouvernements allemands, dont le but n'est pas la guerre, ne refusaient pas de conclure la paix avec la France, si elle était sérieusement demandée par le pays.

» Dans ce cas, il s'agirait seulement de savoir avec qui on peut la conclure.

» Les gouvernements allemands pourraient entrer en négociations avec l'empereur Napoléon , dont le gouvernement est jusqu'à présent le seul reconnu, ou avec la régence instituée par lui. Ils pourraient également traiter avec le maréchal Bazaine, qui tient son commandement de l'empereur. Mais il est impossible de comprendre de quel droit les gouvernements pourraient négocier avec un pouvoir qui ne représente jusqu'ici qu'une partie de la gauche de l'ancien Corps législatif. »

Ainsi, d'après ce document officiel, l'Allemagne ne voulait traiter qu'avec l'empereur , l'impératrice régente ou le maréchal Bazaine ; mais l'empereur prisonnier s'était déjà déclaré inhabile, en raison de sa situation, à entrer en négociations.

Restaient l'impératrice et le maréchal Bazaine. A vrai dire, aucun des deux ne pouvait traiter sans l'autre, puisque, si la régente était seule dépositaire du pouvoir, son autorité ne pouvait être reconnue que par le concours de l'armée du Rhin.

Le maréchal Bazaine se trouvant ainsi être le pivot, pour ainsi dire, de la combinaison conçue par la diplomatie allemande , les intentions manifestées dans le communiqué de Reims ne pouvaient manquer d'être promptement portées à sa connaissance.

Si on s'en rapporte à un passage de la déposition du sieur Régnier à l'instruction , on pourrait même croire que le commandant en chef provoqua des ouvertures à ce sujet.

Régnier déclare , en effet , avoir vu dans les papiers que lui montra le maréchal deux lettres qui avaient été adressées au prince Frédéric-Charles.

Dans la seconde, le maréchal signalait deux articles de journaux, l'un belge annonçant que M. Jules Favre traitait d'un armistice; l'autre allemand, déclarant que le gouvernement royal ne reconnaissait d'autre pouvoir que celui de l'Empire. Il demandait au prince quelle était celle des deux versions à laquelle il fallait croire.

L'instruction a retrouvé, il est vrai, la trace de dépêches adressées comme de parlementaires reçus à cette époque au quartier général du maréchal Bazaine.

Ces communications avaient-elles pour but de connaître les dispositions politiques des gouvernements allemands? Le profond mystère qui couvre toutes les relations si fréquentes entre les deux commandants en chef ne permet pas de rien préciser à ce sujet; et le maréchal déclare qu'il n'eut connaissance du communiqué de Reims que le 21 septembre, par M. Valdéjo.

Mais il résulte de la déposition de M. Debains que ce fut vers le 16 que ce communiqué arriva à Metz.

A partir de cette époque, l'attitude du commandant en chef se modifie complétement.

Oubliant qu'il avait reconnu le gouvernement de la défense nationale, nous allons le voir revenir à l'Empire, après l'avoir abandonné tout d'abord.

Avant d'entamer l'exposé des négociations engagées par le maréchal Bazaine, M. le commissaire du gouvernement rappelle sommairement ses moyens de communication avec le général ennemi. Les parlementaires étaient adressés directement au maréchal, il eut été préférable d'affecter au service des parlementaires un officier de l'armée plutôt qu'un officier démissionnaire, nommé par le maréchal au commandement d'une compagnie de francs-tireurs et qui ne remplissait peut-être pas les conditions requises pour cette mission de confiance. Il n'a pas été conservé trace des lettres envoyées au quartier général ennemi.

S'il faut en croire de nombreux témoins, là ne se seraient pas bornées, du reste, les relations du commandant en chef avec l'ennemi. Il aurait eu, en outre, des rapports directs et personnels avec le quartier général prussien.

Toutefois, nous ne nous croyons pas, quant à nous, munis de preuves suffisantes pour nous prononcer avec pleine conviction sur une imputation aussi grave, et nous nous en rapportons à votre conscience, messieurs, pour apprécier la valeur de ces témoignages ainsi que les charges qu'ils peuvent faire peser sur le maréchal Bazaine.

Les communications échangées par le commandant en chef avec l'ennemi avaient débuté par des ouvertures destinées, dans la pensée de chacune des parties, à sonder les dispositions de l'adversaire.

Mais ces communications changèrent de caractère, et se transformèrent bientôt en pourparlers effectifs.

C'est un personnage totalement inconnu, mystérieusement introduit au quartier général du Ban-Saint-Martin, dans l'après-midi du 23 septembre, qui fut l'agent de cette transformation en servant d'intermédiaire entre M. de Bismark et le maréchal Bazaine.

Régnier arrive au quartier général, suivant sa déposition et celle du capitaine Garcin ; il s'y fait annoncer comme l'envoyé d'Hastings. Sur ces mots, il est aussitôt introduit auprès du maréchal, lequel déclare qu'après lui avoir indiqué ses plans pour la restauration de l'empire, Régnier lui exposa séance tenante son dessein de faire sortir l'un des commandants de corps pour le conduire auprès de l'impératrice.

D'après Régnier, au contraire, cette demande n'aurait été faite par lui que le lendemain. Quoi qu'il en soit, elle fut, comme on sait, favorablement accueillie.

En second lieu, Régnier ayant fait connaître au maréchal les vues de M. de Bismark pour le rétablissement de la paix, lui demanda à quelles conditions il consentirait à traiter pour l'armée sous ses ordres.

C'est en vain que le maréchal a essayé depuis d'atténuer le sens et la portée de sa réponse.

Nous lisons dans la déposition du général Bourbaki la déclaration suivante, renouvelée aux débats, et qui confirme pleinement le dire de Régnier :

« Le maréchal dit au sieur Régnier de faire savoir au prince qu'il demandait que l'armée sortît avec les honneurs de la guerre sans traiter pour Metz, qui resterait indépendant de l'armée, et que le maréchal Bazaine se retirerait avec son armée pour prendre en France une position neutre jusqu'à la paix. »

Telles étaient les paroles que, le 24 septembre, Régnier était chargé d'aller porter au quartier général ennemi, au nom du commandant en chef de l'armée française !

Enfin le maréchal, voulant hâter la solution, lui fit remarquer que, de paralysée qu'elle était, l'armée, par la force des choses, aurait bientôt cessé d'exister, et il lui indiqua le 18 octobre comme le dernier terme auquel il pût arriver.

Il ne saurait nier cette confidence. D'après la dernière situation reçue, le 18 octobre était bien la date à laquelle les vivres seraient épuisés.

Une fois sorti de Metz, et bien avant la capitulation, Régnier fit connaître cette date au commandant Lamey ; enfin il la produisit dans sa brochure publiée aussitôt après les événements.

Ajoutons que certaines dépositions, produites devant vous, tendraient à faire croire que cette échéance du 18 octobre était, dès la fin de septembre, parvenue à la connaissance de l'ennemi, même à Strasbourg.

Quoi qu'il en soit, Régnier, qui, pendant son séjour dans les lignes françaises, n'eût aucune communication en dehors du quartier général, ne put recevoir un tel renseignement que du maréchal, qui, avec l'intendant en chef, était seul à en avoir le secret !

Ainsi donc, nous constatons :

Que le sieur Régnier obtint du maréchal l'autorisation de faire sortir le général Bourbaki.

Qu'il fut chargé de porter à l'ennemi les conditions que le maréchal accepterait pour capituler ;

Enfin, qu'il reçut de celui-ci communication de la fatale échéance où les vivres allaient faire défaut.

D'après de semblables résultats, on peut déjà juger de la valeur de l'assertion du maréchal, déclarant qu'il n'eut avec Régnier qu'une simple conversation sans conséquence.

Avant d'apprécier la portée de ces faits, nous ne pouvons nous empêcher de nous demander quels motifs purent déterminer le général en chef à accorder ainsi sa confiance à l'individu qui se présentait à lui à la faveur d'une passe de M. de Bismark.

Le maréchal n'a pas su nous en donner les raisons.

En voyant le personnage si facilement admis dans les lignes françaises, puis introduit auprès du commandant en chef sous la seule dénomination de « l'envoyé d'Hastings, » on serait porté à croire que son arrivée avait été annoncée au maréchal, et si l'on songe qu'à ce moment on ignorait à Metz que l'impératrice se fût retirée à Hastings, cette hypothèse devient plus vraisemblable encore.

Dans le cours de l'entretien, Régnier fit voir au maréchal une photographie derrière laquelle se trouvaient quelques mots signés du prince impérial.

Voilà tout le bagage diplomatique du soi-disant ambassadeur de l'impératrice! En vérité, c'était trop peu pour l'accréditer dans une telle mission !

Ce fut sans doute l'avis du maréchal lorsqu'il ajouta sa signature à côté de celle du prince, cela, dit-il, sans arrière-pensée.

Il demanda donc à Régnier, et nous ne saurions l'en blâmer, s'il n'avait pas d'autre lettre de créance ; à quoi Régnier aurait répondu que, s'il n'avait pas de pouvoir écrit, c'était afin de ne pas livrer au hasard des incidents du voyage des documents importants.

Le maréchal n'insista pas.

Cependant ses scrupules continuèrent. Régnier s'était donné comme un employé supérieur de la maison de l'impératrice; il était facile de contrôler la véracité de son assertion en s'adressant aux officiers généraux attachés à la maison impériale.

Le lendemain donc, quand le maréchal Canrobert arriva, appelé par le commandant en chef, celui-ci commença par lui demander s'il connaissait dans la maison de l'impératrice un employé supérieur du nom de Régnier; le maréchal Canrobert répondit qu'il ne le connaissait nullement.

Quelques instants après, ce fut le tour du général Bourbaki. L'aide-de-camp du maréchal Bazaine lui fit la même question, en lui montrant par la fenêtre Régnier qui se promenait dans le jardin. Après l'avoir considéré, le général Bourbaki répondit: « Non, j'oublie les noms quelquefois, mais non les physionomies. Je n'ai jamais vu cette personne. Ce n'est ni un familier des Tuileries, ni un employé. »

Après cela, le maréchal devait savoir à quoi s'en tenir.

Si Régnier avait menti en s'attribuant une position qu'il n'avait pas, il était bien probable qu'il avait usurpé aussi le titre d'envoyé de l'impératrice. Il ne conservait donc pour l'accréditer auprès du commandant en chef que la qualité d'envoyé de l'ennemi. Ce caractère était suffisamment établi par son laisser-passer revêtu de la signature du comte de Bismark, et contre-signé du quartier-maître général des armées allemandes, ainsi que par l'autorisation absolument exceptionnelle obtenue du prince Frédéric-Charles pour pénétrer dans les lignes françaises.

Une autre circonstance était bien faite pour éveiller le soupçon. Nous voulons parler de l'insistance que mit Régnier à aller passer la nuit au camp prussien.

Avant de terminer sa conférence avec le maréchal, voulait-il donc adresser une communication au prince ou en recevoir des instructions? On sait que le maréchal ne mit aucun empêchement à l'accomplissement de ce désir.

Au lieu de s'y prêter comme il le fit, on comprendrait davantage qu'il eût éconduit le négociateur, ou plutôt qu'il lui eût fait appliquer les mesures répressives que le droit de la guerre autorise contre les gens suspects !

Mais, bien au contraire, le maréchal lui continua sa confiance, et ce fut après le retour de Régnier et à la suite de ces déclarations catégoriques à son endroit, qu'il le chargea d'aller faire connaître à l'ennemi les conditions auxquelles il traiterait.

Devons-nous penser que la conduite du maréchal fût le fait d'une légèreté criminelle que pourrait à peine expliquer sa hâte d'entrer en négociations ?

Ou bien faut-il admettre, ce que semblent établir les dépositions de MM. Bompard et Jules Favre, et croire que Régnier avait des titres de créances plus sérieux qu'il ne veut bien le dire?

Nous ne sommes pas en mesure de nous prononcer à cet égard.

Nous n'avons pas à développer devant vous la mission du général Bourbaki.

Vous le savez, messieurs, le maréchal, joignant son influence personnelle aux sollicitations de Régnier, décida son lieutenant à se rendre auprès de l'impératrice. Le général, ainsi qu'il nous l'apprend dans sa déposition, devait chercher à obtenir qu'elle consentît à traiter de la paix, les conditions qui lui seraient faites devant être plus douces que celles-imposées au gouvernement de la défense nationale.

Dans son profond respect pour la discipline, le général, croyant d'ailleurs rendre service au pays, ne se refusa pas au désir exprimé par son chef; mais, au moment de se séparer de ses troupes, qu'il laissait en présence de l'ennemi, ses instincts de soldat se révoltèrent, et, pour la première fois sans doute, il mit des conditions à son obéissance.

Nous ne parlerons ni de l'ordre antidaté, ni de son départ concerté avec l'état-major allemand. Bornons-nous à dire que l'impératrice, n'écoutant que son patriotisme, refusa d'entamer des négociations qui pouvaient entraver la défense.

Quand le général Bourbaki voulut revenir, il ne put obtenir le consentement du prince Frédéric-Charles et se décida à aller offrir son épée au gouvernement de la défense nationale. Le refus du prince ne dut pas étonner le maréchal, car son aide-de-camp avait été averti par Régnier que l'officier général sortant de Metz n'y pourrait plus rentrer. Mais on avait omis d'en instruire le général Bourbaki qui, informé, ne serait pas parti.

La réponse de l'impératrice suffit à montrer la faute grave qu'avait commise le commandant en chef en se prêtant aux plans de l'ennemi, révélés par le communiqué de Reims et dont Régnier venait tenter l'application.

Ce qui fut plus qu'une faute, ce fut d'aller au delà et d'engager, au mépris de la loi, des négociations avec l'ennemi.

Et quelles négociations! Le maréchal consentait à se retirer avec ses troupes sur un territoire neutralisé et à ne plus porter les armes contre l'Allemagne jusqu'à la fin de la guerre!

Ainsi, c'était le 24 septembre, lorsque l'armée avait conservé la plus grande partie de ses moyens d'action, lorsqu'elle était encore capable d'un effort énergique, lorsqu'elle avait des vivres pour près d'un mois, c'était à ce moment que le maréchal proposait une convention qui devait avoir pour conséquence immédiate d'annihiler la seule force régulière qui restât à la France, et peut-être même de déchaîner sur le pays la guerre civile en face de la guerre étrangère.

Nous pourrions, messieurs, nous arrêter ici, et, en vous demandant si, par une telle démarche, le maréchal n'a pas forfait au devoir, nous serions assuré de votre réponse !

Mais notre tâche est plus pénible, car longue est encore l'énumération des manquements graves que nous avons à relever contre le commandant en chef de l'armée du Rhin.

En se séparant du maréchal, Régnier lui avait annoncé qu'il lui rapporterait la réponse de M. de Bismark dans un délai de six jours, huit au maximum, son retour devait donc avoir lieu du 30 septembre au 2 octobre.

Le 25 septembre, le médecin en chef crut devoir annoncer au maréchal que, dans un délai rapproché, une épidémie était à redouter parmi les nombreux malades et blessés.

« Mais jusqu'à quand avons-nous avant d'en être là ? lui dit le maréchal. — Peut-être jusqu'au 10 octobre, répondit M. Cuveiller. — Alors, c'est plus qu'il n'en faut, » répondit le maréchal.

Il espérait donc avant ce terme une issue à la situation. Ce n'était pas sur la force des armes qu'il comptait pour l'obtenir : depuis Sedan, il jugeait impossible de tenir la campagne.

Nous allons voir de qui il attendait la solution. Trois jours après cet entretien, le sous-intendant Gaffiot, faisant fonctions d'intendant en chef, vint trouver le maréchal pour lui faire part de l'épuisement imminent des ressources en fourrages et lui exposer la nécessité de prendre sans délai un parti décisif.

Le commandant en chef, se tournant vers son aide-de-camp, lui dit : « Quand revient l'international ? »

Puis, sur le renseignement du général Boyer, il répondit à l'intendant :

« Ayez deux jours d'avoine pour l'armée le 1ᵉʳ octobre. »

M. Gaffiot s'empressa de transmettre cet ordre au directeur du service, en le prévenant que le maréchal attendait une réponse pour le 1ᵉʳ du mois.

Le général Boyer confirme l'exactitude du souvenir de ces témoins ; il croit seulement qu'il s'agissait d'une réponse envoyée par écrit et non point rapportée par Régnier.

Peu importe d'ailleurs ; il nous suffit de constater par là que le maréchal attendait de la mission Régnier une issue prochaine à la situation ; en d'autres termes, il comptait voir cette mission aboutir à la convention dont il avait indiqué lui-même les bases.

Au lieu d'une réponse, ce fut une demande qu'il reçut.

Le 29 septembre, le prince Frédéric-Charles lui transmit un télégramme de Ferrières ainsi conçu :

« Le maréchal Bazaine acceptera-t-il, pour la reddition de l'armée qui se trouve devant Metz, les conditions que stipulera M. Régnier en restant dans les instructions qu'il tiendra de M. le maréchal ? »

Le commandant en chef répondit aussitôt par une lettre au général de Stiehle, qu'il nous paraît utile de reproduire *in extenso* :

« Metz, 20 septembre 1870.

« Monsieur le général,

» Je m'empresse de vous faire savoir, en réponse à la lettre que vous m'avez fait l'honneur de m'envoyer ce matin, que je ne saurais répondre d'une manière absolument affirmative à la question qui est posée par S. Exc. le comte de Bismark. Je ne connais nullement M. Régnier qui s'est présenté à moi comme muni d'un laisser-passer de M. de Bismark et qui s'est dit l'envoyé de S. M. l'impératrice, sans pouvoirs écrits. M. Régnier m'a fait savoir que j'étais autorisé à envoyer auprès de l'impératrice soit S. Exc. le maréchal Canrobert, soit le général Bourbaki. Il me demandait en même temps s'il pouvait exposer des conditions dans lesquelles il me serait possible d'entrer en négociations avec le commandant en chef de l'armée allemande devant Metz pour capituler.

» Je lui ai répondu que la seule chose que je pusse faire serait d'accepter une capitulation avec les honneurs de la guerre ; mais que je ne pouvais comprendre la place de Metz dans la convention à intervenir. Ce sont en effet les seules conditions que l'honneur militaire me permette d'accepter, et ce sont les seules que M. Régnier ait pu exposer.

» Dans le cas où S. A. le prince Frédéric-Charles désirerait de plus complets renseignements sur ce qui s'est passé à ce propos entre moi et M. Régnier, M. le général Boyer, mon premier aide-de-camp, aura l'honneur de se rendre à son quartier général au jour et à l'heure qu'il lui plaira d'indiquer. »

Vous le voyez, messieurs, il n'est plus besoin de s'en rapporter à un tiers, ce tiers fût-il le général Bourbaki, pour connaître quelles avaient été les intentions du commandant en chef.

C'est lui-même qui se charge de nous les apprendre, confirmant ainsi pleinement ce qui avait déjà été établi.

Le 24 septembre, il s'était déclaré prêt à signer pour l'armée une capitulation avec les honneurs de la guerre. Le 29, craignant que Régnier ait mal rendu les propositions qu'il devait transmettre, le maréchal prenait soin de les renouveler par écrit dans sa réponse au télégramme de M. de Bismark.

En présence de sa lettre, il n'est guère besoin de s'arrêter aux excuses alléguées.

Cette lettre, dit-il, n'aurait été qu'un subterfuge destiné à tromper l'ennemi.

Singulier subterfuge que celui qui consiste à se déclarer prêt à capituler et à renouveler cette déclaration à plusieurs reprises jusqu'au moment où l'on capitulera effectivement.

Le maréchal assure qu'il a écrit la lettre sous une impression de mauvaise humeur. S'il l'avait rédigée à tête reposée, il n'aurait certainement pas employé le terme de capitulation, mais celui de convention militaire.

Nous le croyons volontiers. Ce n'est pas le mot que nous incriminons, c'est le fait en lui-même.

Quand un général en chef, à la tête de soldats pleins de vigueur et d'entrain, sans mandat pour négocier, sans pouvoir invoquer l'excuse de la nécessité, sans avoir depuis un mois tenté un seul effort pour échapper au danger, accepte de l'ennemi, que dis-je, lui propose même un pacte d'après lequel son armée doit cesser de prendre part à la lutte; ce pacte est contraire au devoir, contraire à l'honneur, quel que soit d'ailleurs le nom qu'on veuille lui donner, et le ministère public ne peut que le flétrir au nom de la loi.

Enfin, par l'expression « honneurs de la guerre, » il fallait entendre, suivant le maréchal, la faculté, pour l'armée, de se retirer avec armes et bagages sur une portion neutralisée du territoire.

Même interprétée de la sorte, cette convention eût été funeste, et l'on doit se féliciter qu'elle n'ait pas obtenu l'agrément des gouvernements allemands, car elle aurait permis à toutes les forces ennemies de concentrer leurs attaques sur les troupes de nouvelle levée que l'armée de Metz aurait dû laisser écraser, en quelque sorte sous ses yeux, sans pouvoir leur porter secours !

Le maréchal Bazaine, qui, jusqu'au 29 septembre, avait attendu le retour de Régnier, parut ensuite attendre avec la même confiance la réponse de M. de Bismark.

Diverses mesures marquèrent cette période d'expectative. Le 3 octobre, les vivres de sac furent distribués aux hommes. Le 4, les commandants de corps furent convoqués chez le maréchal commandant en chef, qui leur fit part de son intention de s'éloigner de Metz et de prendre la direction de Thionville en suivant les trois routes qui y conduisent par les deux berges de la vallée, les 3e et 2e corps à droite, le 4e à gauche, le 6e et la garde au centre, avec les réserves et les convois suivant la route de Mézières.

Le maréchal prescrivit d'alléger les bagages, de faire rentrer les malades en ville, etc.; en un mot, de se préparer à marcher au premier signal.

Ce fut la première et la seule fois que le projet de quitter Metz fut mis en délibération après la tentative du 1<sup>er</sup> septembre.

On sait que, à cette date, l'armée tout entière, réunie sur la rive droite, ne parvint pas à forcer la ligne d'investissement. Comment donc le maréchal espérait-il réussir, le 4 octobre, en tenant les deux ailes de son armée séparées par la Moselle, ce qui eût permis à l'ennemi de les attaquer l'une après l'autre avec la plus grande partie de ses forces?

Comment se décidait-il à tenter, dans ces conditions, une opération que, depuis Sedan, il jugeait impossible?

Nous ne trouvons, quant à nous, qu'une seule manière d'expliquer sa détermination, c'est qu'il comptait sortir ce jour-là, non pas malgré la résistance de l'ennemi, mais avec son assentiment.

Ainsi comprises, ses dispositions si insolites, s'il eût fallu lutter, se justifient tout naturellement. Ce n'était pas un ordre de combat que le maréchal assignait à ses troupes, c'était un ordre de route!

Mais ses illusions touchaient à leur terme. Dans la nuit même, un de ses lieutenants lui ayant demandé par le télégraphe à quand l'opération, il lui fut répondu par un contre-ordre.

Aurait-il reçu de Ferrières une réponse négative? Aurait-il eu des motifs pour désespérer d'une solution favorable? Nous ne saurions le préciser.

En tous cas, M. de Bismark, soit qu'il crut impossible de faire exécuter les clauses de la convention, soit que, sans inquiétude désormais, il préférât attendre quelques jours de plus afin d'obtenir la reddition de la place avec celle de l'armée, ne donna pas suite aux propositions du maréchal Bazaine.

Ainsi s'évanouirent les dernières espérances que le commandant en chef de l'armée du Rhin avait fondées sur les négociations entreprises avec l'ennemi par l'entremise de Régnier!

Pendant près d'un mois encore, la résistance va se prolonger, mais ce ne sera pas du fait du maréchal Bazaine, puisqu'un mot de M. de Bismark aurait suffi à la faire cesser.

Quand vous aurez à prononcer sur la capitulation de l'armée de Metz, vous n'oublierez pas, messieurs, que cette capitulation, le maréchal l'avait proposée dès le 24 septembre.

*Audience du vendredi 5 décembre.*

M. le général POURCET continue en ces termes :

Pendant que le maréchal attendait vainement les résultats de la mission qu'il avait confiée à Régnier, le temps s'écoulait et les ressources de l'armée et de la ville s'épuisaient rapidement.

Après avoir, à la suite des premières batailles, consterné la France, en annonçant qu'il manquait de munitions et de vivres, le maréchal, préoccupé de ses combinaisons politiques, semblait plongé dans une sécurité profonde et agissait comme si l'abondance eût remplacé la pénurie des subsistances qu'il avait exagérée dans ses premiers rapports.

Malgré les résolutions prises à la conférence de Grimont, il avait négligé d'entreprendre des opérations de ravitaillement, alors qu'elles pouvaient être faciles et fructueuses, et avait attendu près d'un mois avant de tenter aucune entreprise de ce genre.

La même imprévoyance avait présidé à l'emploi des ressources de la place. C'était avec peine que l'administration militaire était parvenue à faire réduire la ration des troupes.

Cependant, l'immobilité de l'armée inquiétait la population comme les troupes elles-mêmes. On ne comprenait pas ce rôle passif, imposé à la seule force militaire de la France qui fût encore debout.

Les habitants de Metz, qui n'étaient pas soumis aux lois de la discipline, exprimaient hautement leur mécontentement.

Le maire s'était fait l'interprète de ces sentiments en présentant au maréchal une adresse revêtue d'un grand nombre de signatures, dans laquelle le départ de l'armée était respectueusement mais formellement demandé.

Cette démarche, inspirée par le patriotisme élevé de la population, aurait dû ramener le commandant en chef à une plus saine appréciation de ses devoirs. Il se borna à y répondre par une fin de non-recevoir. Mais, se gardant avec soin de faire connaître qu'il avait renoncé définitivement à percer les lignes ennemies, il laissait croire que le projet de sortie, momentanément ajourné, serait repris à bref délai.

Dans cette disposition des esprits, comment le maréchal Bazaine aurait-il osé prescrire ouvertement les mesures que commandait impérieusement sa résolution de rester sous Metz avec 140,000 bouches de plus à nourrir !

L'intendance leurrée, comme le reste de l'armée, dut croire jusqu'au dernier moment à un départ imminent. C'est en prévision de cette éventualité de sortie que chaque corps d'armée avait continué à s'administrer séparément au lieu de mettre en commun toutes les ressources de l'armée et de la ville. Si le maréchal eût annoncé nettement qu'il jugeait impossible de sortir, l'intendance eût fait réduire les consommations au minimum. Le maréchal ne pouvait prendre les mesures que commandait sa résolution de rester sous Metz, sans encourir la réprobation générale en révélant les calculs égoïstes de son ambition personnelle. Les protestations de la population l'eussent forcé à quitter son attitude expectative.

D'après ses vues, c'était une fois la paix signée que devait commencer le rôle actif de cette armée, qu'il destinait à soutenir le trône impérial restauré, d'accord avec l'ennemi.

Pour remplir ce rôle, il convenait qu'elle demeurât solidement organisée et prête à tenir la campagne. Il fallait éviter surtout de la mécontenter en lui imposant des privations trop pénibles.

A quoi bon, d'ailleurs, faire des sacrifices dans le but de prolonger inutilement une résistance qui, dans l'opinion du maréchal, n'avait pas à durer.

Les nécessités de la politique lui inspirent une mesure désastreuse; il prélève sur les approvisionnements l'équivalent de plus de 15 jours de pain pour conserver sa cavalerie : il est vrai qu'en présence des plaintes que soulève cette mesure, il cherche à en rejeter la responsabilité sur l'intendance.

Cependant la marche des événements déjouait les prévisions du maréchal. Contre son attente, Paris continuait à tenir ; la résistance s'organisait en province ; Régnier ne revenait pas ; le gouvernement prussien avait dédaigné les avances contenues dans la lettre du 29 septembre.

Le 7 octobre, le général Coffinières écrit au commandant en chef pour lui annoncer que les magasins de la place ne contiennent plus que pour cinq jours de pain, et que la population n'a de blé que pour dix jours.

Ainsi, les négociations n'ont pas abouti, les vivres seront épuisés à bref délai. C'est le moment suprême où un effort peut encore réussir.

Une occasion favorable se présente : le gouvernement de la défense nationale a jeté dans Thionville environ quinze jours de vivres pour l'armée; autant à Longwy. Le maréchal en est averti par l'émissaire Risse.

Tentera-t-il de faire une pointe vigoureuse de ce côté pour aller les recueillir ? S'il ne parvient pas à rouvrir ses communications avec l'intérieur, il pourra du moins prolonger ainsi la durée de sa résistance.

On a vu qu'en prévision de l'acceptation des clauses proposées à M. de Bismark, des mesures avaient été prises pour que l'armée fût prête à quitter Metz. L'espoir d'une sortie se trouvait ainsi ravivé parmi les troupes, qui ignoraient le véritable but de ces préparatifs. Cet espoir allait être une dernière fois déçu.

Une opération est cependant ordonnée le 7 octobre, dans la plaine de la Moselle, mais la résolution de rester sous Metz est définitivement prise.

Fidèle à sa constante habitude, les maréchal rejette sur ses lieutenants l'échec de sa tentative. Le texte des ordres qui ont été conservés se trouve, par malheur pour l'accusé, en contradiction formelle avec l'assertion produite dans la défense. Si, du reste, il avait eu l'intention de percer, n'était-il pas indispensable d'en prévenir les chefs de corps, au lieu de dire au maréchal Le Bœuf :

« J'estime que la partie mobile d'une division sera suffisante pour remplir la mission que je vous confie. »

Ce ne fut même pas l'espoir de recueillir des vivres qui décida le maréchal à tenter la sortie, mais la nécessité d'imposer silence aux réclamations de l'opinion. Il voulait démontrer l'impuissance des troupes à renverser les barrières qu'elles avaient devant elles ; il échoua, car les troupes firent preuve d'un entrain aussi brillant qu'aux premières affaires : elles refoulèrent l'ennemi au pas de course, enlevèrent les fermes à la baïonnette et demeurèrent sous les feux croisés et plongeants des nombreuses batteries étagées sur les hauteurs. Ce fut donc là un sacrifice inutile de 1,200 hommes pour justifier son inaction.

Mais, si le maréchal voulait seulement prouver qu'il n'était plus possible de se procurer des ressources à proximité, il réussit pleinement. On ne ramena pas une voiture de fourrages.

Tandis que, par ce combat inutile et sanglant, le maréchal cherchait à calmer l'opinion soulevée contre lui, il n'en poursuivait pas moins la réalisation de ses projets politiques.

Avant d'entamer le récit de ses tentatives pour déterminer ses lieutenants à le seconder dans ses desseins, nous devons exposer succinctement ce qu'étaient les communications du commandant en chef avec l'intérieur, à partir du moment où il avait reconnu le gouvernement de la défense nationale.

Nous examinerons d'abord si le maréchal a fait tout ce qu'il pouvait, tout ce qu'il devait faire pour se mettre en relations avec le nouveau pouvoir. Nous verrons ensuite les tentatives du gouvernement de la défense pour communiquer avec lui et les nouvelles qu'il put faire parvenir à Metz.

Le 1er septembre, le maréchal avait envoyé au ministre de la guerre la dépêche ci-dessous, contenant des renseignements détaillés sur la situation de son armée et sur la pénurie des munitions et des vivres :

« Après une tentative de vive force qui nous a amené à un combat qui a duré huit jours dans les environs de Sainte-Barbe, nous sommes de nouveau dans le camp retranché de Metz, avec peu de ressources en munitions d'artillerie de campagne, ni viande, ni biscuit, mais du blé pour cinq semaines ; enfin un état sanitaire qui n'est pas parfait, la place étant encombrée de blessés.

» Malgré de nombreux combats, le moral de l'armée reste bon. Je continue à faire des efforts pour sortir de la situation dans laquelle nous sommes, mais l'ennemi est très-nombreux autour de nous. Le général Decaen est mort. Blessés et malades, environ 18,000. »

Cette dépêche, expédiée le 1er, l'est de nouveau le 3, et enfin le 8.

Notons en passant qu'elle ne parvint au gouvernement qu'après la capitulation, ainsi que nous l'apprend la déposition de M. Tachard, et non avant cette date, comme l'a prétendu le maréchal dans son mémoire au conseil d'enquête.

Le 10, le capitaine Lejoindre vint annoncer au maréchal la révolution du 4 septembre. Cette nouvelle était confirmée le 14 par l'arrivée de Pennetier, apportant quatre journaux français et la copie de la proclamation de M. Jules Favre, du 6.

A partir de ce moment, le maréchal ne cherche à fournir aucun renseignement au gouvernement de la défense nationale.

Toutefois, il n'a garde de paraître vouloir s'isoler de lui, et, le 15, lorsque le général Desvaux lui offre le service de deux cuirassiers, les nommés Marc et Henri, qui se présentaient pour traverser les lignes ennemies, il s'empresse de leur confier une dépêche chiffrée.

Vous avez présents à la mémoire, messieurs, les incidents dramatiques de la mission recherchée par ces braves gens qui, après avoir à plusieurs reprises échappé providentiellement à une mort imminente, parvinrent à remettre leur dépêche au commandant de la place de Montmédy. Vous vous êtes, comme nous-mêmes, associés aux nobles paroles de M. le président rendant un public hommage au patriotique dévouement de ces deux vaillants soldats.

Quelque jours plus tard, un duplicata de cette dépêche est remis à un jeune paysan des environs de Sedan, le sieur Moulin, qui, arrivé à Metz avec une passe prussienne, était venu se mettre à la disposition du maréchal.

Ces trois émissaires ne portaient en réalité qu'un seul et même message, et voici quelle était la teneur de cette lettre pour laquelle le maréchal exposait la vie de ces hommes dévoués :

« Il est urgent pour l'armée de savoir ce qui se passe à Paris et en France. Nous n'avons aucune communication avec l'extérieur et les bruits les plus étranges sont répandus par les prisonniers que nous a rendus l'ennemi, qui en propage également de nature alarmante. Il est important pour moi de recevoir des nouvelles. — Nous sommes entourés par des forces considérables que nous avons vainement essayé de percer après deux combats infructueux, le 31 août et le 1er septembre. »

Ainsi, le 15, le 25 septembre, le commandant en chef juge n'avoir rien à apprendre au gouvernement, sinon qu'il avait échoué, le 1er du mois, dans sa tentative de sortie, et il se borne à réclamer des instructions et des nouvelles !

Il ne dit rien de la situation morale de son armée, rien de l'état sanitaire, rien des munitions, rien des vivres, rien sur ce qu'il sait de l'ennemi, ne formule aucune proposition, aucune demande précise !

Puis, après avoir envoyé à deux reprises cette dépêche insignifiante, il n'essaye plus de communiquer jusqu'au 21 octobre.

Constatons-le bien, messieurs, là se bornèrent toutes ses tentatives pour entrer en relation avec le nouveau gouvernement.

Ce n'est pas cependant que les occasions lui aient fait défaut. Les nombreuses dépositions que vous avez entendues vous ont démontré que les communications avec l'extérieur ne furent jamais totalement interrompues.

Faciles jusqu'à la fin d'août, elles présentèrent plus de difficultés à partir du mois de septembre, sans cesser néanmoins de se continuer jusqu'à la fin du blocus.

Ainsi, les agents de l'état-major général purent entrer dans le camp retranché et en sortir presque journellement comme l'établissent leurs dépositions, celles des officiers chargés de ce service, le registre des renseignements et celui des fonds secrets. Outre ces agents, des officiers, des soldats, des habitants de Metz, des paysans, purent circuler de même.

Vous avez entendu, messieurs, leurs témoignages, et cela nous dispensera d'en faire ici l'énumération.

Mais en dehors des communications à travers la campagne, un moyen plus sûr de traverser les lignes s'offrit pendant quelque temps.

Du 2 au 25 septembre, en effet, on put circuler librement dans l'aqueduc souterrain de Gorze, dont l'ennemi avait détourné les eaux. C'est par cette voie que M. André, maire d'Ars, et d'autres personnes firent rentrer à Metz un officier et des soldats évadés de Sedan.

Des paysans et des paysannes des environs profitaient journellement de l'aqueduc pour porter des vivres à leurs parents à Metz ou pour rentrer dans leur village, l'autorité prussienne délivrait sans difficulté des laisser-passer pour circuler librement.

Le 21 septembre, le lieutenant Archambeau, rentré à Metz par ce canal souterrain, se présente au maréchal pour lui donner des nouvelles. Il remet en même temps un laisser-passer prussien dont il était muni et qui permettait de sortir en toute sécurité. Mais le maréchal n'en fait aucun usage.

A partir du 5 septembre et jusqu'à la fin du siége, des ballons sont expédiés régulièrement et emportent des milliers de lettres privées. Le maréchal ne confie à aucun de ces ballons une seule dépêche officielle, bien que des dépêches chiffrées pussent tomber sans inconvénient aux mains de l'ennemi.

Vous avez entendu, messieurs, plusieurs membres du gouvernement de la défense nationale exprimer devant vous la légitime inquiétude qu'avait fait naître en eux cette inconcevable négligence!

Disons enfin que des personnes honorables, soit de l'armée, soit de la ville, s'offrirent à maintes reprises au maréchal pour porter ses communications. Mais il se refusa jusqu'aux derniers jours à mettre à profit leur dévouement patriotique.

La sortie de Metz du général Bourbaki, le voyage du général Boyer à Versailles, lui fournissaient, d'une part, des moyens sûrs de faire parvenir des documents au gouvernement de la défense nationale; mais, ni l'un ni l'autre ne reçurent aucune recommandation à cet égard.

Et cependant, il l'avait proclamé lui-même dans son ordre du jour du 16 septembre: la Révolution n'avait rien changé à ses obligations envers la patrie en danger!

Dans le rapprochement de ces diverses circonstances, dans sa persistance à négliger toutes les occasions qui s'offrirent de communiquer avec l'extérieur, le conseil trouvera, comme nous l'avons trouvé nous-même, la preuve évidente que le maréchal Bazaine n'a pas voulu entrer en relations avec le gouvernement de la défense nationale, et qu'il s'est abstenu à dessein de lui fournir aucun renseignement sur la situation et les besoins de son armée.

Il reste à examiner maintenant cette deuxième question :

Le maréchal a-t-il reçu des communications du gouvernement de la défense nationale?

Vous avez entendu, messieurs, la déposition de MM. Gambetta, Le Flô, de Kératry et Tachard; ils nous ont fait connaître leurs efforts pour faire parvenir au maréchal Bazaine la nouvelle des événements survenus le 4 septembre, ainsi que l'assurance de la sollicitude du nouveau gouvernement pour l'armée et de sa confiance dans l'énergie et le patriotisme de son commandant en chef.

Toutefois, aucun de ces personnages n'a su si les émissaires envoyés avaient pu passer, et il semble que la plupart n'aient pas réussi dans leur mission.

Ces insuccès ne peuvent surprendre des généraux expérimentés qui savent combien il est difficile à la guerre de se procurer des agents à la fois sûrs, habiles et résolus, surtout lorsqu'il s'agit d'une mission à remplir à grande distance, au milieu d'une contrée entièrement au pouvoir de l'ennemi.

On conçoit que, dans ces conditions, il fut plus aisé au maréchal d'expédier ses nouvelles au moyen de gens du pays, qu'au gouvernement de la défense nationale de lui faire parvenir des instructions ou des avis ; puisque le commandant en chef, d'après sa propre déclaration, ne pouvait faire passer de dépêches, il ne devait pas s'étonner que du dehors on ne réussît pas mieux que lui.

Le gouvernement ne s'était pas borné d'ailleurs à envoyer des émissaires au maréchal ; il s'était aussi vivement préoccupé de pourvoir au ravitaillement de l'armée, et vous savez, messieurs, par quel effort d'activité et d'audace M. l'intendant Richard put jeter un convoi de 2,500,000 rations carrées de vivres de campagne dans les places de Thionville et de Longwy, grâce au patriotique concours des agents du chemin de fer et des douanes. Le maréchal fut immédiatement prévenu de cette importante nouvelle.

Trois années nous séparent de ces événements. Il était difficile, en raison du temps écoulé, d'arriver à reconnaître si quelques-unes des communications ainsi envoyées, soit directement par les membres du gouvernement, soit en vertu de leurs ordres, étaient arrivées à destination

Néanmoins, les investigations de la justice à cet égard ont été couronnées de succès ; il a été établi, d'une manière irrécusable, que le maréchal, contrairement à sa déclaration formelle, a été immédiatement avisé de l'arrivée à Thionville des vivres préparés pour le ravitaillement de l'armée.

Ces vivres arrivèrent sous les murs de Thionville le 25 septembre au matin. Aussitôt le colonel Turnier s'empressa d'en aviser le maréchal le même jour par deux émissaires.

L'un d'eux, le maréchal des logis Calarnou, décédé depuis, ne reçut qu'une mission verbale :

« Ma mission consistait, a-t-il dit, à annoncer au maréchal Bazaine :

» 1° Que la République était proclamée en France depuis le 4 septembre ;

» 2° Que la maréchale et sa fille s'étaient retirées à Tours et étaient en parfaite santé. Ce dernier renseignement étant donné par M. de Kératry ;

» 3° A demander au maréchal des nouvelles du fils du général Le Flô, ministre de la guerre ;

» 4° A prévenir le maréchal que le colonel Turnier avait à sa disposition 96 wagons contenant 1,300,000 rations de biscuits et cinq fois plus de farine. »

Vous trouverez ici, messieurs, avec l'annonce de l'arrivée des vivres, l'exacte reproduction du sens des deux dépêches remises par MM. Le Flô et de Kératry au matelot Donzella et appartés par celui-ci, le 18 septembre, à Thionville.

Calarnou fut blessé en cherchant à traverser les lignes prussiennes et ne put accomplir sa mission.

En même temps le sieur Risse fut chargé par le colonel Turnier de porter une lettre au maréchal. L'instruction a pu préciser ses mouvements avec une parfaite exactitude. Parti le 25 ou le 26 septembre, il entra à Metz le lendemain matin, et se rendit auprès du maréchal, auquel il remit sa dépêche.

Nous n'en connaissons pas le texte, mais, il est bien évident qu'il ne pouvait différer beaucoup des paroles que Calarnou, envoyé en même temps et pour ce même objet, avait été chargé de porter.

Au surplus, la déposition de Risse, confirmée par celle de Flahaut, constate que, dans cette lettre, le colonel Turnier annonçait l'arrivée des vivres au maréchal. Pour renseignements plus complets, il avait recommandé à Risse de dire à celui-ci, s'il l'interrogeait, qu'il s'en trouvait à Thionville « un plein convoi. »

Le maréchal reçut la lettre en haussant les épaules. Comme le colonel l'avait prévu, il se borna à demander à Risse s'il y avait beaucoup de vivres à Thionville, et le congédia en lui donnant dix francs.

Ainsi, celui qui avait compté 1,000 francs à Flahaut pour la dépêche apportée le 28 août, celui qui avait donné 1,100 francs à la femme Antermet pour la lettre expédiée le 8 septembre au gouvernement, trouvait que dix francs étaient une suffisante récompense pour le courageux jeune homme qui venait de braver un danger sérieux, afin de lui annoncer une nouvelle d'un si grand intérêt.

Le maréchal étant prévenu de l'existence, à quelques lieues de Metz, d'approvisionnements considérables destinés à l'armée, son inaction devenait complétement injustifiable. Aussi comprend-on facilement la mauvaise humeur qu'il témoigna en recevant de nouveau cet avis, dont il était résolu à ne pas tenir compte.

Sa mission remplie, le sieur Risse demeura à Metz, où, faute de ressources, il fut forcé, le 8 octobre, de contracter un engagement volontaire dans le 44° de ligne.

Le maréchal a nié avoir eu connaissance de la mission de Risse et avoir été informé de l'existence des approvisionnements réunis à Thionville.

De son côté, le colonel Turnier a déclaré que sa mémoire lui faisait absolument défaut dans cette circonstance. Il a affirmé seulement avoir envoyé prévenir le maréchal, aussitôt après l'arrivée des vivres, par un émissaire qui n'est pas revenu, ce qui est bien le cas de Risse.

Vous avez déjà pu, d'ailleurs, constater au cours des débats que cet officier supérieur avait généralement oublié tous les faits de nature à jeter le jour sur cette question si importante des communications avec Metz, soit pendant la dernière quinzaine d'août, soit après Sedan.

Nous ne songeons pas à incriminer un défaut de mémoire, mais si nous nous rappelons et la disparition de l'original et son registre des fonds secrets, qui aurait pu fournir des indications précieuses, et les diverses circonstances recueillies à l'instruction, nous ne pouvons que blâmer le peu d'empressement du colonel Turnier à aider aux recherches de la justice !

Quoi qu'il en soit, les dénégations intéressées du maréchal, les oublis du commandant de place de Thionville, ne sauraient faire naître un doute sur la réalité des faits annoncés par Risse.

En effet, les sieurs Flahaut et Marchal ont déclaré l'un et l'autre avoir rencontré Risse à Metz vers la fin de septembre, alors qu'il venait d'arriver de Thionville. Tous deux ont appris de lui qu'il avait apporté une lettre du commandant en chef.

Flahaut a reçu par Risse des nouvelles de sa famille ; il lui a entendu raconter qu'il avait annoncé au maréchal l'existence des vivres réunis à Thionville.

Si, le 3 octobre, ce même Flahaut reçut mission d'aller à Thionville prévenir le colonel Turnier que l'armée irait sous peu de jours chercher les approvisionnements qui lui étaient destinés, c'est que le maréchal avait reçu avis qu'ils s'y trouvaient.

Entre les dénégations du maréchal, à qui il importe si fort de cacher la vérité, et la déposition désintéressée d'un témoin dont les dires sont d'ailleurs corroborés par un faisceau de preuves sans réplique, le choix ne saurait être douteux.

On le nierait donc en vain. Il reste invariablement établi que le maréchal a été informé, dès la fin de septembre, de l'arrivée à Thionville des vivres expédiés pour les besoins de son armée par le gouvernement de la défense nationale. La connaissance de ce fait ne fut sans doute pas l'un des moindres motifs qui le déterminèrent, le 4 octobre, à désigner cette direction comme devant être suivie par son armée.

On peut voir, par l'exposé qui précède, que si le commandant en chef ne fit parvenir aucune dépêche au gouvernement, ce ne furent pas les occasions qui lui manquèrent. S'il ne reçut pas de communications directes de ce gouvernement, il fut du moins averti de sa sollicitude pour lui venir en aide.

Si nous nous sommes attachés, en étudiant cette question des communications, à faire ressortir l'isolement volontaire et calculé dans lequel s'est renfermé le maréchal, c'est parce qu'il a allégué cette soi-disant absence de relations comme un prétexte pour entrer dans la voie des négociations, et que, plus tard, il l'a invoqué comme une excuse devant l'opinion publique.

Nous aurions, quant à nous, attaché fort peu d'importance à ce que le maréchal ait envoyé ou n'ait pas envoyé de nouvelles, à ce qu'il en ait reçu ou n'en ait pas reçu.

Nous ne voyons pas, en effet, en quoi pouvaient se modifier ses devoirs de commandant en chef, suivant l'une ou l'autre de ces hypothèses.

Il lui fallait, a-t-il dit, « des instructions, des nouvelles? »

Quelles instructions espérait-il donc recevoir d'un gouvernement auquel il n'avait rien fait savoir de la situation de l'armée, et qui se trouvait séparé du théâtre des opérations par un immense territoire au pouvoir de l'ennemi?

S'il eût reçu ces instructions, il n'eût pas manqué sans doute de protester contre des ordres formulés dans de semblables conditions ; de se plaindre, non sans raison, des entraves apportées à la liberté de son initiative ou à l'exécution de ses plans !

Il eût donné ainsi à son inaction un meilleur prétexte que celui tiré de cette absence d'ordres qui lui laissait, nous tenons à le constater, une indépendance entière.

Quant à des nouvelles, il n'en était pas tellement dépourvu qu'il n'ait jugé devoir annoncer officiellement par un ordre à l'armée la révolution du 4 septembre et l'avénement du gouvernement nouveau. Les émissaires, les soldats évadés, les prisonniers faits, les feuilles allemandes trouvées dans les combats d'avant-postes, les parlementaires prussiens eux-mêmes lui fournissaient des renseignements pour ainsi dire au jour le jour.

Enfin, il entrait dans Metz un grand nombre de journaux français remis directement au maréchal ou portés à sa connaissance. On trouve ainsi trace de douze numéros au moins qui lui furent communiqués entre la révolution du 4 septembre et le 24 du même mois, date du départ de Régnier.

Dans ces conditions, était-il sérieux et de bonne foi de parler de l'absence de nouvelles?

Si le maréchal avait pu, à la première annonce de la révolution, concevoir des inquiétudes sur la nature des sentiments qui animaient

à son égard le gouvernement de la défense nationale, la lecture de
ces journaux, dans lesquels il n'était désigné que sous le nom du
« Glorieux, » de « l'Héroïque Bazaine, » devait-elle lui laisser le
moindre doute sur le sentiment de la France et des chefs du pouvoir
à son égard? Ne devait-il pas, au contraire, s'efforcer d'élever son
énergie et son patriotisme à la hauteur des grands services que la
patrie en attendait?

Après cette digression indispensable, nous en arrivons aux démarches qui amenèrent l'ouverture des négociations officielles avec
l'ennemi, et qui, par suite, en détournant l'armée de sa seule voie de
salut, allait fatalement aboutir à cette capitulation, dont le nom seul,
prononcé à ce moment, eût provoqué chez tous une légitime indignation.

En rentrant du combat du 7 octobre, les chefs de corps trouvèrent
une lettre, — écrite par conséquent avant le combat, ce qui suffit à
indiquer combien peu il songeait à percer, — par laquelle le maréchal leur demandait de « lui faire connaître, après un examen approfondi de la situation, et après en avoir conféré avec leurs généraux de division, leur opinion personnelle et leur appréciation mo-
tivée. » Il leur annonçait en même temps qu'il les réunirait ensuite,
afin de prendre une décision.

Mais, tout en demandant à ses lieutenants de lui donner « leur
opinion personnelle et leur avis motivé après un examen mûri et
très-approfondi de la situation, » le maréchal leur dissimulait une
partie de cette situation, par exemple l'existence des approvisionnements réunis à Thionville et à Longwy.

Il taisait également le télégramme qu'il avait reçu du chancelier
prussien, la proposition de capituler, qu'il avait réitérée auprès du
général Stiehle, son attente infructueuse d'une réponse pour le 1er octobre, enfin, l'inutilité de toutes ses tentatives de négociations.

Ainsi, tout en demandant à ses lieutenants de lui donner « leur
opinion personnelle et leur avis motivé après un examen mûri et
très-approfondi de la situation, » le maréchal leur dissimulait une
partie de cette situation et ne leur laissait que des examens d'appréciation tronqués et incomplets.

Comment alors prendre au sérieux l'argument qu'il voudrait tirer
de leur réponse?

En raison de la position où se trouvait l'armée, dont la plupart
des chevaux, épuisés par la disette, étaient déjà peu propres au service, le succès d'une tentative de sortie pouvait paraître douteux.

Cette considération influença, sans doute, quelques commandants
de corps, au moment où ils allaient se prononcer. Aussi trouve-t-

on une grande diversité d'opinions dans leurs réponses. Toutefois, trois avis bien distincts s'en dégagent:

Ou tenter sans succès le sort des armes ;

Ou tenir jusqu'à la dernière extrémité dans le camp retranché ;

Ou, enfin, entrer immédiatement en négociations avec l'ennemi, afin d'obtenir de lui des conditions meilleures.

Sur un point, cependant, les généraux sont unanimes : dans le cas où les conditions imposées seraient de nature à porter atteinte à l'honneur de l'armée, le devoir commande de les repousser et de chercher à se faire jour en combattant.

C'eût été le cas, pour le maréchal, de se rappeler les dispositions du réglement sur le service des places, obligeant le commandant à prendre ses résolutions, suivant l'avis le plus énergique, s'il n'est absolument impraticable. Mais non ; il agit absolument à l'inverse de cette règle, adopte l'avis le moins énergique, et ne tient plus tard aucun compte de l'intention unanimement exprimée de recourir aux armes, si les conditions proposées sont contraires à l'honneur.

Observons que le maréchal, une fois muni de ces avis, nettement formulés par écrit, n'avait que faire de réunir les commandants de corps; nous l'avons constaté déjà, cette réunion n'avait aucun caractère régulier. Si le règlement ordonne au commandant d'une place assiégée de prendre l'avis d'un conseil de défense, il ne prescrit aucune disposition de ce genre au commandant d'une armée.

C'est donc à titre purement officieux seulement que le maréchal pouvait réunir ses lieutenants, et leur avis, fût-il unanime, ne pouvait le couvrir ni diminuer en rien sa responsabilité.

La réunion des commandants de corps était du reste complétement inutile. Le maréchal connaissait leurs opinions, avait reçu leurs conseils; une seule chose restait encore à faire : prendre une décision. Or, même dans la place assiégée, où le conseil de défense a une existence légale, c'est le conseil entendu et la séance levée, que le commandant arrête seul ses résolutions.

Que pouvait donc attendre de cette réunion, tout à la fois inutile et extra-réglementaire, le commandant en chef à qui son expérience militaire devait apprendre que dans ce cas ce ne sont jamais les résolutions les plus énergiques qui prévalent ?

Les grands capitaines sont unanimes à ce sujet :

Le prince Eugène avait coutume de répéter qu'un général, ayant envie de ne rien entreprendre, n'avait qu'à tenir un conseil de guerre. — « Les conseils de guerre, disait de son côté le maréchal de Villars, ils ne sont bons que quand on veut une excuse pour ne rien faire! » Et c'est pour ces mêmes motifs que le grand Frédéric les avait défendus à ses généraux.

Il est inutile de multiplier ces citations devant vous, messieurs, qui savez que telle fut toujours l'opinion de tous les hommes de guerre, et qui vous rappelez ces paroles de Napoléon I<sup>er</sup> : « En tenant des conseils, on finit par prendre le plus mauvais parti, qui, presque toujours, à la guerre, est le plus pusillanime. »

D'autre part, le maréchal Bazaine ne devait-il pas s'attendre à ce que l'influence exercée par la présence du général en chef sur l'esprit de ses lieutenants, nuisît à leur liberté d'action.

Les réponses à sa lettre confidentielle du 7 octobre renferment un enseignement à cet égard.

Chacune d'elles, en effet, avait été rédigée à l'issue d'un conseil réuni dans le corps d'armée.

Or, malgré la divergence des opinions émises dans les réponses faites au commandant en chef, les conclusions de chaque lettre avaient été prises à l'unanimité. En d'autres termes, tous les généraux s'étaient, en définitive, rangés au même avis que leur commandant de corps, sauf dans la garde, où la divergence ne portait pas, d'ailleurs, sur le fond de la question.

Si nous constatons cet effet alors que les commandants de corps, agissant en toute loyauté, s'étaient gardés d'exercer aucune pression sur leurs subordonnés, ne prévoyez-vous pas, messieurs, plus sûrement encore, une semblable issue pour la conférence du 10 octobre ?

Que sera-ce donc si, en outre de ses réticences, le commandant en chef a recours aux subterfuges pour arracher l'adhésion de ses lieutenants !

Le conseil, on le conçoit, ne pouvait guère avoir d'autre résultat que d'amener les esprits à l'état de négocier au lieu de combattre, ni d'autre but que de faire partager aux généraux une responsabilité qui incombait au maréchal Bazaine seul.

Nous allons voir ce dernier procéder de manière à arriver à ses fins, tout en évitant d'intervenir directement dans la discussion, pour ne pas paraître imposer son opinion.

Nous devons examiner en détail ce qui se passa le 10 octobre dans cette réunion des commandants de corps et d'armes, car des résolutions qui en sortirent datent les premiers pourparlers avoués et officiels avec l'ennemi, et le conseil du 10 est, en fait, le début de la capitulation.

C'est d'ailleurs la seule réunion qui ait été l'objet d'un procès-verbal régulièrement signé par tous les membres du conseil.

Le fait même de cette précaution prise ici pour la première et pour la dernière fois indique nettement le dessein du maréchal d'engager la responsabilité de ses lieutenants et dénote l'intérêt qu'il attachait à posséder un témoignage authentique de leur opinion.

Malheureusement, cette pièce est loin de nous fournir des renseignements complets.

L'exposé de la situation fait par le maréchal y est très-succinctement indiqué, mais il reproduit *in extenso* les déclarations du général Coffinières et de l'intendant en chef au sujet de la pénurie des vivres et de l'état sanitaire. Le procès-verbal passe ensuite aux questions posées et se termine par l'énoncé des avis émis par le conseil. Toutefois, il reste muet sur la discussion préalable et sur l'opinion exprimée par chacun des membres, différant ainsi des comptes-rendus des réunions du 26 août, 18 et 26 octobre.

Dans ceux-ci, la discussion est en effet reproduite en détail, et nous y lisons les considérations qui auraient été émises par tous les généraux présents. Il est vrai de dire que le maréchal n'a pas communiqué ces pièces à ses lieutenants, qui ont tous fait certaines réserves sur leur exactitude.

En s'abstenant, dans sa lettre confidentielle, de donner à ses lieutenants les indications indispensables pour qu'ils pussent se prononcer en connaissance de cause, le maréchal se réservait-il du moins de les éclairer lorsque, réunis, il allait leur demander conseil ?

Non : avant comme pendant cette délibération, il conserva vis-à-vis d'eux le même silence que lorsque, le 7, il leur avait demandé leur avis par écrit. Les commandants de corps devaient donc se croire parfaitement renseignés sur tout ce que le général en chef savait lui-même.

Ils furent confirmés dans cette opinion par les déclarations du maréchal reproduites dans le procès-verbal et exposant que : « Malgré toutes les tentatives faites pour se mettre en communication avec la capitale, il ne lui était jamais parvenu aucune nouvelle officielle du gouvernement, qu'aucun indice d'une armée française opérant pour faire une diversion utile à l'armée du Rhin, ne lui avait été signalé.

Le maréchal est revenu à plusieurs reprises sur cette absence complète de nouvelles, et a cherché une excuse à ses agissements politiques dans l'isolement où il serait resté à Metz.

Vous savez, messieurs, ce qu'il faut penser de cette allégation. La vérité était que le commandant en chef n'avait jamais voulu donner de ses nouvelles au gouvernement de la défense nationale, qu'il n'avait pas cherché à en recevoir de lui, et qu'il cachait avec soin celles qui avaient pu lui parvenir.

Examinons maintenant ce qui s'est passé dans le cours de la réunion.

Nous avons cité les termes succincts suivant lesquels est rapporté dans le procès-verbal l'exposé de la situation fait par le maréchal.

Les souvenirs des membres du conseil permettent de compléter certaines lacunes de ce compte-rendu.

Le général Coffinières a déposé en ces termes : « Le maréchal exposa que le prince Frédéric-Charles ne repoussait pas l'idée d'une négociation, mais que ses pouvoirs n'étaient pas assez étendus, et qu'il fallait en référer au roi de Prusse et à M. de Bismark ; enfin, que les puissances allemandes ne reconnaissaient pas d'autre gouvernement en France que celui de la régence. »

Un autre témoin s'est également rappelé ces paroles.

Les faits ont confirmé ces dépositions, car c'est ainsi qu'on a procédé.

Comment le maréchal avait-il pu être renseigné à cet égard, sinon par une réponse du prince à une demande antérieure?

Il y avait donc eu encore, depuis la lettre du 29 au général Stiehle, de nouveaux pourparlers engagés, ou plutôt les premiers avaient continué et ils n'avaient échoué que par la fin de non-recevoir opposée par le prince.

Les paroles du maréchal ne sauraient s'expliquer autrement. Nous trouverons, du reste, une seconde preuve de cette continuation de pourparlers dans ces mots du général Boyer à M. Bompard, lors de son second passage à Bar-le-Duc:

« J'étais allé, dit-il, à Versailles pour tâcher d'obtenir des conditions plus douces que celles qui nous étaient faites. »

Ne doit-on pas même déduire de cette confidence que si les pourparlers avec le prince avaient été rompus, ce n'était pas faute des pouvoirs nécessaires, mais bien parce que l'on espérait un meilleur résultat en traitant directement avec M. de Bismark.

Les paroles du maréchal au conseil et celles du général Boyer à M. Bompard nous permettent en même temps de deviner, en partie du moins, l'objet de ces relations clandestines si fréquemment entretenues avec le quartier général prussien.

Ainsi, quand le maréchal demandait à ses lieutenants leur avis sur l'opportunité d'entamer des négociations, non-seulement il en avait ouvert déjà, mais ces négociations étaient encore pendantes !

D'autre part, le maréchal annonce au conseil, d'après le général Coffinières, « que les puissances allemandes ne reconnaissaient pas d'autre gouvernement que celui de la régence. »

Vous retrouverez là, messieurs, l'influence du communiqué de Reims et des entretiens de Régnier avec le maréchal. Bien qu'elle fût restée sans résultat, l'entrevue de Ferrières prouvait, sans conteste, que les gouvernements allemands étaient loin de ne reconnaître en France d'autre pouvoir que le gouvernement de la régence, puisqu'ils auraient consenti à traiter avec le pouvoir issu du 4 septembre, sous la réserve de faire ratifier les stipulations par une Assemblée nationale.

Nous avons le regret de constater que cette assertion du maréchal avait aussi peu de fondement que celle relative à l'impossibilité de communiquer.

Après l'exposé de la situation, il convenait d'examiner d'abord les réponses faites à la lettre confidentielle du 7 octobre.

Mais, comme par surcroît de précaution, le maréchal ne fait lire que partie de ces réponses et passe notamment sous silence celles qui formulaient nettement l'avis de recourir aux armes, ou ne proposaient pas d'entrer en négociations ; ainsi il n'est donné lecture ni de la lettre du maréchal Le Bœuf, ni de celle du général de Ladmirault.

Le temps écoulé depuis le 10 octobre 1870 ne permettant plus de suppléer au silence du procès-verbal, en ce qui concerne l'ordre suivi pour la discussion, ni la part prise par chacun des membres du conseil, nous passerons à l'examen des propositions soumises au vote, et à celui des conclusions adoptées.

Exposé fait de la situation, le procès-verbal poursuit en ces termes :

« Après lecture faite au conseil du rapport de S. Exc. le maréchal Canrobert, commandant le 6ᵉ corps d'armée, du rapport de M. le général Coffinières, commandant supérieur de Metz, du rapport de M. le général Desvaux, commandant provisoirement la garde impériale, la situation militaire se résume dans les questions suivantes :

» 1° L'armée doit-elle tenir sous les murs de Metz jusqu'à l'entier épuisement de nos ressources alimentaires ?

» 2° Doit-on continuer à faire des opérations autour de la place pour essayer de se procurer des vivres et des fourrages ?

» 3° Peut-on entrer en pourparlers avec l'ennemi pour traiter des conditions d'une convention militaire ?

» 4° Doit-on tenter le sort des armes et chercher à percer les lignes ennemies ? »

Remarquons-le, messieurs, les questions ainsi posées par le maréchal ne semblent pas présentées suivant l'ordre logique.

Ainsi, il eût fallu évidemment résoudre, en premier lieu, cette alternative : Doit-on tenter le sort des armes pour percer les lignes ennemies, ou bien est-il préférable de demeurer sous Metz jusqu'à la dernière extrémité ?

Les autres questions n'étaient, en effet, qu'incidentes et ne devaient entrer en discussion qu'après le rejet préalable de la proposition de recourir aux armes.

En renvoyant à la fin de son exposé cette question capitale, de la

solution de laquelle toutes les autres dépendaient, le maréchal nous
autorise à dire qu'elle n'a été présentée que pour mémoire, et que
ses résolutions étaient secrètement arrêtées à l'avance dans son esprit.

Ce qui nous confirme dans cette appréciation, c'est qu'en réalité la
question n'a même pas été posée par le maréchal, et que, sans l'initiative de l'un des généraux présents, elle n'aurait pas été soumise
au conseil, comme il sera prouvé tout à l'heure.

La première question fut résolue affirmativement, à l'unanimité.
Les considérants énoncés furent les suivants :

« La présence de l'armée sous les murs de Metz y retient une
» armée ennemie de 200,000 hommes, dont il n'est point possible de
» disposer ailleurs, et dans les conditions où elle se trouve, le plus
» grand service que l'armée du Rhin puisse rendre au pays est de
» gagner du temps et de lui permettre d'organiser la défense dans
» l'intérieur. »

C'est au moment où le conseil vient d'entendre le général Coffinières annoncer dans sa lettre, puis verbalement, qu'à raison de 250
grammes de pain les vivres feront complétement défaut le 20 octobre,
et qu'il est indispensable de traiter avant le 16, c'est à ce moment,
disons-nous, que sont invoquées de telles considérations.

Etait-il bien sérieux de parler de gagner du temps et de retenir
devant la place 200,000 ennemis, quand on savait que le délai possible ne devait pas dépasser huit jours !

Etait-ce la meilleure manière d'aider à l'organisation de la défense
dans l'intérieur, que de maintenir sans communication avec le reste
de la France la presque totalité des cadres de l'armée régulière, alors
que ces cadres étaient indispensables pour donner quelque solidité
aux troupes de nouvelles levées ?

Il suffit de poser ces questions pour les résoudre. Aussi doit-on
regretter de voir présenter de semblables arguments à l'appui de la
résolution qui devait aboutir fatalement en quelques jours à une
catastrophe.

Mieux eût valu se contenter de faire l'aveu de son impuissance que
de chercher à dissimuler sous des considératious vaines les conséquences de la situation.

La deuxième question fut résolue négativement à l'unanimité. Il
fut reconnu : « qu'il n'y avait pas lieu de continuer à faire des opé-
» rations autour de la place, en raison du peu de probabilité de
» trouver des ressources suffisantes pour vivre quelques jours de
» plus, à cause des pertes que ces opérations occasionneraient et de
» l'effet dissolvant que leur insuccès pourrait exercer sur le moral
» de la troupe. »

L'opinion des commandants de corps, si rationnelle à ce moment, où il ne restait plus rien à recueillir aux environs, eût sans doute été tout autre s'ils avaient connu les approvisionnements considérables qui les attendaient à Thionville et à Longwy. Mais le maréchal Bazaine s'était abstenu de les en instruire.

La troisième question fut, d'après le procès-verbal, résolue affirmativement à l'unanimité, et le conseil émit l'avis qu'il y avait lieu d'engager des pourparlers avec l'ennemi, dans un délai de quarante-huit heures, « afin de conclure une convention militaire. honorable « et acceptable pour tous. »

C'était là la résolution importante. Comme il l'avait désiré, le maréchal obtenait ainsi l'acquiescement de ses lieutenants à la proposition d'entrer en négociations avec l'ennemi.

Pour l'obtenir, il leur avait soigneusement tu ses tentatives précédentes; car s'il leur eût appris qu'il avait offert, par l'intermédiaire de Régnier, de capituler sous la seule réserve d'obtenir les honneurs de la guerre et de laisser la place de Metz en dehors des stipulations, s'il eût annoncé que ces propositions n'avaient pas été accueillies, non plus que celles qu'il avait renouvelées, dans le même but, le 29 septembre, auprès du général de Stiehle, quel est celui qui n'eût compris l'inutilité absolue de toute négociation ultérieure ?

Au sujet de la quatrième question : « Doit-on tenter le sort des « armes et chercher à percer les lignes ennemies ? » le procès-verbal s'exprime ainsi :

« La quatrième question en amène une cinquième. — M. le géné-
» ral Coffinières demande s'il ne serait pas préférable de tenter le
» sort des armes avant d'entamer des négociations, le succès de cette
» tentative pouvant rendre les pourparlers inutiles, ou bien le ré-
» sultat infructueux de notre effort pouvant peser dans la balance
» du poids des pertes que nous aurions fait subir à l'ennemi.

« Cette question est écartée à la majorité. »

Telles sont les seules paroles qui, dans le document officiel, se rapportent à la proposition faite de tenter le sort des armes avant de négocier.

Quelle est donc, nous le cherchons en vain, la différence entre la quatrième question restée sans solution, et la cinquième malheureusement écartée, mais à la majorité des voix seulement et non à l'unanimité ?

En réalité, il n'y a là qu'une seule et même question, dont l'initiative appartient au général Coffinières seul, et le procès-verbal indique que le maréchal n'en parla pas.

Il demeure donc établi par son texte même que, dans la pensée de plusieurs généraux, mieux valait combattre que négocier, et que si l'opinion contraire a finalement prévalu, elle n'a pas du moins été unanime, comme le donne à croire la rédaction du compte-rendu.

Si, en entamant des négociations, on était décidé à tenter un effort désespéré pour repousser des conditions humiliantes, il importait de connaître ces conditions le plus promptement possible. Mais en revanche, l'offre de capituler avait l'inconvénient grave d'indiquer aux Allemands la situation critique de notre armée.

C'était, en effet, leur annoncer que l'on ne comptait plus sur l'heureuse issue d'un combat. C'était ajouter ainsi à leurs chances de succès, en augmentant leur confiance. Ce n'est donc pas sans de graves motifs que nos réglements défendent au commandant d'une place assiégée d'entrer en pourparlers avant d'être arrivé au dernier terme de la résistance. La loi va plus loin encore en ce qui concerne le commandant d'une armée en campagne, et, comme vous le savez, messieurs, elle lui interdit d'une façon absolue de capituler.

Le conseil émit enfin, d'un commun accord, un dernier avis :

« Si les conditions de l'ennemi portent atteinte à l'honneur des » armes et du drapeau, on essayera de se frayer un chemin par la » force avant d'être épuisé par la famine, et tandis qu'il reste la » possibilité d'atteler quelques batteries. »

En prenant cette résolution virile, les généraux comprenaient ce que l'honneur exigeait de l'armée du Rhin. Ils affirmaient ainsi leur volonté de tomber dignement, en restant jusqu'au bout fidèles au devoir.

Mais, pour pouvoir donner suite à ce projet, ce n'était pas à l'ouverture des négociations, c'était à la réponse de l'ennemi qu'il importait d'assigner un délai très-rapproché.

En laissant toute latitude à la diplomatie allemande, on s'enlevait la faculté de choisir l'instant propice, et on s'exposait à la pire des extrémités, celle de mettre bas les armes sans avoir pu sauver l'honneur du drapeau par une lutte suprême.

Comme on eût pu le prévoir, la réponse de l'ennemi se fera attendre ; elle n'arrivera que le 18 octobre, jour indiqué à Régnier comme le terme de la durée des vivres, et, à ce moment, la proposition de sortie les armes à la main, adoptée à l'unanimité le 10, sera repoussée en raison de l'épuisement des hommes et des chevaux.

On ne saurait donc trop déplorer que le conseil n'ait pas prévu ce résultat inévitable et qu'il n'ait pas été ramené ainsi à opiner pour un recours immédiat aux armes, seul moyen d'éviter une capitulation humiliante.

Telles furent, messieurs, les conclusions du conseil du 10 octobre.

Vous l'avez vu, bien qu'il eût caché la vérité à ses lieutenants, le maréchal reçut, dans ce conseil, comme dans les réponses à sa lettre

confidentielle, quelques avis énergiques que le devoir lui commandait impérieusement de suivre.

Le réglement est en effet précis et formel à cet égard : « Le conseil
» entendu et la séance levée, le commandant doit prendre *seul* ses
» résolutions, en suivant l'avis le plus énergique, s'il n'est absolu-
» ment impraticable. »

Or, pourrait-on soutenir que, dans l'esprit des membres du conseil,
une tentative de sortie était absolument impraticable, alors qu'ils
s'engageaient, à l'unanimité, à recourir aux armes, dans le cas où
les conditions imposées par l'ennemi ne seraient pas acceptables ?

Le maréchal ne savait-il pas, d'ailleurs, que les négociations qu'on
allait entamer avaient déjà échoué, et pouvait-il croire que l'ennemi
se montrerait en ce moment moins rigoureux qu'il ne l'avait été
quand l'armée était en meilleur état pour combattre ?

Ainsi donc, suivant l'avis du conseil, on allait entamer des négociations avec l'ennemi. Le maréchal chargea de cette mission son
premier aide de camp, M. le général Boyer. Il avait voulu conserver
dans ses anciennes fonctions cet officier tout récemment promu, bien
que son nouveau grade fût incompatible avec elles, aux termes du
réglement.

Au lieu d'envoyer son mandataire au commandant des forces allemandes devant Metz, le maréchal demanda un sauf-conduit pour
permettre au général de se rendre à Versailles auprès du roi de
Prusse et de M. de Bismark.

On ne s'expliquerait pas cette dérogation aux règles ordinairement
suivies pour toutes les conférences ayant un caractère purement
militaire, si l'on ne se rappelait que le maréchal avait déclaré au
conseil que les pouvoirs du prince n'étaient pas assez étendus. Le
véritable motif était, nous l'avons vu, qu'il avait déjà tenté de négocier par l'intermédiaire du prince, et qu'il espérait obtenir directement à Versailles des conditions meilleures que celles exigées à
Corny.

Après un premier refus, qui fit perdre un jour, le prince, sur les
ordres exprès du roi de Prusse, accorda l'autorisation demandée,
et le général Boyer partit le 12 octobre pour Versailles.

Nous allons voir quelles propositions il allait y porter.

Le maréchal Bazaine a fait connaître le contenu d'une pièce qu'il
aurait remise au général Boyer. Voici ce document important :

« Au moment où la société est menacée par l'attitude qu'a prise
» un parti violent, et dont les tendances ne sauraient aboutir à une
» solution que cherchent les bons esprits, le maréchal commandant
» l'armée du Rhin, s'inspirant du désir qu'il a de sauver son pays,
» et de le sauver de ses propres excès, interroge sa conscience et se

» demande si l'armée, placée sous ses ordres, n'est pas destinée à
» devenir le palladium de la société.

» La question militaire est jugée ; les armées allemandes sont
» victorieuses, et S. M. le roi de Prusse ne saurait attacher un grand
» prix au stérile triomphe qu'il obtiendrait en dissolvant la seule
» force qui puisse aujourd'hui maîtriser l'anarchie dans notre mai-
» heureux pays, et assurer à la France et à l'Europe un calme,
» devenu si nécessaire, après les violentes commotions qui viennent
» de les agiter.

» L'intervention d'une armée étrangère, même victorieuse, dans
» les affaires d'un pays aussi impressionnable que la France, dans
» une capitale aussi nerveuse que Paris, pourrait manquer le but,
» surexciter outre mesure les esprits, et amener des malheurs
» incalculables.

» L'action d'une armée française encore toute constituée, ayant
» bon moral, et qui, après avoir loyalement combattu l'armée alle-
» mande, a la conscience d'avoir su conquérir l'estime de ses adver-
» saires, pèserait d'un poids immense dans les circonstances actuelles.
» Elle rétablirait l'ordre et protégerait la société, dont les intérêts
» sont communs avec ceux de l'Europe.

» Elle donnerait à la Prusse, par l'effet de cette même action, une
» garantie des gages qu'elle pourrait avoir à réclamer dans le pré-
» sent, et, enfin, elle contribuerait à l'avénement d'un pouvoir
» régulier et légal, avec lequel les relations de toute nature pour-
» raient être reprises sans secousse et naturellement.
» Ban-Saint-Martin, 10 octobre 1870. »

Le rédacteur de cette étrange pièce, rédigée en style figuré, paraît
s'être beaucoup moins inspiré de la situation critique de son armée
que des considérations d'ordre politique et des raisons d'intérêt social derrière lesquelles il espérait dissimuler plus facilement les
visées de son ambition. On n'y trouve aucune proposition nette et
précise: il n'y est fait mention ni des pouvoirs donnés au général
Boyer, ni des conditions a obtenir, ni des concessions à faire; rien,
en un mot, qui puisse servir de base aux pourparlers qui allaient
s'engager. Ce ne sont pas là, en réalité, des instructions, mais une
simple note qui semble plutôt destinée à être mise sous les yeux de
M. de Bismark, qu'à tracer la conduite du négociateur.

Le maréchal affirme pourtant que c'est là le seul document écrit
remis par son aide-de-camp.

Quelle que fût la confiance du commandant en chef dans celui-ci,
il est difficile d'admettre qu'il s'en soit ainsi rapporté entièrement à
sa sagacité pour fixer les clauses à débattre.

Pouvait-il espérer qu'un ennemi, enivré de ses succès, renoncerait gratuitement à recueillir le résultat d'une campagne de deux mois et laisserait rentrer librement en France une armée qu'il comptait sans doute réduire par la famine sous peu de jours ?

Il était évident qu'il faudrait offrir une compensation. Quels avantages, quels dédommagements le général Boyer était-il autorisé à promettre au nom du commandant en chef ?

Celui-ci ne l'a pas fait connaître, se bornant à déclarer que les instructions données par lui se résumaient dans la note que nous venons de lire.

Il a ajouté que le général Boyer devait surtout se renseigner et sonder les dispositions des gouvernements allemands. Observons-le, messieurs ; s'il n'eût confié d'autre mission à son aide-de-camp, le maréchal aurait complétement mis de côté les conclusions du conseil du 10, tendant à l'ouverture des négociations sous quarante-huit heures.

Il aurait, d'autre part, oublié la situation des vivres, et par suite l'obligation de hâter le plus possible le résultat de la démarche qu'il devait tenter.

Enfin, s'il ne voulait avoir que de simples renseignements, le prince Frédéric-Charles, qui communiquait télégraphiquement avec le quartier général du roi, était en mesure de les lui fournir, et quand il ne restait plus que huit jours de vivres, le général en chef n'a pu perdre un temps si précieux à envoyer en quête à Versailles, uniquement pour tâter le terrain.

On ne saurait donc en douter, le général Boyer a reçu nécessairement, avant son départ, soit verbalement, soit par écrit, les instructions indispensables pour lui permettre de débattre et de préparer les bases d'une convention.

C'est en effet ainsi que les choses se passèrent, si l'on en juge par le passage suivant de l'entretien du général Boyer avec M. de Bismark.

« Reprenant la note que le maréchal m'avait remise à mon départ » dit M. Boyer, j'exposai à M. de Bismark le rôle que l'armée devait » remplir après avoir quitté Metz. L'armée se rendait, avec l'assen- » timent du conseil de guerre, sur un territoire neutralisé, où les » pouvoirs publics, tels qu'ils étaient constitués avant le 4 septem- » bre, seraient appelés à proposer ou à déterminer la forme du gou- » vernement. »

Ces déclarations du général sont précises et singulièrement plus explicites que la note elle-même. On n'y trouve pas les circonlocutions et les artifices de langage dont le maréchal avait enveloppé sa pensée, et qui pouvait à la rigueur être mise dans un document diplomatique à placer sous les yeux du chanchelier prussien.

Voilà donc quelles étaient les offres du maréchal : il proposait la restauration du gouvernement impérial et le concours de l'armée du Rhin pour garantir à l'ennemi la possession du fruit de ses succès !

C'est en vain que, se retranchant derrière les réticences et les ambiguïtés calculées de sa note, il a prétendu que jamais il n'aurait consenti à des stipulations de nature à diviser la défense !

Avait-il donc oublié que l'empire effondré avait disparu depuis cinq semaines, et que, par suite, ses combinaisons politiques n'auraient pu se réaliser que par la force ? Que venait-il donc parler de désordres et de violences lorsqu'il allait provoquer lui-même la guerre civile dans ce qu'elle a de plus affreux, puisque, dans cette lutte fratricide, l'armée du Rhin aurait eu l'envahisseur pour auxiliaire, et pour adversaires des Français en armes pour défendre l'indépendance nationale et chasser l'étranger !

Telle était, en effet, la conséquence fatale, inévitable, de la réussite de ses projets.

Certes, c'était de la part du maréchal Bazaine une étrange aberration que de supposer que l'armée le suivrait sur cette voie honteuse où, malgré les douleurs d'une chute immense et les regrets de l'exil, l'impératrice avait déjà refusé de s'engager.

Vous remarquerez, messieurs, que les instructions emportées par le général Boyer étaient loin de répondre aux intentions manifestées par les commandants de corps au conseil du 10. Tandis qu'ils avaient émis l'avis qu'il y avait lieu de conclure une convention militaire ayant pour but unique de tirer l'armée de la situation critique où elle se trouvait, le maréchal chargeait son aide-de-camp de traiter en vue de la paix et de la restauration de l'Empire. Tandis qu'ils avaient été unanimes à déclarer qu'en cas de conditions incompatibles avec l'honneur, on devrait tenter de s'ouvrir un passage les armes à la main, le maréchal passait sous silence cette détermination généreuse, dont, à un moment donné, la notification à l'ennemi eût cependant pu être très-favorable au résultat des pourparlers !

Il avait ainsi transformé une mission purement militaire en une mission politique, comme l'établissent d'une manière irrécusable les termes mêmes de la note reproduite ci-dessus et les propositions faites à M. de Bismark par le général Boyer au nom du commandant en chef.

Par une semblable conduite, il sortait complétement de son rôle de commandant d'armée. Il outrepassait ses pouvoirs, sans avoir même, comme il a essayé de le faire, à prétexter, pour couvrir une si grave irrégularité, les circonstances anormales dans lesquelles il se trouvait.

Ce n'était pas, en effet, l'intérêt du pays qu'il avait pour mobile.

Ces renseignements qui lui faisaient craindre, a-t-il dit, de voir s'écrouler l'ordre social, où donc les avait-il puisés, si ce n'est, comme il l'avoue lui-même, dans les journaux allemands intéressés à dépeindre l'état de la France sous les plus sombres couleurs.

La lecture des journaux français qu'il avait reçus pouvait cependant lui apprendre que jusque-là, sauf quelques troubles partiels, inévitables dans de semblables crises, l'ordre était partout maintenu, tous les partis étant d'accord pour combattre et repousser l'étranger. Mais, au lieu d'ajouter foi à ces déclarations rassurantes et de régler sa conduite d'après les nouvelles de l'intérieur, le maréchal n'hésitait pas à engager des pourparlers illicites sur des renseignements venant de l'ennemi !

Etait-ce du moins l'intérêt de la dynastie impériale qui avait suggéré sa détermination ? Nullement ; car l'impératrice n'avait répondu à ses ouvertures que par le silence, témoignant par là qu'elle préférait l'exil à une restauration accomplie de concert avec l'ennemi.

C'est donc l'ambition personnelle qui seule guidait le commandant en chef !

Il suffirait pour s'en convaincre, indépendamment des considérations que nous venons d'invoquer, de rappeler que le 16 octobre devaient avoir lieu les élections pour l'Assemblée souveraine, qui avait à prononcer sur la forme du Gouvernement, et qui, seule, avait qualité pour conclure la paix. Le maréchal ne connaissait pas, avant le départ de son aide-de-camp, l'ajournement indéfini de ces élections, il l'a déclaré lui-même.

C'était quatre jours seulement avant le 16 octobre qu'il envoyait à Versailles le général Boyer pour entamer, en son nom, au lieu d'une convention militaire, des négociations politiques !

Se hâter ainsi de prendre les devants, n'était-ce pas vouloir substituer ses propres combinaisons à l'expression de la volonté nationale ?

Le maréchal a bien compris lui-même qu'on ne pourrait s'y tromper. Aussi prétend-il avoir donné lecture au conseil, le 12 octobre, de la note remise au général Boyer, donnant ainsi à entendre qu'il n'avait agi qu'avec l'assentiment de ses lieutenants. Mais, c'est là, messieurs, un fait absolument inexact.

Effectivement, le compte-rendu de la conférence du 12 octobre ne fait aucune mention de cette lecture, et il ressort des dépositions de MM. les généraux commandants de corps que, si le maréchal donna à certains d'entre eux communication de cette note, cette communication leur a été faite individuellement après le départ du général Boyer et non pendant le conseil.

Le général Pourcet ne dit que quelques mots du voyage de M. Boyer à Versailles et des entretiens qu'il eut avec M. de Bismark. Le général Boyer ne profita nullement de ce voyage pour prendre des informations sur la véritable situation de la France; il se contenta des avis que M. de Bismark voulut bien lui donner. Bien plus, d'accord avec le maréchal Bazaine, il crut devoir cacher une des conditions posées par M. de Bismark, la reddition de la place de Metz, qui aurait alors été repoussée avec indignation.

Le 17 octobre, à deux heures de l'après-midi, le général Boyer rentra à Metz précédé par un avis du prince Frédéric qui, dès la veille, avait annoncé son retour au maréchal pour le 16 au soir ou la nuit du 16 au 17.

Certes, il y avait urgence à faire connaître aux commandants de corps le résultat de ces entrevues avec M. de Bismark. Depuis trois jours, en effet, le magasin général de l'armée ne fournissait plus de pain aux troupes et le commandant supérieur de Metz refusait d'en livrer plus longtemps sur les ressources propres de la ville.

Néanmoins, le maréchal s'entretint seul dans la soirée avec son aide-de-camp et conserva pour lui seul jusqu'au lendemain les nouvelles qu'il apportait.

On se demande pourquoi ce délai dans des circonstances aussi urgentes.

Le conseil fut convoqué le 18 octobre seulement.

Si le conseil du 10 a dû être l'objet d'une discussion approfondie, celui du 18 n'est pas moins important à étudier ; car, si le premier a marqué le commencement de la série de manœuvres destinées à rejeter sur les commandants de corps la responsabilité du désastre final, le second fixera irrévocablement le sort de l'armée. C'est aussi dans ce conseil du 18 que se dévoileront, de la manière la plus saisissante, les procédés peu loyaux employés par le commandant en chef pour arracher l'adhésion de ses lieutenants en surprenant leur bonne foi !

Si nous n'avons pu savoir exactement ce qui s'est passé dans les entretiens de Versailles, le procès-verbal de la séance, fourni par le maréchal, nous donne du moins les moyens d'apprécier la manière dont le général Boyer en rendit compte devant le conseil.

Ce procès-verbal est irrégulier, il est vrai, car il n'est pas, comme celui du 10, revêtu de la signature des membres du conseil et ne leur a pas été communiqué.

Ils ont fait remarquer que leurs opinions n'y étaient pas toujours fidèlement reproduites. Ils déclarent toutefois que, sauf ces réserves, le procès-verbal leur paraissait assez exact.

En nous aidant de leurs dépositions et des souvenirs de quelques officiers, nous pourrons donc reconnaître les principaux traits de la conférence.

A l'ouverture de la séance, le général Boyer exposa la situation de la France telle que la lui aurait dépeinte M. de Bismark.

Il eût été bien nécessaire à ce moment d'expliquer qu'il ne faisait que reproduire les assertions non contrôlées du chancelier prussien. Mais ses explications à ce sujet ne furent rien moins que catégoriques. Aussi, tandis que le maréchal Le Bœuf, les généraux de Ladmirault et Coffinières comprirent que la source de ces nouvelles était exclusivement prussienne, le général Desvaux put croire qu'elles avaient été rectifiées par les renseignements recueillis en route par le général Boyer. Enfin, M. le maréchal Canrobert et le général Frossard crurent entendre le récit fidèle de ce qui se passait en France.

Le maréchal Bazaine a-t-il rien fait pour dissiper cette incertitude ? Loin de là, nous le voyons agir au contraire comme si l'authenticité des nouvelles rapportées lui eût été parfaitement démontrée.

Ainsi, il ordonne de réunir le lendemain les officiers de tous grades et de les leur communiquer officiellement, avec mission d'en donner à leur tour connaissance à leurs troupes.

En présence des prescriptions formelles du réglement déjà citées, l'armée pouvait-elle soupçonner que l'annonce des malheurs publics, ainsi notifiés par la voie hiérarchique, n'était basée que sur les dires de l'ennemi et que le maréchal se faisait le propagateur de nouvelles auxquelles son devoir lui commandait de rester sourd?

D'autres faits achèvent de montrer l'usage qu'il entendait faire du récit de son aide-de-camp.

Le journal le *Courrier de la Moselle*, s'étant attaché dans un de ses numéros à faire ressortir l'invraisemblance de ces nouvelles répandues en ville par les conversations des officiers, reçut l'ordre de faire disparaître l'article.

Ce n'est pas tout encore; le 26 octobre, le maréchal répond au maire de Metz, qui lui signalait l'anxiété de l'opinion publique : —
« M. le général Coffinières ayant assisté à tous les conseils qui ont été tenus au grand quartier général, est en mesure d'exposer au conseil municipal la situation actuelle du pays. »

Il représente donc aux habitants comme à son armée les nouvelles rapportées de Versailles, les seules qui aient jamais été données au conseil, comme dépeignant exactement la situation de la France.

Les diverses reproductions du récit du général Boyer représentent tous les progrès de l'ennemi comme bien plus considérables qu'ils ne l'étaient en réalité; elles indiquent comme tombées en son pouvoir des places qui n'avaient pas encore ouvert leurs portes; elles annoncent, enfin, qu'il ne reste plus à l'intérieur un seul noyau de troupes organisées.

Toutes s'accordent à dire que le gouvernement de la défense nationale, débordé, n'est point obéi, que ses membres ont été obligés de se disperser; elles dépeignent la France comme en proie au brigandage, à l'anarchie, à la guerre civile, à tous les excès du socialisme; enfin le retour de la régence y est représenté comme l'unique port de salut pour la société qui s'écroule !

Il existe, il est vrai, de légères divergences dans ces documents. Elles s'expliquent aisément si l'on songe que les nouvelles avant d'arriver jusqu'aux troupes avaient dû passer par plusieurs intermédiaires. Aussi admettons-nous volontiers que, dans ces récits, tout n'était pas conforme aux paroles du général Boyer et que ses assertions s'y trouvaient parfois exagérées.

Mais cette exagération même était facile à prévoir en pareil cas, et devait être pour le commandant en chef un motif de plus d'empêcher la propagation des lamentables nouvelles que son aide-de-camp prétendait tenir de l'ennemi.

Il est à peine besoin d'insister sur les faussetés que contenaient ces nouvelles.

Au milieu du mois d'octobre, la situation de la France était bien loin d'être désespérée encore ; partout, au contraire, on se préparait à la lutte. Dans toutes les provinces, dans toutes les classes de la société, tous les hommes de cœur partaient pour l'armée. Aucune contrée, pas plus au Nord qu'à l'Ouest ou au Midi, ne résistait aux ordres du gouvernement quand il s'agissait d'organiser la défense.

Les Allemands atteignaient à peine la Normandie et la Picardie, Rouen ne devait ouvrir ses portes que le 5 décembre. L'armée de la Loire, après un échec qui lui avait fait perdre Orléans, s'organisait et se développait rapidement. Il fallait avoir une étrange idée du patriotisme de la France pour croire et pour rapporter, sur la foi de l'ennemi, que certaines villes avaient appelé des garnisons prussiennes.

Si quelques désordres avaient eu lieu sur certains points, pouvait-on s'en étonner quand, aux horreurs d'une guerre malheureuse, était venue se joindre la commotion violente d'une révolution ? Ces mouvements avaient d'ailleurs été immédiatement réprimés. Les seuls désordres graves, les seuls qui eurent des conséquences vraiment funestes pour le pays ne s'étaient pas encore produits, et ce fut la capitulation du maréchal Bazaine qui leur servit de prétexte !

Enfin, et lors même que, contrairement à toute vraisemblance, M.

de Bismark eût noirci à ce point la situation du pays, le maréchal et son aide-de-camp avaient entre leurs mains les éléments nécessaires pour rétablir la vérité. Pourquoi n'ont-ils pas fait usage de ces éléments.

Pour savoir à quoi s'en tenir, il leur aurait suffi de lire les numéros du *Monieur* et du *Figaro* remis par M. de Bismark.

Aucun journal français aurait-il ouvert ses colonnes à des mensonges dont le résultat ne pouvait être que d'affaisser l'esprit national et de décourager la résistance ? A plus forte raison, il ne pouvait en être ainsi du *Journal officiel* du gouvernement.

Si l'on se reporte à la collection de cette feuille, on constate qu'il s'y trouvait les nouvelles les plus rassurantes sur la situation des esprits et sur les ressources de la défense nationale.

Frappé du récit qu'il venait d'entendre, le général Coffinières fit observer au maréchal, dans un entretien particulier, après le conseil, qu'il était extraordinaire que le général Boyer n'eût rapporté aucune nouvelle de source française, ni aucun journal. Le maréchal se décida alors à lui envoyer deux numéros du *Journal officiel*.

Mais les renseignements contenus dans ces journaux différaient tellement de ceux donnés au conseil, que le commandant supérieur de Metz, frappé de ces contradictions, crut devoir, avant de les publier, demander au maréchal s'il entrait bien dans ses intentions de les communiquer à la presse.

Sur ces observations, le maréchal se fit renvoyer les deux journaux sans les communiquer.

Cependant le général Boyer ne disait pas tout ce que lui avait annoncé M. de Bismark.

Le chancelier avait appris à M. Boyer que le général Bourbaki avait échoué dans sa mission et qu'il s'était décidé à aller offrir son épée au gouvernement de la défense nationale.

L'aide-de-camp du maréchal n'en parla pas. M. de Bismark, afin de lui faire comprendre ce que seraient les exigences de l'Allemagne lors de la signature du traité de paix, lui avait dit :

« Il faut que l'impératrice accepte ces conditions, quelque exorbitantes qu'elles puissent paraître. »

M. Boyer ne rapporta pas ces paroles, qui étaient de nature à dessiller les yeux des plus confiants.

Après son récit, on passa à l'exposé des conditions imposées par le gouvernement prussien, pour permettre à l'armée de Metz de sortir librement du camp retranché.

Voici ces conditions, d'après le compte-rendu :

« 1° L'armée de Metz déclare qu'elle est toujours l'armée de l'empire, décidée à soutenir le gouvernement de la régence ;

» 2° Cette déclaration de l'armée coïncidera avec un manifeste de
S. M. l'impératrice régente, adressé au peuple français, et par lequel,
au besoin, elle ferait un nouvel appel à la nation pour l'inviter à se
prononcer sur la forme du gouvernement qu'elle désire adopter.

» 3° Ces deux déclarations devront être accompagnées d'un acte
signé par un délégué de la régence et acceptant les bases d'un traité
à intervenir entre le gouvernement des puissances allemandes et le
gouvernement de la régence. »

Ainsi, après avoir présenté une image assombrie à dessein de la
situation de la France, après avoir lu au conseil les renseignements
propres à l'éclairer, on lui cachait la principale exigence de M. de
Bismark, la condition de la remise préalable de Metz.

Quel était donc le motif qui pouvait déterminer le commandant
en chef de l'armée du Rhin à édifier tout cet échafaudage de dupli-
cités ?

C'est ce que nous allons chercher à reconnaître.

Le communiqué de Reims, vous le savez, messieurs, avait déjà
décidé le maréchal à revenir sur ses premières déclarations en faveur
du gouvernement de la défense nationale et à fonder la réussite de
ses visées ambitieuses sur la restauration de l'empire.

Mais comment obtenir l'assentiment de l'armée à ses négociations
illicites, dont la réussite eût entraîné infailliblement la guerre civile ?
En lui démontrant qu'il ne restait plus aucun autre parti à prendre,
aucun autre moyen de salut, non-seulement pour elle-même, mais
encore pour la société tout entière !

De là ces nouvelles désespérantes rapportées aux commandants de
corps et annoncées officiellement aux troupes.

Mais cela ne suffisait pas : il était d'autres circonstances qu'il importait de dissimuler.

Tels étaient : l'existence de pourparlers précédemment entamés
par l'entremise de Régnier, leur insuccès répété, l'échec de la mission Bourbaki, les conditions exorbitantes que faisait pressentir M.
de Bismark.

Telle était surtout la clause imposée par le gouvernement prussien,
qui, tout en accueillant l'idée d'une restauration, exigeait rigoureusement que la place de Metz lui fût rendue avant même d'entamer les
négociations.

Il eût donc fallu que l'armée du Rhin ouvrît ses rangs pour laisser
pénétrer les colonnes allemandes dans les murs de Metz ; elle aurait
dû livrer elle-même la place qu'elle était chargée de défendre et
attendre ensuite sous le canon des remparts, devenus ennemis, le
résultat de négociations dérisoires !

Quel est l'officier, quel est le soldat qui n'eût frémi d'indignation devant une telle exigence, et qui n'eût préféré une lutte désespérée à la honte de s'y soumettre.

Pouvait-on oublier d'ailleurs que, dans sa séance du 10 octobre, le conseil des commandants de corps et d'armes avait adopté à l'unanimité cette résolution :

« Dans le cas où l'ennemi voudrait imposer des conditions incompatibles avec l'honneur et le sentiment du devoir militaire, on tentera de se frayer un passage les armes à la main. »

Etait-il possible d'imaginer une condition plus incompatible avec l'honneur et le sentiment du devoir ?

Le maréchal ne le comprenait pas autrement; aussi prit-il le soin de cacher à ses lieutenants les exigences de l'ennemi.

Et cependant, s'il eût divulgué, comme il le devait, cette condition humiliante, il eût fait naître une dernière occasion, sinon de modifier la condition désastreuse où il avait entraîné l'armée, du moins de racheter en partie le triste résultat de ses intrigues passées.

Sans aucun doute, en effet, cette révélation, en provoquant dans l'armée une explosion de colère, eût entraîné la rupture immédiate de toutes négociations !

On eût livré alors ce combat suprême jugé nécessaire pour sauver l'honneur des armes !

Ce n'était certes pas devant le danger que reculait le maréchal ! Mais l'adoption d'un semblable parti, c'était la condamnation la plus éclatante de sa conduite depuis le commencement du blocus ; c'était la ruine de ses projets d'ambition, car le succès de la lutte était peu probable, et le maréchal, même en parvenant à ramener les débris de son armée dans l'intérieur, n'eût plus été qu'un chef amoindri et à jamais discrédité.

Quelle différence entre cette destinée et celle qu'il avait rêvée, quand il comptait, la paix signée, rentrer en France à la tête de troupes nombreuses et disciplinées, ramenant avec lui le gouvernement de la régence, en réalité souverain lui-même !

Ce rêve commençait à s'évanouir, et il pouvait entrevoir l'abîme où ses calculs égoïstes, ses agissements ténébreux, allaient le précipiter, et son armée avec lui !

Mais l'homme qui se perd ne renonce à l'espérance qu'après avoir épuisé toutes les chances de salut.

Une seule restait : c'est que l'impératrice consentît à traiter de la paix aux conditions imposées par le gouvernement allemand, qui avait manifesté depuis longtemps sa résolution implacable d'exiger une cession de territoire.

Le maréchal, dont le nom n'aurait pas figuré au bas du traité ratifiant le démembrement, demeurait étranger à l'humiliation subie, et rentrant à la tête de son armée nombreuse et bien constituée, il eût certainement exercé encore une influence prépondérante.

Aussi n'hésita-t-il pas à sacrifier une fois de plus son devoir à son ambition. Pour réussir dans cette combinaison nouvelle, il fallait temporiser. Le maréchal se tut.

Vous savez que son aide-de-camp imita ce silence.

Il nous est profondément pénible d'avoir à blâmer un officier général et d'être obligé de contester sa véracité ; mais, en présence des divergences notables qui existent entre ses différentes dépositions, des inexactitudes manifestes de certains de ses dires, en présence enfin des contradictions formelles et flagrantes que nous avons à relever entre ses déclarations et celles du maréchal Bazaine et de divers témoins, nous sommes forcé de reconnaître que, dans la séance du 18 octobre, le général Boyer a sciemment caché la vérité aux commandants de corps, et que, par son silence calculé, par ses assertions trompeuses, il a volontairement secondé les intrigues de son chef !

En s'écartant ainsi des principes immuables qui doivent, en toute circonstance, diriger la conduite d'un général français, le général Boyer a commis une faute grave, dont les conséquences ont été des plus funestes.

Comme nous l'avons dit plus haut, le maréchal indique, dans le compte-rendu de la discussion sur les trois conditions apportées du camp prussien par le général Boyer, que six membres : MM. Soleille, Desvaux, de Ladmirault, Frossard, Canrobert et Changarnier, opinèrent pour la continuation des négociations, et que deux seulement : MM. Coffinières et Le Bœuf, se prononcèrent pour la négative.

« En conséquence, » poursuit le compte-rendu, « le général Boyer se rendra à Hastings..., etc. »

Le général Boyer partit le 19 pour l'Angleterre.

Nous ne le suivrons pas dans sa deuxième mission ; nous nous bornerons à constater que, mieux inspirée que le maréchal, l'impératrice refusa de se prêter aux conditions qu'on venait lui proposer.

Deux jours après le départ du général Boyer, le 21 octobre, le maréchal envoyait une dernière lettre au gouvernement de la défense nationale, comme s'il eût voulu se mettre aussi en règle avec lui. Cette dépêche n'est ni plus explicite, ni plus véridique que la première :

« A plusieurs reprises, » disait-il, « j'ai envoyé des hommes de bonne volonté pour donner des nouvelles de l'armée de Metz. » Or, nous savons que la seule dépêche envoyée à ce gouvernement ne contenait aucune nouvelle sur l'état de son armée.

« Depuis, » lisons-nous ensuite, « notre situation n'a fait qu'empirer et je n'ai jamais reçu aucune communication de Paris ni de Tours. » Cette assertion n'est pas plus exacte, car, s'il n'a pas été établi avec certitude que des nouvelles directes du gouvernement de la défense nationale soient parvenues au maréchal, il est du moins incontestable qu'il reçut avis du succès des efforts tentés pour le ravitaillement de l'armée et de l'arrivée des vivres à Thionville.

La dépêche se terminait enfin par ces mots : « Il est cependant urgent de savoir ce qui se passe dans l'intérieur du pays et dans la capitale, car, sous peu, la famine me forcera de prendre un parti dans l'intérêt de la France et de cette armée. »

Qu'entendait-il par ces derniers mots ? S'ils signifiaient qu'il allait être obligé d'entrer en négociations avec l'ennemi, le maréchal trompait le gouvernement, car ces négociations étaient entamées depuis un mois. S'il voulait dire seulement qu'il serait sous peu réduit à capituler, comment, après avoir si gravement compromis l'intérêt de la France, osait-il l'invoquer pour justifier la déplorable extrémité où il avait conduit son armée.

En quoi, d'ailleurs, la connaissance de ce qui se passait dans l'intérieur du pays et dans la capitale pouvait-elle à ce moment modifier la situation !

La révolution du 4 septembre n'avait pas changé ses devoirs envers la patrie, il l'avait déclaré lui-même. Or, ses devoirs exclusivement militaires ne lui commandaient-ils pas d'assurer à tout prix le salut de son armée.

Cette dépêche fut confiée à six émissaires, dont plusieurs s'étaient vainement offerts depuis longtemps ; trois parvinrent à Tours. Dernière et inutile preuve de la possibilité de communiquer.

Plus encore que le rejet des conditions imposées, la rapide consommation des vivres rendait vaine toute tentative de négociations.

Evidemment, le gouvernement prussien ne s'était pas mépris sur l'inadmissibilité de ses propositions, mais en entretenant les illusions du maréchal Bazaine, il prolongeait son immobilité, il le détournait de recourir aux armes. Il évitait ainsi de rien abandonner au hasard d'un combat, et d'ajournement en ajournement, par l'épuisement des dernières ressources et les privations qui s'ensuivaient, il amenait l'armée française à une complète impuissance.

Ce moment était venu quand, le 24 octobre, le prince Frédéric-Charles transmit au maréchal une dépêche de M. de Bismark dans laquelle le chancelier déclarait que les garanties indispensables n'ayant pas été réalisées et les propositions venant de Londres étant inacceptables, il était impossible au roi de se prêter à de nouveaux pourparlers.

La dépêche se terminait par ces mots :

« Je constate, à mon regret, que je n'entrevois plus aucune chance d'arriver à un résultat par des négociations politiques. »

M. de Bismark avait raison : la ruse avait accompli sa tâche, c'était à la famine de terminer l'œuvre.

Le général Pourcet expose la déplorable situation des approvisionnements. Il blâme sévèrement le général Coffinière qui n'informe, que le 13 octobre, le Conseil municipal de Metz, que les magasins militaires sont vides. Jusque-là la consommation étant restée libre , la ville avait dû se croire suffisamment approvisionnée. La patriotique population de Metz demanda elle-même, sans s'arrêter à son premier mouvement de stupeur, à être rationnée. Le maréchal avait le devoir de contrôler et de surveiller les actes du commandant de la place, c'est donc à lui qu'en incombe la responsabilité.

On se trouvait ainsi acculé à l'extrême limite des ressources alimentaires, lorsque, le 24 octobre, M. de Bismark notifia son refus de continuer les négociations. Le maréchal ayant réuni ses lieutenants pour leur faire part de ce refus, la discussion s'engagea sur la question de savoir s'il fallait tenter une sortie.

Le 18, le conseil avait déjà rejeté ce projet comme devant amener une effusion de sang inutile. Le 24, il était moins praticable encore : il fut écarté à l'unanimité, bien qu'on ne pût se faire plus longtemps illusion sur les dures exigences de l'ennemi.

En présence de l'épuisement complet des vivres, il n'y avait donc plus qu'à se soumettre aux conditions qu'il plairait au prince Frédéric-Charles d'imposer.

Néanmoins, on tenta deux démarches suprêmes, qui furent confiées aux généraux Changarnier et de Cissey.

L'honorable général reçut mission de demander la neutralisation de l'armée, soit à Metz même, soit sur tout autre point du territoire, pour y faire appel aux députés et aux pouvoirs constitués avant le 4 septembre, ces pouvoirs devant être chargés de traiter de la paix.

A défaut, il devait chercher à obtenir l'envoi de l'armée en Algérie.

Enfin, aux termes de la phrase finale des instructions du commandant en chef, le général devait, s'il ne pouvait rien obtenir, « demander les conditions d'une capitulation imposée par la famine. »

En dehors de ces instructions écrites, le maréchal recommanda au général d'insister pour obtenir que le sort de la place fût séparé de celui de l'armée.

Si les commandants de corps fondèrent quelque espoir dans la réussite de cette démarche, le maréchal ne pouvait avoir d'illusions à cet égard, les propositions adressées au prince Frédéric-Charles n'étant que la reproduction des offres transmises par Régnier, renouvelées le 29 septembre, et enfin portées à Versailles par le général Boyer à l'insu du conseil.

Comment M. de Bismark, après les avoir rejetées de la part d'un adversaire encore redoutable, y aurait-il acquiescé, une fois celui-ci réduit aux abois et désormais impuissant?

Au lieu de s'exposer à d'humiliants refus en poursuivant une négociation sans succès possible, le commandant en chef eût mieux compris ses devoirs en s'occupant, dès le 18 octobre, de la destruction du matériel, l'idée de sortir étant alors complétement abandonnée.

D'après, le maréchal, cette question aurait été agitée entre lui et les généraux Coffinières et Soleille, qui se seraient montrés opposés à cette destruction. Ces derniers se défendent énergiquement d'avoir exprimé cette opinion. D'ailleurs, si l'on considère en elles-mêmes les objections qu'ils auraient soumises au maréchal, on reconnaît qu'elles n'ont aucune valeur.

Quel danger eût présenté, en effet, pour la discipline, l'ordre donné, au dernier moment, à chaque corps d'infanterie, de cavalerie, d'artillerie, de procéder méthodiquement à la mise hors de service d'armes désormais inutiles et dont il importait d'interdire l'usage à l'ennemi ?

Si la pensée que Metz, à la paix, ferait retour à la France pouvait empêcher de démanteler les remparts, quel inconvénient y avait-il à faire noyer les poudres, à mettre hors de service ou à détruire l'immense matériel de guerre et les approvisionnements de toute nature accumulés dans les deux arsenaux de l'artillerie et du génie?

Quelles représailles pouvait-on redouter en agissant ainsi ?

Toute considération ne devait-elle pas d'ailleurs s'effacer devant l'obligation imposée au commandant en chef de diminuer autant que possible les trophées de l'ennemi et les avantages que lui assurait la capitulation ?

C'eût été le cas pour le maréchal de se souvenir de l'exemple qu'il avait eu sous les yeux à Sébastopol et à Puebla, dont les défenseurs ne cessèrent une résistance devenue impossible qu'après avoir anéanti tout ce qui pouvait servir à notre armée.

Faut-il croire que, s'il ne fut pas procédé à la destruction du matériel, c'est que l'on craignit, comme un témoin l'a entendu dire, de se voir refuser l'autorisation d'emmener les bagages?

Ou bien doit-on admettre que des engagements antérieurs liaient le commandant en chef?

Quelque invraisemblable qu'elle paraisse d'abord, on est amené à cette hypothèse par les déclarations du colonel de Villenoisy et du général Coffinières, desquelles il ressort que les exigences de l'ennemi relativement à la remise du matériel étaient connues à Metz avant le 25 octobre. Quoi qu'il en soit, nous ne parvenons pas à nous rendre compte des motifs qui ont pu déterminer le maréchal Bazaine à livrer intact, alors qu'il avait le temps et les moyens de le détruire, l'immense matériel de l'armée et de la place que les Allemands allaient employer contre les défenseurs du pays !

Audience du 6 décembre.

M. le général Pourcet continue en ces termes :

Nous sommes arrivés, messieurs, au moment douloureux de la capitulation. Le 26, au matin, le conseil est convoqué. Dans cette réunion comme dans les précédentes, le maréchal cherche à décliner la responsabilité de ses actes en se retranchant derrière la volonté de ses lieutenants.

Ainsi, ce n'est pas lui, mais le conseil qui aurait décidé l'ouverture immédiate des pourparlers définitifs en vue de la capitulation, extrémité d'ailleurs inévitable, puisqu'il n'y avait plus de vivres et qu'on était résolu à ne plus combattre.

Ayant oublié sans doute les exigences invariables de M. de Bismark, le commandant en chef demande encore que, dans les négociations, le sort de la ville soit séparé de celui de l'armée ; enfin c'est le conseil qui aurait décidé que la ville partagerait ses vivres avec l'armée et que l'intendant en chef prendrait la direction générale du service des subsistances dans la place de Metz.

Ces dernières résolutions prouvaient, du reste, combien le conseil, en prescrivant une disposition appliquée déjà depuis douze jours, était peu au courant de la situation. Dès le 13, la ville avait partagé ses vivres avec l'armée. Quant à la direction générale du service des subsistances, elle appartenait depuis le commencement du blocus à l'intendant en chef, aussi bien dans Metz qu'au dehors. La correspondance de ce fonctionnaire, comme celle du maréchal, en fournit la preuve irrécusable.

Le 7 octobre, pour la première fois, l'intendant militaire de la place ayant cru devoir refuser d'acquiescer aux demandes de ce haut fonctionnaire, le maréchal avait écrit aussitôt au commandant supérieur pour l'inviter à prescrire le soir même à M. Denecy de Cevilly d'obtempérer aux ordres de l'intendant en chef.

Par conséquent, cette séparation des intérêts de la place, pour laquelle le maréchal montrait tant de sollicitude à ce moment, n'existait pas, et la soi-disant décision du conseil n'apporta aucune modification à l'organisation du service.

Il n'y eut, du reste, pas de discussion véritable dans le conseil, mais seulement quelques propos échangés. On devait s'incliner devant la nécessité et subir les conditions formulées par le général de Stiehle, conditions d'après lesquelles « l'armée entière devait être prisonnière de guerre et Metz remis à l'ennemi, ainsi que le matériel, les drapeaux, etc. »

Nous ne saurions, toutefois, quitter cette triste et pénible séance sans relever les paroles que le compte-rendu prête à l'un des membres du conseil.

D'après le document, le commandant de l'artillerie de l'armée aurait émis son avis en ces termes :

« Le général Soleille pense que l'on doit saisir le côté pratique et ne pas oublier que le soldat souffre ; que, d'autre part, tel que l'on connaît le caractère prussien, on n'obtiendra pas de grandes modifications à la négociation. La prolonger serait donc exercer une fâcheuse influence sur le soldat. A quoi servira d'avoir fait durer les souffrances du soldat pour arriver à une solution fatale ? Le général demande donc qu'au nom du soldat on se décide à une prompte solution. »

On a vu quelquefois une population, frappée de terreur par l'incendie ou le bombardement, faire appel aux sentiments d'humanité du commandant de la place, pour chercher à le déterminer, contrairement à son devoir, à ouvrir ses portes à l'ennemi avant d'avoir épuisé tous ses moyens de défense. Mais de semblables arguments se seraient trouvés ici pour la première fois dans la bouche d'un général, et j'ajoute d'un général commandant des troupes en campagne.

Qu'elle ait été soutenue ou non dans ce conseil, le ministère public doit protester hautement contre cette étrange doctrine propre à encourager et à justifier toutes les défaillances.

Moins que partout ailleurs, dans une ville assiégée, l'intérêt particulier ne saurait l'emporter sur l'intérêt général. Une place forte protége le pays tout entier, non sa propre enceinte et ceux qu'elle renferme.

Les habitants de Metz étaient mieux inspirés quand, demandant le départ de l'armée, ils réclamaient pour la place l'honneur de se défendre elle-même, et qu'ils se déclaraient prêts à supporter les plus cruelles privations pour tenir jusqu'à la dernière extrémité.

Ce n'est ni à la population d'une place assiégée, ni même à son commandant qu'il appartient de décider si la prolongation de la résistance importe ou non à l'intérêt du pays, ils n'ont pas qualité pour prononcer, car ils ignorent les résultats que peut entraîner une reddition prématurée.

Il importe toujours que la défense soit poussée jusqu'à la dernière limite, puisque, indépendamment de toute autre considération, elle a pour effet d'immobiliser une partie des forces ennemies qui, aussitôt le siége levé, deviennent disponibles.

Telle est d'ailleurs la ligne impérieusement tracée par les réglements comme par l'honneur militaire. Or, à Metz, c'étaient près de 200,000 hommes qui étaient ainsi retenus devant la place, comme on l'avait fait valoir au conseil du 10 octobre ; c'étaient ces troupes qui, en se portant en toute hâte sur la Loire, aussitôt après la capitulation, permirent au gouvernement allemand de d'arrêter la marche de l'armée de la Loire et de rendre stériles ses premiers succès !

En ne repoussant pas énergiquement cette fausse et funeste doctrine, le maréchal oubliait ces prescriptions formelles du réglement sur le service des places : « Le commandant d'une place de guerre ne » doit jamais perdre de vue qu'il défend l'un des boulevards de la » France, l'un des points d'appui de ses armées, et que, de la reddi- » tion d'une place, avancée ou retardée d'un seul jour, peut dépendre » le salut du pays. »

Comme nous allons le voir, jusqu'au dernier moment le maréchal Bazaine agira au rebours de ces sages dispositions.

Dans l'après-midi du 26, avant que le général Jarras partît pour le château de Frascati, l'intendant en chef qui, le matin même, avait déclaré qu'il ne restait plus de vivres, vint en hâte annoncer au maréchal qu'après de nouvelles recherches il était en mesure de continuer les distributions pendant trois et peut-être quatre jours.

Ce n'était point là une illusion de la part de ce fonctionnaire. Ce fut en effet l'existence de ces denrées qui put seule permettre au général Coffinières, dans le conseil du 26, de fixer au 5 novembre la date de l'épuisement des approvisionnements pour la place abandonnée à elle-même, tandis que jusque-là c'était le 29 octobre qu'il avait indiqué comme dernière limite.

Répartis entre l'ensemble des rationnaires, ces vivres eussent donc permis d'atteindre le 1ᵉʳ novembre.

Néanmoins, au lieu de se réjouir de cette bonne fortune inespérée et d'en profiter pour prolonger la résistance, le commandant en chef se contenta de répondre que cette faible ressource ne pourrait modifier en rien la situation de l'armée, et, comme s'il avait hâte d'en finir et qu'il eût décidé de capituler à jour fixe, il n'en dit rien au général Jarras et le laissa partir.

C'est en vain que le maréchal a allégué que l'intendant ne serait venu lui parler qu'après le départ du général : le fait que le com-

mandant Samuel était présent à l'entrevue démontre péremptoirement le contraire, cet officier s'étant rendu ensuite à Frascati avec le
chef d'état-major général.

Ces vivres n'étaient d'ailleurs pas indispensables pour permettre
d'attendre le ravitaillement de la place. Le maréchal savait, en effet,
par le général Changarnier, que des vivres avaient été préparés par
les soins du prince Frédéric-Charles.

Enfin, après avoir avancé de deux mois le terme de sa résistance
par son incurie à recueillir et à économiser les vivres, il livrait
volontairement à l'ennemi son armée et la place de Metz, trois jours
au moins avant d'y être contraint par l'épuisement des subsistances !

Etait-ce donc sa sollicitude pour ses soldats qui l'empêchait de
supporter plus longtemps la vue de leurs misères ?

Cette sollicitude se serait alors réveillée bien tard.

Pendant toute la durée du blocus, le maréchal s'était fort peu
préoccupé de voir ses troupes. Renfermé le plus souvent dans son
quartier général, jamais il n'avait passé une revue. Jamais il n'avait
fait une visite aux blessés, car nous ne pouvons appeler de ce nom
cette unique promenade le long de l'ambulance de la place d'Armes
découverte à grand'peine par la défense. Jamais il n'avait eu pour
eux une de ces paroles affectueuses, témoignages d'intérêt, qui, répétées de bouche en bouche, resserrent les liens entre le chef et ses
soldats, et sont pour celui qui souffre un précieux soulagement.

Ainsi n'agissaient pas les commandants de corps, les généraux, les
officiers de tous grades qui témoignèrent à leurs subordonnés un
intérêt de tous les instants. Leurs soins, leurs égards, leurs rapports
incessants avec les troupes, eurent pour effet de conserver la discipline dans ces circonstances douloureuses et difficiles. Vaillante dans
les combats, résignée dans les privations, constamment prête à tous
les efforts comme à tous les sacrifices, cette noble armée méritait un
sort meilleur que celui que lui infligèrent la coupable insouciance et
les intrigues égoïstes de son chef !

L'indifférence du maréchal envers ses soldats ne contrastait pas
moins avec le dévouement dont faisait preuve la population de
Metz.

Elle avait accepté avec une fermeté virile les souffrances résultant
de l'état de siége et s'était employée avec une ardeur patriotique à
soigner les 20,000 blessés et malades entassés dans la place.

Les hôpitaux, les casernes étaient promptement devenus insuffi-
sants : les habitants s'empressèrent d'ouvrir leurs demeures où 5,000
hommes furent recueillis à la fois. Le personnel faisant défaut, chacun voulut s'employer pour nos soldats.

Les dames surtout. furent admirables de dévouement : sans cesse au chevet des malades, dans les salles encombrées des ambulances, bravant les fatigues, les dangers, les dégoûts, luttant d'héroïsme avec les sœurs de charité, elles ne faiblirent pas un instant à la noble tâche qu'elles s'étaient imposée !

L'armée de Metz, objet de leurs soins touchants, témoin de leur abnégation, la patrie tout entière qui leur doit le salut d'un grand nombre de ses enfants, leur ont voué une reconnaissance qui ne passera pas !

Puisse l'expression de ce sentiment, qui rend pour nous plus amère encore la douleur de la séparation, contribuer du moins à adoucir les ineffaçables regrets de la généreuse population de Metz.

Ce même jour, 26, où la capitulation devait être signée, les habitants ignoraient encore la série des événements survenus depuis le 10 octobre. Le maréchal qui, dans sa proclamation, assurait qu'il n'avait rien de caché pour eux, avait décidé du sort de la ville sans qu'un avertissement fût adressé à la municipalité, sans même que le conseil de défense en eût été prévenu. Cependant, ému par les bruits en circulation, le conseil municipal avait fait, le 23, une démarche auprès du général Coffinières, afin d'obtenir des informations sur la situation du pays et les négociations pendantes.

Le commandant supérieur ayant allégué la réserve qui lui était imposée et conseillé de s'adresser au maréchal, le maire écrivit, le 25, au commandant en chef:

« Cette lettre, dit celui-ci dans son mémoire, me causa de l'étonne-
» ment, car je ne pouvais supposer que le général Coffinières, qui
» avaient assisté à toutes les réunions du quartier général, laissât le
» conseil municipal dans l'ignorance. »

Quant à nous, nous sommes loin de partager cet étonnement.

Le maréchal pouvait-il penser que le commandant supérieur divulguerait sans autorisation ce qui se passait dans le sein du conseil, alors surtout qu'il n'était question que de négociations politiques? Avait-il oublié, d'ailleurs, qu'il s'était réservé le contrôle des communications à faire à la population en conservant la direction de la presse, direction qu'il garda pendant tout le siége, ainsi que l'établissent surabondamment sa correspondance avec le général Coffinières, la déposition de celui-ci, l'envoi journalier au quartier général des épreuves de journaux, les communiqués adressés, les suppressions ordonnées, enfin, l'incident déjà cité relatif aux deux numéros du *Journal officiel* rapportés de Versailles par le général Boyer?

C'est le lieu d'examiner ici comment le maréchal a exercé cette action.

La plupart des opinions politiques avaient leur organe dans la presse de Metz. Mais, comme partout, la presse avait compris que, dans la situation du pays, il ne devait plus y avoir qu'un parti, celui de la résistance à l'envahisseur.

Aussi la politique ne se traduisit guère, dans les journaux, pendant le siége, que par quelques manifestations en faveur du régime nouveau et par de vives attaques contre certaines personnes du gouvernement déchu : bien que ces attaques fussent loin de dépasser en violence la proclamation de M. Jules Favre, publiée par ordre du maréchal, celui-ci eut raison de les interdire, car elles pouvaient être un levain dangereux d'indiscipline dans l'armée.

La première place était réservée, dans les feuilles publiques, aux épisodes glorieux de la guerre et aux considérations militaires ; elles rappelaient avec complaisance les souvenirs des anciens siéges où Metz avait toujours résisté victorieusement: exalter le courage, ranimer la confiance, entretenir l'espoir, tel était le but honorable poursuivi par les journaux à quelque opinion qu'ils appartinssent.

S'ils exprimaient le désir de voir l'armée reprendre la campagne, si son inaction prolongée y provoquait quelques observations sévères, qui pourrait les en blâmer ?

Loin d'aider la presse dans une mission si patriotique, le commandant en chef s'attache à exercer sur l'esprit public une action tout opposée.

Ainsi, on le voit tenter de justifier son inaction en publiant le détail plus ou moins exact des forces du blocus. De là les communiqués des 24 septembre, 5 et 16 octobre. Non-seulement la position des troupes ennemies avec leur effectif probable s'y trouve indiquée, mais on y lit qu'elles reçoivent des renforts considérables, que leur situation sanitaire est satisfaisante, etc. Si, d'après les observations faites de la ville même, ces troupes semblent moins nombreuses, c'est uniquement parce que l'ennemi s'est retiré en arrière, après avoir incendié les environs.

C'est au journaliste qu'est laissé le soin de faire observer que ces nouvelles communiquées, étant d'origine prussienne, ne doivent être acceptées que sous bénéfice d'inventaire.

D'autres notes officielles font ressortir les fâcheux résultats des combats livrés autour de la place : l'une, à la suite de l'affaire de Peltre, énumère les fermes et villages incendiés; l'autre, après le combat des Tapes, indique le chiffre élevé des pertes subies.

Alors que le réglement ordonne au commandant en chef de rester sourd aux nouvelles répandues par l'ennemi, le maréchal ne craint pas d'adresser à la presse des extraits de journaux allemands racontant les événements de la guerre sous le jour le plus défavorable à la France.

Quand le bruit de succès remportés se répand dans la ville, il s'empresse de les démentir.

Le 5 octobre, il adresse au général Coffinières un télégramme ainsi conçu :

« Je lis dans l'*Indépendant de la Moselle* du 5 octobre :

» *Post-scriptum.* — Les renseignements arrivés au maréchal » Bazaine sur l'affaire d'Étampes sont tellement satisfaisants, etc. »

» Faites démentir de suite cette nouvelle, et envoyez-moi demain » matin le rédacteur. »

Le 11, il publie un avis commençant par ces mots :

« Pour répondre aux nouvelles mensongères répandues dans la » ville, le maréchal commandant en chef de l'armée du Rhin, » n'ayant reçu aucune nouvelle affirmant les heureux faits de » guerre qui se seraient passés à Paris, se borne à en souhaiter la » réalisation. »

Le 14, il écrit de nouveau au commandant supérieur :

« Les journaux de Metz continuent à répandre journellement de » fausses nouvelles relativement au siége de Paris, etc. »

La plupart des nouvelles favorables données par les journaux étaient. en effet, exagérées ou erronées, et le commandant en chef était en droit de les démentir.

Néanmoins, quand on se souvient que le maréchal avait, de sa propre bouche, annoncé la capitulation de Strasbourg quinze jours avant la reddition de cette place, et la prochaine arrivée du matériel de siége pour bombarder Metz, quand on songe qu'il faisait répandre officiellement des informations mensongères rapportées de Versailles par son aide-de-camp, alors qu'il savait la vérité par les journaux français entre ses mains, on peut, à juste titre, s'étonner de cet empressement à étouffer tous les bruits de nature à raviver l'espérance.

Ce n'est pas tout : si certains articles peuvent encourager les idées de résistance, ils sont supprimés.

Ainsi, dans quelques pages portant l'empreinte des sentiments les plus élevés, M. le colonel du génie Humbert, ayant voulu démontrer par des exemples tirés de l'histoire que le sort du pays n'était pas encore désespéré, ordre est donné de supprimer l'article, attendu qu'il a, suivant les expressions de la censure : « l'inconvénient de » soulever des questions trop brûlantes pour le temps qui court. »

Le 11 octobre. l'*Indépendant de la Moselle*, après avoir annoncé que les renseignements apportés par les prisonniers étaient très-satisfaisants, continue par ces mots :

« Que les pessimistes et les découragés prennent donc confiance,
» et n'entendons plus prononcer ce mot, qui fait monter la rougeur
» au front : Capitulation ! »

Cette phrase est rayée.

Plus tard, le rédacteur du *Courrier de la Moselle*, s'efforce de
démontrer l'invraisemblance des nouvelles rapportées par le général
Boyer.

L'article est supprimé.

Enfin, vous savez déjà, messieurs, que le 19 octobre, sur l'observation du commandant supérieur de Metz, le commandant en chef
s'est fait renvoyer, sans en autoriser la communication à la presse,
les deux numéros de journaux apportés par le général Boyer.

Par cet ensemble de mesures, le maréchal s'était efforcé de diriger
suivant ses vues l'esprit de la population et celui de l'armée.

Le ministère public doit infliger à de semblables agissements le
blâme qu'il mérite.

Si la responsabilité en incombe avant tout au commandant en chef,
nous ne pouvons nous empêcher de constater qu'en se montrant à
ce sujet, vis-à-vis de la presse de Metz, le docile interprète de ses
intentions, le général Coffinières s'est exposé au grave reproche
d'avoir travaillé, comme le commandant en chef lui-même, à jeter
le découragement parmi les habitants, dont le patriotisme, hâtons-
nous de le dire à leur louange, ne faiblit pas un instant et sut résister
jusqu'au bout à ces tristes suggestions.

Ces communiqués à la presse n'avaient été qu'un des moyens employés par le maréchal pour agir sur son armée. Il s'était surtout
préoccupé, comme nous l'avons déjà montré si souvent, de tromper
ses lieutenants en leur cachant ce qu'il savait, en leur fournissant
des renseignements mensongers, en leur dépeignant enfin la situation sous les couleurs les plus sombres.

Nous avons hâte de clore cette énumération déjà trop longue ;
nous devons pourtant mentionner la note du maréchal, relative au
siége de Paris. Pour ne pas abuser des instants du conseil, nous nous
bornerons à en donner ici l'analyse succincte. Le 14 octobre, le maréchal invite les commandants de corps à faire lire dans les régiments, à l'appel de midi, les passages de la proclamation du général
Trochu, rapportant la panique du régiment provisoire de zouaves
au combat de Châtillon.

Par contre, il néglige de faire donner lecture du passage de la proclamation où le gouverneur de Paris place en parallèle la solidité
d'autres troupes, et les résultats obtenus, où il flétrit énergiquement
la lâcheté et l'indiscipline, et annonce l'envoi des coupables devant
les conseils de guerre pour y être jugés suivant la rigueur des lois !

Ainsi, dans les efforts tentés de toute part pour la défense du pays, le maréchal ne trouve à citer que la déroute du corps, qui, au dire de journaux allemands, communiqués par son ordre l'avant-veille à la presse, eût été le seul régiment intact de l'armée, tous les autres se composant de « recrues et de bataillons de marche. »

Tels étaient les seuls renseignements que le maréchal croyait devoir donner à l'armée, le jour même où il reprochait aux journaux de publier de fausses nouvelles relativement au siége de Paris.

Il est vrai que, dans sa note, il déclarait que cette lecture devait avoir pour but :

« De prémunir les officiers et soldats contre les manœuvres des » agents de certains partis, et notamment contre les fausses nouvel- » les et les insinuations perfides que les journaux et les brochures » répandent à profusion. »

Ces paroles ne caractérisent-elles pas, d'une manière frappante, l'action qu'il s'efforçait d'exercer lui-même sur le moral de ses troupes, soit directement, soit par l'intermédiaire de la presse ?

L'exposé des mesures prises nous indique en effet ce qu'étaient ces manœuvres de certains agents de parti contre lesquelles le maréchal croyait devoir prémunir les officiers et les soldats ! Ces manœuvres, c'étaient les réclamations, les murmures de ceux qui, voyant l'abîme où les entraînait leur chef, auraient préféré tenter de suite le sort des armes, au lieu d'attendre l'épuisement des forces dans une immobilité stérile et honteuse !

Les fausses nouvelles, c'étaient les bruits répandus de succès remportés à Paris ou en province, bruits qui, en rallumant parmi ses troupes l'ardeur du combat, pouvaient déjouer les combinaisons de sa politique !

Enfin, que pouvaient être ces insinuations perfides, sinon les propos des gens de cœur qui, regardant l'inaction imposée à l'armée comme dangereuse et indigne d'elle, exprimaient hautement leur opinion et cherchaient à ranimer l'énergie des découragés et des pessimistes !

Après avoir montré le maréchal s'appliquant à amollir le courage, à énerver les idées de résistance, suggérant les défaillances, enveloppant son armée comme d'une atmosphère débilitante, il ne nous reste plus qu'à enregistrer le triste dénouement de ses combinaisons déçues.

Nous avons vu le conseil, réuni le 26 octobre, n'ayant plus aucune confiance dans le sort des armes, déclarer qu'il ne restait plus qu'à subir les conditions de l'ennemi.

Le même jour, désigné pour cette triste mission, le général Jarras, chef d'état-major général, partit vers cinq heures et demie du soir, pour le château de Frascati, où il devait, de concert avec le général de Stiehle, chef d'état-major du prince Frédéric-Charles, arrêter les clauses de la capitulation de l'armée et de la place de Metz. Il se fit accompagner de deux officiers attachés à l'état-major général, MM. le lieutenant-colonel Fay et le commandant Samuel.

Dans la conférence qui s'ouvrit, le général Jarras demande d'abord qu'un détachement constitué, composé de troupes de toutes armes, fût autorisé à rentrer librement en France ou en Algérie. Cette faveur lui ayant été refusée, la discussion ne porta plus que sur deux points principaux.

Comme le conseil en avait exprimé le désir, le général devait insister pour que l'épée fût laissée à tous les officiers. A cette demande, le plénipotentiaire prussien objectait que le roi de Prusse entendait réserver cette faveur à ceux-là seuls qui consentiraient à rentrer en France sous condition de s'engager sur parole à ne pas porter les armes contre l'Allemagne jusqu'à la paix.

Malgré l'anomalie injustifiable d'une semblable exception, il fallut une longue insistance pour que le général de Stiehle promît d'appuyer auprès du prince la demande de laisser l'épée à tous les officiers français.

Une deuxième demande, non prévue dans le conseil, fut formulée inopinément par les officiers qui accompagnaient le général Jarras. Ils firent observer que pour reconnaître la valeur des troupes françaises, valeur dont le général prussien venait de témoigner lui-même, il était équitable d'accorder une faveur honorifique dont l'effet s'étendît à toute l'armée. Ils réclamèrent en conséquence les honneurs de la guerre, tels qu'ils sont définis par l'usage, c'est-à-dire consistant dans le défilé en armes des troupes vaincues, qui reçoivent de la part des troupes victorieuses les honneurs militaires, et ne sont constituées prisonnières de guerre qu'après cet hommage rendu à l'énergie de leur résistance.

Le général de Stiehle, après s'être d'abord opposé à cette demande, consentit également à la soumettre au prince.

On passa ensuite à la rédaction du protocole, dont l'article 3 fut établi de deux manières, l'une ou l'autre version devant être adoptée suivant que les honneurs de la guerre seraient ou non accordés.

On convint enfin qu'une nouvelle conférence aurait lieu le lendemain, après réception de la réponse aux deux demandes formulées. On devait signer alors le protocole de la capitulation, opération qui ne pouvait d'ailleurs avoir lieu le jour même, M. le général Jarras ayant omis de se munir des pleins pouvoirs réguliers du commandant en chef.

On se sépara fort tard dans la nuit. Le lendemain matin, le général Jarras rendit compte du résultat de sa mission au maréchal Bazaine et lui communiqua le projet de protocole. Arrivé à l'article 3, le maréchal manifesta quelque répugnance au sujet des honneurs de la guerre; néanmoins, il adopta la rédaction française de l'article, c'est-à-dire celle stipulant que ces honneurs étaient accordés à l'armée.

Espérait-il que l'ennemi les refuserait? On est en droit de le penser d'après ce qui va suivre.

Quelques instants plus tard, une lettre du général de Stiehle faisait savoir que le roi de Prusse consentait à laisser l'épée à tous les officiers, et que le prince Frédéric-Charles accordait les honneurs de la guerre.

Ainsi, les demandes en faveur de l'armée française ont été accueillies. Elle va donc recevoir les honneurs de la guerre. Non, cette fois, c'est son général en chef qui les lui refuse; il déclare en effet au général Jarras son intention formelle de ne pas les accepter, ou plutôt de refuser le défilé qui en est le signe, et il persiste dans cette résolution malgré les instances qui lui sont faites. Un semblable refus devait paraître étrange au général Jarras. Aussi, au moment de repartir pour Frascati, revint-il à la charge, faisant ressortir avec force ce qu'il y aurait de pénible, d'humiliant même à refuser ce qu'on avait réclamé d'abord comme une faveur, ce qui, dans tous les temps, avait été regardé comme une marque éclatante d'estime, ce qui enfin devait constituer pour les troupes un adoucissement à l'amertume de la capitulation.

Le maréchal demeura inflexible. — Pourquoi cette détermination inexplicable au premier abord? Sa conduite antérieure va nous le faire comprendre.

Après avoir maintenu son armée dans l'inaction, en la leurant de vaines espérances, après s'être efforcé de l'énerver par des récits mensongers, il l'avait amenée à déposer les armes sans avoir entrepris rien de sérieux depuis près de deux mois pour percer les lignes d'investissement.

Mais le jour s'était fait.

Tous voyaient maintenant l'abîme où ils avaient été entraînés à leur insu. Le maréchal craignit sans doute que l'indignation de ses soldats n'étouffât la voix de la discipline et que, dans l'égarement du désespoir, leur fureur se tournât contre le chef dont les agissements tortueux les avaient conduits à une telle extrémité.

En vain objecte-t-il qu'il eût été humiliant de défiler.

Quelle qualité avait-il pour réformer ainsi le code de la guerre en substituant à ses règles de tous les temps une opinion absolument contraire aux usages reçus et partout respectés? En accordant les honneurs militaires, ce n'était pas au chef seul, mais à la valeur de ses troupes que le prince rendait hommage. Le maréchal avait-il le droit de refuser ce témoignage à ses soldats ?

D'ailleurs, si, fidèle à son devoir, il eût combattu jusqu'au dernier jour, sans trêve ni repos, et si néanmoins il eût été réduit à capituler, il n'aurait pas éprouvé de honte en défilant devant l'ennemi, et il aurait fièrement tenu son rang à la tête de ses troupes, comme le firent tant d'intrépides capitaines qui ne se crurent pas humiliés parce que, malgré leurs efforts, la fortune avait trahi leur valeur.

Son refus est donc une première condamnation prononcée par lui-même contre sa conduite pendant le siége.

Redoutant du reste l'appréciation sévère que comportait sa décision, il prescrivit au général Jarras, en lui donnant ses dernières instructions, de proposer au général de Stiehle de conserver la rédaction française de l'article, en se conformant, pour l'exécution, à la rédaction allemande. En d'autres termes, tout en ne défilant pas, il voulait paraître avoir défilé.

Cette combinaison ne devait pas réussir, et, pour se justifier devant l'opinion publique, le maréchal dut avoir recours à un autre expédient. « Si l'on avait accepté les honneurs de la guerre, dit-il dans son ouvrage l'*Armée du Rhin,* les officiers n'auraient pas conservé leurs épées. » Est-il besoin de faire remarquer que cette assertion est exactement l'inverse de la vérité, et que, tout au contraire, les honneurs militaires furent accordés par l'ennemi en même temps que l'autorisation pour les officiers de conserver leurs épées?

Le général Jarras fut, en outre, chargé de dire au général de Stiehle qu'il était d'usage en France, après une révolution, de détruire les drapeaux et étendards qui avaient été remis aux troupes par le gouvernement déchu, et que, conformément à cet usage, un certain nombre de drapeaux avaient été brûlés.

Pour donner le change à l'ennemi, le maréchal recourait ici à un artifice bien grossier. Le prince, qui adressait toutes ses lettres au commandant de l'armée impériale française, pouvait-il croire, en effet, que le maréchal considérait l'empire comme un gouvernement déchu et qu'il en eût fait détruire les emblêmes ? Pouvait-il le penser, surtout lorsque depuis plus d'un mois le maréchal offrait de traiter au nom de la régente, et qu'il avait près d'elle, à ce moment même, son aide-de-camp en mission spéciale à cet effet.

Ainsi, comme s'il eût été porté par une inclination naturelle aux subterfuges et aux faux-fuyants, le maréchal, afin d'éviter le défilé, sans perdre devant l'opinion le bénéfice des honneurs de la guerre, proposait de faire l'inverse de ce qu'il stipulait, tandis qu'au sujet des drapeaux il prescrivait à son chef d'état-major de soutenir devant l'ennemi une assertion à la fois fausse et invraisemblable. Triste mission, en vérité, que celle dont on chargeait le général Jarras !

Le 27, à six heures du soir, accompagné des mêmes officiers, le général repartit pour le château de Frascati, où l'attendait le général de Stiehle.

Après l'échange des pleins pouvoirs, on s'occupa de la rédaction définitive du protocole.

Arrivé à l'article 3, le général Jarras déclara qu'il avait ordre de rejeter le défilé et les honneurs qui s'y rattachaient.

« Ai-je bien entendu ! s'écria avec étonnement le plénipotentiaire prussien, vous refusez aujourd'hui les honneurs que vous demandiez hier et qui vous ont été accordés ? »

La surprise du général ennemi fut partagée par les deux officiers français qui, par un sentiment élevé et patriotique, avaient insisté la veille pour obtenir cette dernière satisfaction en faveur de l'armée.

Mais le général Jarras dut maintenir son refus et proposa alors, comme le maréchal le lui avait prescrit, de conserver la version française de l'article, tout en se conformant en réalité à la version allemande.

A quoi le général de Stiehle se contenta de répondre :

« Chez nous, ce qui n'est pas exécuté n'est pas écrit. »

Il était pénible de recevoir cette leçon de l'ennemi, mais il n'aurait pas fallu s'y exposer.

Quand on lut l'article relatif aux drapeaux, le général Jarras, suivant ses instructions, annonça que, conformément à l'usage, des aigles avaient été brûlées lors du changement de gouvernement. Cette déclaration excita des signes non équivoques d'incrédulité chez le général de Stiehle, qui demanda des explications sur cet usage qui lui était, disait-il, totalement inconnu. Le général Jarras, embarrassé, ne put que répéter ce qu'il venait de dire. Il fut convenu qu'en tous cas, ce qui n'avait pas encore été brûlé demeurait acquis à l'armée allemande.

Le protocole fut arrêté sans nouvelles observations, rédigé en double et signé par les deux généraux.

On se sépara vers dix heures du soir. Le lendemain matin, le général Jarras remit le protocole au maréchal. Le texte en fut communiqué aux commandants des corps qui l'approuvèrent dans une dernière réunion du conseil, tenue le 28 octobre, à huit heures et demie du matin.

Avant d'exposer les clauses de la capitulation, nous devons revenir en arrière pour examiner en détail l'un des épisodes les plus douloureux de ces derniers jours du blocus ; nous voulons parler de la série des actes qui ont préparé la livraison des drapeaux à l'ennemi.

Le 26 octobre, après la séance où fut arrêté l'envoi du général Jarras à Frascati, les commandants de corps allaient se séparer sans qu'on eût parlé des drapeaux, quand cette question fut soulevée par l'un des généraux.

Malheureusement, les souvenirs des membres du conseil au sujet de cet incident sont peu précis.

Tandis que le général Desvaux, d'accord sur ce point avec la déclaration du maréchal Bazaine, assure que l'ordre fut donné de porter les drapeaux à l'arsenal pour y être brûlés, d'autres membres, MM. le maréchal Le Bœuf, les généraux Frossard, Coffinières et Jarras, soit qu'ils eussent déjà quitté la salle, soit que la mémoire leur fasse défaut, attestent ne pas avoir eu connaissance de cet ordre.

M. le maréchal Canrobert et le général de Ladmirault ne se souviennent pas qu'il ait été fait mention que les drapeaux seraient brûlés ; il ne leur a pas été prescrit de les envoyer à l'arsenal, et tout s'est borné suivant eux, en ce moment, à une simple conversation.

Le général Soleille était particulièrement intéressé aux mesures concernant les drapeaux, puisqu'il lui incombait d'en assurer l'exécution. Mais, consulté sur ce qui s'était passé, il n'a pu fournir que des renseignements contradictoires, témoignant de l'incertitude de ses souvenirs.

Ainsi, après avoir écrit à M. le maréchal, président du conseil d'enquête, qu'il ne se rappelait pas qu'un ordre verbal, à cet égard, lui eût été donné, le 26, il a déclaré une première fois à l'instruction avoir reçu des ordres pendant le conseil pour faire réunir et brûler les drapeaux à l'arsenal. Puis, dans une déposition postérieure, revenant sur cette déclaration, il a répété l'assertion contraire renfermée dans sa lettre au président du conseil d'enquête. Cette assertion, la dernière formulée devant le magistrat instructeur, est donc celle à laquelle nous devons nous arrêter.

Nous constatons toutefois qu'il avait été certainement question, le 26, des drapeaux entre le maréchal et le général Soleille, puisque celui-ci annonça dans la journée à M. le général Gagneur qu'ils seraient brûlés, mais sans lui donner d'ordre à cet effet.

En présence de cette diversité des témoignages, il serait difficile de déterminer avec précision ce qui s'est passé dans cette conférence du 26.

Mais, si l'on observe qu'aucune disposition ne fut prescrite relativement aux drapeaux par les commandants des corps qui tous attendirent les instructions écrites du lendemain, 27, pour faire verser les aigles, on reste convaincu que les paroles du commandant en chef n'avaient nullement le caractère d'un ordre. Si elles avaient eu ce caractère, elles auraient été prononcées à haute voix, avant que personne ne fût sorti, de manière à être entendues distinctement de tous les commandants de corps, qui certainement se fussent empressés d'obéir.

Or, c'est le contraire qui arriva, et vous remarquerez, messieurs, que ceux mêmes qui entendirent les paroles du maréchal, MM. le maréchal Canrobert et le général de Ladmirault, ne les considérèrent que comme un simple avertissement et nullement comme un ordre à exécuter.

D'autre part, le fait que M. le général Desvaux, comme les autres commandants de corps, a attendu de nouveaux ordres donnés le 27 seulement pour prescrire la réunion des drapeaux, établit péremptoirement que sa mémoire le trompe quand, seul des membres du conseil, il déclare avoir reçu, dans la matinée du 26, l'ordre dont il parle.

Ce qui achève de démontrer que le maréchal n'a pas donné d'ordres pendant la conférence, c'est que le procès-verbal de la séance, remis par lui à la commission parlementaire d'enquête du 4 septembre, et publié dans son ouvrage l'*Armée du Rhin*, n'en fait aucune mention.

En revanche, sur l'original du mémoire produit devant le conseil d'enquête, on lit ces mots ajoutés après coup, en interligne et d'une autre écriture : « Ordre lui est donné (au général Soleille) de réunir et de brûler à l'arsenal les aigles des régiments. »

Mais cette inscription, qui n'a aucun des caractères de l'authenticité, montre seulement l'intérêt que le maréchal attache à établir l'exactitude de cette déclaration. Vous apprécierez, messieurs, dans quel but ce document original a pu être ainsi surchargé.

Pendant le reste de la journée, le maréchal ne songea nullement à s'assurer si l'on s'était conformé partout au soi-disant ordre du matin. La mesure était pourtant assez importante et les circonstances assez urgentes pour qu'il fût nécessaire d'en presser l'exécution et de se faire rendre compte.

Le général Jarras partait, en effet, le soir, pour traiter de la capitulation, et il n'avait pas à revenir avant de l'avoir signée. On sait que cette signature ne fut retardée que par des circonstances imprévues, indépendantes de la volonté du maréchal. Si le général de Stiehle avait été en mesure de prononcer immédiatement sur la demande de conserver les épées aux officiers et sur celle relative aux honneurs de la guerre, si d'autre part le général Jarras n'avait pas négligé de se munir de pouvoirs réguliers, le protocole eût été signé le jour même, et on eût pu le lendemain détruire les drapeaux sans manquer aux engagements pris.

Le maréchal croyait-il du moins l'opération accomplie le 26? Non, nous allons trouver dans la série de faits qui vont se produire la preuve du contraire.

Le 27, avant midi, au sortir du rapport chez le commandant en chef, le général Soleille, rentrant à son quartier général, rédigea deux lettres.

La première, adressée aux généraux commandants l'artillerie des corps d'armée, était ainsi conçue :

« 27 octobre, n° 1,002.

» Par ordre du maréchal commandant en chef, les drapeaux et
» étendards devront être remis dans la journée à l'arsenal. Les dra-
» peaux seront enveloppés de leurs étuis et transportés dans un
» chariot de batterie fermé, conduit par un lieutenant et accompagné
» d'une escorte de quatre sous-officiers à cheval, s'il est possible.
» Vous voudrez bien vous entendre avec le commandant de votre
» corps d'armée pour que des ordres soient donnés aux différents
» régiments dans ce but...
» Je vous prie de vous rendre à mon quartier général, aujourd'hui,
» à deux heures de l'après-midi. »

Cette lettre fut expédiée immédiatement. Le maréchal savait donc, en faisant donner ces ordres, que les drapeaux n'avaient pas encore été brûlés, ni même livrés à l'artillerie. Vous remarquerez que, dans cette lettre écrite au nom du commandant en chef, il n'était plus question de les détruire.

Que comptait-on en faire? C'est ce que nous apprend la seconde lettre, destinée au colonel de Girels, directeur de l'arsenal. La voici :

« 27 octobre 1870, n° 1,003.

» Par ordre du maréchal commandant en chef, tous les corps
» de l'armée doivent envoyer à l'arsenal leurs drapeaux et éten-
» dards. Je vous prie de les recevoir et de les conserver ; ils
» feront partie de l'inventaire du matériel de la place, qui sera éta-
» bli par une commission d'officiers français et prussiens. »

Suivant les déclarations de MM. le colonel Vasse Saint-Ouen et du chef d'escadron Morlière, et, comme l'indique aussi sa teneur, cette seconde lettre fut également préparée dans la matinée du 27. Les deux dépêches, complément l'une de l'autre, étaient d'ailleurs nécessaires pour l'exécution de l'ordre donné.

Toutefois, la dernière resta chez le général Soleille pendant toute la journée, et ne parvint au colonel de Girels que le lendemain matin, 28. Nous reviendrons sur les conséquences de ce retard.

Ainsi, le 27 au matin, il ne s'agissait plus, dans ces ordres écrits, les premiers qui aient été formulés, de détruire les drapeaux, mais de les conserver pour en faire la remise à l'ennemi.

Cependant, à la réunion des généraux d'artillerie qui eut lieu chez lui à deux heures de l'après-midi, le général Soleille ne leur fit pas connaître cette décision, et il leur annonça au contraire que les drapeaux une fois réunis à l'arsenal y seraient brûlés.

Ce fait, que les dépositions des généraux de Rochebouët et de Berckheim rendent malheureusement incontestable, démontre que le général Soleille aurait voulu cacher à ses lieutenants les intentions véritables du commandement.

Nous regrettons que le général n'ait pu fournir aucune explication sur son étrange manière d'agir en cette circonstance.

A la vérité, chez quelques-uns des témoins de cette scène, la mémoire un instant a paru fléchir : contrairement à leurs dépositions écrites, plusieurs ont pu croire et dire à l'audience qu'à cette conférence du 27, ils n'avaient pas eu à solliciter d'explications sur le sort réservé aux drapeaux, parce qu'ils n'auraient pas encore reçu à ce moment du général Soleille les instructions écrites de ce jour et qui les saisissaient de la question ; ils oubliaient évidemment, en parlant ainsi, que la dépêche qui les avait convoqués pour cette reunion était celle-là même qu'ils s'imaginaient n'avoir pas reçue ! Mais les faits tels que nous venons de vous les exposer restent désormais acquis aux débats.

L'ordre transmis par le général Soleille ne fut pas accueilli de la même manière. Tandis que M. le maréchal Le Bœuf et le général Frossard, qui n'avaient pas entendu parler des drapeaux dans le conseil de la veille, refusaient de livrer les aigles de leur corps d'armée sans un ordre direct du commandant en chef, le général Desvaux s'empressait d'inviter ses divisionnaires à faire porter les aigles chez le général commandant l'artillerie de la garde, chargé de les envoyer à l'arsenal.

Cet avis jeta l'émotion dans les corps.

Le colonel Péan, du 1er grenadiers, considérant que l'ordre ne prévenait pas que les drapeaux dussent être détruits, se fit apporter le sien, le déchira lui-même, fit scier la hampe et l'aigle, et en distribua les morceaux aux officiers et soldats de son régiment.

Le général Jeanningros, à qui le colonel vint rendre compte, approuva sa conduite et ordonna au colonel des zouaves d'en faire de même immédiatement.

Informé à son tour, le général Picard, commandant la division, crut devoir aviser le maréchal commandant en chef, de l'inquiétude survenue parmi les troupes. Il lui demandait en outre dans quel but il faisait réunir les drapeaux à l'arsenal.

L'exemple de la brigade Jeanningros pouvait devenir dangereux.

S'ils venaient à soupçonner que leurs aigles ne leur étaient enlevées que pour être remises à l'ennemi, il était évident que les régiments allaient les détruire plutôt que d'obtempérer à un ordre qui eût si vivement blessé leur honneur militaire. Il importait donc de les rassurer. Aussi le maréchal Bazaine se hâte-t-il d'écrire au général Picard que les drapeaux seraient brûlés, et il envoie en même temps un de ses officiers d'ordonnance aux bureaux de l'état-major général pour faire ajouter sur une lettre-circulaire adressée aux commandants de corps et traitant d'une autre question de service, un *postscriptum* ainsi conçu : « C'est par erreur qu'en donnant l'ordre de » porter les drapeaux à l'arsenal, on a omis de dire que c'était pour » y être brûlés. »

C'était pour la première fois qu'il s'agissait des drapeaux à l'état-major général, car le seul ordre écrit, donné jusque-là à leur sujet, émanait du général Soleille.

Le général Jarras ne se trouvant pas au bureau, M. le colonel Nugues, qui le remplaçait momentanément, se rendit chez le commandant en chef et lui fit observer que, lorsqu'il s'agissait d'une prescription aussi grave, il paraissait plus prudent et plus convenable d'en faire l'objet d'une lettre spéciale au lieu de la mentionner sous forme d'un simple *post-scriptum*.

Sur cette sage observation, le maréchal dicta au colonel les termes d'une lettre adressée aux commandants des corps d'armée et portant que les aigles des régiments seraient recueillies le lendemain matin, 28, de bonne heure, par les soins de l'artillerie et portées à l'arsenal : « Vous préviendrez les chefs de corps, ajoutait le maréchal, qu'elles » y seront brûlées. »

Le colonel demanda s'il ne fallait pas écrire au général Coffinières, sous les ordres duquel était l'arsenal, ainsi qu'au général Soleille, commandant en chef de l'artillerie.

Le maréchal lui prescrivit d'écrire au général Coffinières pour l'inviter à faire recevoir, le lendemain matin, les aigles à l'arsenal, mais, « sans lui parler d'autre chose. » Effectivement, cette lettre, signée comme la précédente, par le commandant en chef, ne mentionne pas que les aigles seront brûlées.

Quant à la lettre pour le général Soleille, le maréchal dit au colonel Nugues : « Non, ne lui écrivez pas, il pourrait faire des difficultés ; je me réserve d'écrire moi-même au commandant de l'arsenal quand le moment sera venu. »

Vous le remarquerez, messieurs, ces nouveaux ordres semblent modifier entièrement les dispositions prescrites le matin : ce n'est plus dans la journée du 27, mais le 28 seulement que les drapeaux doivent être portés à l'arsenal. Et l'on annonce à l'armée qu'ils y seront brûlés.

Si le maréchal, revenant sur son intention du matin, voulait sincèrement la destruction de ces insignes, comment ajournait-il au lendemain l'exécution de cette mesure ? Vous avez entendu les motifs qu'il allègue pour expliquer ce retard. Ils n'ont aucune valeur. Il n'y avait pas un moment à perdre. En effet, le général Jarras allait repartir pour arrêter définitivement le protocole et le signer. Le commandant en chef connaissait les termes de ce protocole, où l'obligation de remettre les drapeaux était spécifiée en toutes lettres. Il avait bien chargé son chef d'état-major d'avertir le général de Stiehle qu'un certain nombre de ces insignes avaient été brûlés, mais il ne lui avait nullement prescrit de rejeter cette condition humiliante.

Le commandant en chef devait d'ailleurs être assuré que, cette fois, il n'y aurait plus ni difficultés ni retards. Les deux demandes formulées la veille avaient été accordées par l'ennemi, et c'était le maréchal qui, seul, refusait à son armée les honneurs de la guerre qui lui étaient concédés par l'ennemi. Il savait donc, à n'en pas douter, que la convention serait conclue dans la soirée, et qu'il ne serait certainement plus possible, le lendemain, de brûler les aigles sans violer la foi jurée.

Du reste, pour faire détruire les drapeaux par l'artillerie, il ne suffisait pas d'avertir les commandants de corps : ce qu'il fallait surtout, c'était donner des ordres au service de l'artillerie, auquel incombait le soin matériel de l'opération.

Or, le maréchal n'a pas voulu que le colonel Nugues écrivît à ce sujet au général Soleille, se réservant, disait-il, de le faire lui-même.

En fait, il n'a jamais écrit. Ni le général Soleille, ni le directeur de l'arsenal n'ont reçu l'ordre de détruire les drapeaux ; le maréchal Bazaine l'avoue lui-même, et vous en conclurez comme nous qu'au moment où il annonçait aux commandants de corps son intention de faire brûler les aigles, le commandant en chef n'entendait nullement la mettre à exécution.

La même arrière-pensée ne se faisait-elle pas jour lorsque, quelques instants auparavant, donnant ses instructions au général Jarras, il lui disait, pour expliquer l'étrange déclaration qu'il le chargeait de porter à Frascati : « Je sais que des drapeaux ont été brûlés, et je ne veux pas que le prince Frédéric-Charles puisse supposer que j'aie manqué à mon engagement. »

Si le maréchal n'avait pas été résolu déjà à livrer ses aigles, il pouvait encore les faire brûler, sans manquer nullement à sa parole, puisque rien n'était signé ! Rien ne le liait encore, que nous sachions. Dès lors de quel engagement voulait-il parler ici ? et pourquoi croyait-il devoir s'excuser en quelque sorte de ne pas livrer tous les drapeaux ?

Donner avis au prince qu'un certain nombre de drapeaux avaient été brûlés, c'était promettre de livrer les autres et non songer à les détruire !

Le lendemain, 28 octobre, le commandant en chef réunit ses lieutenants pour leur faire connaître les conditions de la capitulation. A la lecture de l'article relatif à la remise des drapeaux, l'un des commandants de corps s'écria : « Mais, cette clause ne saurait être exécutée, les drapeaux sont détruits ! »

Le maréchal fit alors entendre qu'il avait été obligé de suspendre leur incinération par suite d'un retard mis dans l'exécution de ses ordres. Dans cette circonstance, comme toujours, il cherche à décliner la responsabilité en la rejetant sur ses lieutenants. Mais le motif invoqué n'était pas sérieux. Nous savons qu'il n'avait jamais donné l'ordre de brûler les drapeaux. Il n'avait donc pas à suspendre leur incinération ? Bien plus, c'est lui qui avait retardé jusqu'au 28 leur livraison à l'arsenal. Il était donc faux de prétendre que les commandants de corps eussent mis du retard à obéir.

Du reste, la gravité des événements avait porté certains régiments à agir sans attendre les ordres.

On sait déjà ce qui s'était passé au 1ᵉʳ grenadiers et aux zouaves de la garde.

Quand le général Jeanningros reçut le deuxième avis, annonçant que les drapeaux, versés à l'arsenal, y seront brûlés, il y répondit par la note suivante :

« Les drapeaux de mes deux régiments ont été déchirés par mon ordre, les hampes et aigles sciées, et les morceaux distribués aux deux régiments. Les drapeaux de ma brigade n'iront pas à Berlin. »

Ce fier langage, dont la forme insolite n'explique que trop les douloureux sentiments de l'armée, allait être bientôt justifié ; il nous prouve, du reste, combien était ébranlée alors la confiance des officiers dans la loyauté de leur commandant en chef.

Malgré les ordres donnés, plusieurs généraux refusèrent aussi d'abandonner le soin de détruire les aigles à d'autres que ceux à qui elles avaient été confiées.

Le général Lapasset réunit ses colonels et leur prescrivit de brûler les drapeaux en présence des officiers, ce qui fut exécuté. Il le fit connaître à son commandant de corps dans les termes que nous nous plaisons à citer ici : « La brigade mixte ne rend ses drapeaux à personne et ne se repose sur personne de la triste mission de les brûler. Elle l'a accomplie elle-même ce matin. J'ai entre les mains les procès-verbaux de cette lugubre opération. »

Le général de Laveaucoupet ordonna aux porte-drapeaux des régiments de sa division de lui rapporter leurs aigles, si elles n'étaient pas détruites en leur présence. Elles furent effectivement rapportées et brûlées dans chaque régiment.

Enfin, le drapeau du 17e d'artillerie fut également détruit par le chef de corps.

Nous devons revenir maintenant à la lettre écrite le 27 au matin par le général Soleille au colonel de Girels, portant ordre de conserver et d'inventorier ces insignes. On sait que, par un retard prémédité, qui s'explique aujourd'hui, cette lettre ne parvint au directeur que dans la matinée du 28.

Grâce à ce retard, le colonel put faire brûler un certain nombre de drapeaux de la cavalerie et de l'artillerie, précédemment déposés à l'arsenal ; y furent détruits la plupart aussi de ceux de la garde, que le colonel Melchior avait apportés la veille ou le matin, sur l'ordre de son général.

Peu de temps après cette opération, arriva l'ordre de conserver les drapeaux. Le colonel directeur venait de le recevoir, quand un officier d'infanterie, exhibant l'ordre de la veille en vertu duquel les aigles devaient être brûlées, demanda d'être présent à l'incinération de celle de son régiment.

Ici éclatait enfin la contradiction entre l'ordre donné aux commandants de corps et celui donné au directeur de l'arsenal. Le rapprochement de ces deux ordres, intentionnellement contradictoires, ne laissait plus de doute sur la manœuvre coupable du commandant en chef. L'honorable colonel de Girels vous a dit l'émotion de ces braves officiers, qui comprenaient que l'armée avait été trompée, et que ses drapeaux devaient être livrés à l'ennemi.

Pressé par le colonel de lui tracer la marche à suivre à travers ces ordres opposés, le général Soleille, arrivé à l'arsenal vers onze heures du matin, expliqua ainsi l'incident au directeur : le maréchal avait essayé de sauver les drapeaux en faisant annoncer au plénipotentiaire prussien qu'ils avaient été détruits lors du changement de gouvernement. Mais l'ennemi ne l'avait par cru, et le maréchal avait été obligé de donner un ordre contraire au premier, « les Prussiens tenant beaucoup à cette clause de la capitulation, dont ils faisaient une condition expresse. »

Cette explication péchait par un point important. Elle présentait l'ordre de brûler les drapeaux comme donné antérieurement à celui de les conserver. Or, c'était le contraire qui avait eu lieu, car c'est

le 27 au matin que le général Soleille avait rédigé l'ordre au colonel
Girels, et c'est dans la soirée seulement que le colonel Nugues avait
écrit aux commandants de corps pour les informer que les drapeaux
seraient brûlés.

Mais on comprend maintenant pourquoi le maréchal n'a pas donné
d'ordres, le 27 au soir, au service de l'artillerie en même temps
qu'aux commandants de corps.

« Je me réserve d'écrire moi-même à l'arsenal quand le moment
sera venu, » avait-il dit au colonel Nugues. Ce moment ne vint pas :
le général de Stiehle, ayant refusé d'ajouter foi à la fable inventée
par le maréchal, celui-ci dut renoncer au projet de faire détruire
une partie des drapeaux au moyen de ce subterfuge, si tant est qu'il
en ait jamais eu l'intention.

On voit maintenant ce qu'il faut penser des prétendus ordres donnés à cet égard au conseil du 26. Oui, ce jour-là, le maréchal, mis
en demeure inopinément par l'interpellation de M. Desvaux, a pu
annoncer verbalement à ses lieutenants que les drapeaux seraient
brûlés, ainsi qu'il le leur a écrit le lendemain ; mais comment aurait-
il donné alors l'ordre d'exécution, puisque, à ses yeux, le 27 au soir,
ce n'était pas encore le moment de le faire ? Loin de donner le change
à l'ennemi, la déclaration du général Jarras n'avait fait qu'exciter sa
méfiance.

Au commencement de l'après-midi du 28, une lettre du général
de Stiehle fut remise au général Jarras, qui la porta immédiatement
au maréchal. Dans cette lettre, le général prussien déclarait, au nom
du prince Frédéric-Charles, qu'il n'avait jamais entendu parler des
réglements invoqués la veille pour la destruction des aigles. Il invi-
tait à faire suspendre immédiatement toute incinération et à lui faire
connaître le nombre des drapeaux restants. Il terminait en déclarant
que, si ce nombre ne lui paraissait pas suffisant, aucune des stipulations de la convention ne serait exécutée.

Le maréchal se montra vivement ému à la lecture de cette
dépêche, qui témoignait du peu de cas que l'ennemi faisait de sa
parole.

Il envoya aussitôt chercher le général Soleille, afin d'être rassuré
sur le succès des mesures prises pour la conservation des aigles.
Le général, qui revenait de l'arsenal, le rassura en lui annonçant
qu'il en restait quarante-et-une.

Pour plus de sûreté, le maréchal lui remet un ordre dans lequel,
renouvelant en termes formels les prescriptions antérieures, il inter-
disait de restituer aux corps, sous aucun prétexte, les drapeaux déjà
déposés, et rendait le colonel de Girels personnellement responsable
de l'exécution des dispositions prescrites.

Le général Soleille retourna à l'arsenal pour y porter lui-même cet ordre et y recueillir le compte définitif des drapeaux : il s'en trouva cinquante-trois.

De son côté, le maréchal ordonna d'arracher du registre de correspondance de l'état-major général le feuillet où était transcrite la lettre du 27, informant les commandants de corps que les aigles seraient brûlées. « Je ne veux pas, dit-il, que cette lettre soit lue par le prince Frédéric-Charles, si les archives venaient à tomber entre ses mains. » Ces précautions prises, il fit écrire au général de Stiehle pour lui annoncer qu'aucun drapeau n'avait été détruit depuis la signature de la convention, et qu'il en restait quarante-et-un à la disposition de la commission prussienne, à laquelle, néanmoins, il fit remettre cinquante-trois drapeaux le lendemain.

Dans sa lettre au général de Stiehle, le général protestait de nouveau de la véracité de sa déclaration relative à la destruction des drapeaux lors du changement de gouvernement. Mieux eût valu se taire que de renouveler inutilement une déclaration inexacte, à laquelle on ne croyait pas.

Par une lettre qu'il lui adressa, le 29, le prince exprima sa satisfaction pour l'exactitude à tenir ses engagements.

Tel est, messieurs, l'exposé des faits relatifs à ce triste épisode. Cet exposé a exigé de nombreux détails, mais il est nécessaire de vous amener à partager cette conviction inébranlable, à laquelle nous a conduit un examen scrupuleux : c'est que le maréchal Bazaine n'a jamais voulu faire détruire les drapeaux, et qu'il n'eut d'autre but, au contraire, que de les conserver pour l'ennemi !

Il n'a jamais voulu les faire détruire, disons-nous. En effet, au conseil du 26, interrogé à ce sujet, il annonce bien son intention de les brûler, mais il ne prescrit aucune disposition. Et cependant, il lui suffisait d'un mot pour faire anéantir ces enseignes. Sur un ordre, sur une simple autorisation du général en chef, chaque régiment se fût empressé de faire disparaître son aigle, comme l'avaient fait le 1er grenadiers et les zouaves de la garde, sans qu'il fût besoin de confier ce soin à l'artillerie ! Néanmoins, le maréchal laisse s'écouler la journée sans rien prescrire, sachant bien cependant que la capitulation doit être signée le jour même.

Pour remédier à cette inexcusable inaction, une occasion inespérée se présente. Par suite de circonstances fortuites, la signature de la capitulation est reculée de vingt-quatre heures. Loin de profiter de ce répit, il informe, dès le 27 au matin, le général Soleille que les drapeaux devront être conservés pour faire partie du matériel de la place, qui sera inventorié par une commission d'officiers français et prussiens.

Non-seulement le maréchal ne veut pas leur destruction, mais encore il prend toutes les mesures pour empêcher qu'on n'y procède à son insu.

Ainsi, afin de rassurer son armée sur le sort des aigles, il annonce verbalement que les drapeaux seraient brûlés à l'arsenal. Le 27, il fait réitérer cette assurance par le général Soleille aux généraux d'artillerie, enfin il l'écrit lui-même aux commandants de corps.

Ces précautions pourraient devenir insuffisantes si en versant leurs drapeaux les troupes venaient à apprendre que le directeur de l'arsenal a l'ordre non de les brûler, mais de les conserver. Nul doute, en effet, qu'elles ne détruisissent elles-mêmes ces emblêmes, plutôt que de consentir à les livrer.

Mais le commandant en chef de l'artillerie va parer à ce péril : à peine la dépêche destinée au colonel de Girels est-elle expédiée, dans la matinée du 27, que le général fait rappeler le planton qui l'emporte, et la dépêche, arrêtée jusqu'au lendemain, n'arrive à l'arsenal que le 28 entre huit heures et huit heures et demie du matin.

A cet instant, la contradiction entre les deux ordres peut éclater sans inconvénient.

Il est désormais trop tard pour brûler les aigles : la capitulation est signée. Vous connaissez à présent dans toute son étendue la manœuvre coupable du maréchal Bazaine. Elle fut malheureusement facilitée par la faiblesse du commandant en chef de l'artillerie. Vous savez, messieurs, que le général Soleille tut les instructions qu'il avait reçues pour conserver les aigles ; qu'il retint par devers lui, pendant vingt-quatre heures, la lettre au colonel de Girels ; enfin qu'il ne craignit pas d'annoncer aux commandants de l'artillerie des corps que les drapeaux devaient être brûlés, et cela quand il venait d'écrire à l'arsenal pour les faire conserver.

Les antécédents si honorables du général nous interdisent de penser qu'en agissant ainsi, il ait compris la portée de sa fatale condescendance. Aussi, bien vif est notre regret d'avoir eu à constater des faits qui porteraient à croire que, subjugué par un ascendant auquel il ne sut pas résister, il eut la faiblesse de se prêter à ces déplorables agissements dont sa funeste complaisance pouvait seule assurer le succès !

En conservant les drapeaux à l'ennemi, le maréchal espérait-il obtenir du moins des conditions meilleures pour son armée ?

Nous ne trouvons nulle part trace de pourparlers dans ce sens, et il suffit de lire le protocole pour s'assurer que s'il nourrissait cet espoir, il fut singulièrement déçu.

Mais eût-il obtenu en retour quelques avantages, il n'en aurait pas moins manqué gravement à son devoir et à l'honneur militaire, car une telle humiliation infligée à ses soldats ne pouvait se racheter par aucune compensation matérielle.

La conduite du maréchal a-t-elle été au contraire dictée par les conditions d'un pacte demeuré secret?

L'instruction n'a pu recueillir aucun renseignement précis à cet égard, et, fidèle à la loi que nous nous sommes imposé de ne rien avancer qui ne soit établi par des preuves irréfutables, nous ne nous arrêterons pas à cette hypothèse.

Ce qui, à nos yeux, rend le maréchal Bazaine plus coupable encore que le fait même de la livraison des drapeaux, ce sont les procédés indignes auxquels il a eu recours pour arriver à consommer cet acte!

Ainsi, au lieu de faire anéantir loyalement, ouvertement, tous ces insignes alors qu'il n'avait qu'un mot à dire, un ordre à donner, il préfère avertir le prince Frédéric-Charles qu'un certain nombre d'entre eux ont été brûlés lors du changement de gouvernement, stratagème ridicule qui est dédaigneusement repoussé.

On éprouve un sentiment pénible en voyant un maréchal de France descendre à de semblables moyens, mais ce sentiment devient de l'indignation lorsqu'on découvre que le maréchal a usé de subterfuges vis-à-vis de ses propres troupes, et que c'est par un véritable abus de confiance qu'il a soustrait à ses soldats les glorieux emblèmes qu'ils devaient défendre de leur vie!

Il a dit, pour s'excuser, que des drapeaux trouvés dans un magasin, n'avaient plus la même valeur que s'ils eussent été enlevés sur le champ de bataille. Cela est vrai; mais une fois qu'ils étaient entre ses mains, l'ennemi distinguait-il ceux pris dans les combats de ceux dont il ne devait la conquête qu'à sa diplomatie!

S'il en eût jugé ainsi, il n'aurait pas eu à faire montre de son butin.

L'armée du Rhin, dans toutes les batailles livrées par elle, ne laissa aux mains des Prussiens, ni une aigle ni un canon. En revanche, elle leur enleva un drapeau et deux pièces d'artillerie; voilà les véritables et les seuls trophées de la campagne!

Il nous reste à examiner les clauses de la capitulation.

L'article 1er du protocole stipulait que l'armée française était prisonnière de guerre. Elle comptait encore en ce moment 139,000 hommes, dont 122,000 combattants disponibles, plus 23,000 hommes pour la garnison de Metz. L'histoire n'avait jamais enregistré un pareil désastre.

Aux termes de l'article 2, la place de Metz avec ses forts, son matériel, ses approvisionnements, et en général tout ce qui était propriété de l'Etat, devait être rendu aux Prussiens dans l'état où le tout se trouvait au moment de la signature.

En capitulant, le maréchal avait traité pour Metz comme pour son armée. Il ne pouvait, du reste, en être autrement depuis qu'il avait résolu de ne plus s'éloigner du camp retranché. Il avait ainsi affamé prématurément la ville, qui, livrée à elle-même, eût pu, comme l'instruction l'a établi, prolonger sa résistance jusqu'à l'époque de l'armistice, si les ressources eussent été convenablement ménagées. Ainsi, la présence de l'armée sous les murs de Metz n'avait servi qu'à contraindre la place à ouvrir ses portes trois mois plus tôt.

D'après l'article 3, « les armes et tout le matériel de l'armée, consistant en drapeaux, aigles, canons, mitrailleuses, chevaux, caisses de guerre, équipages de l'armée, munitions, etc., devaient être laissés à Metz à des commissions militaires instituées par le maréchal Bazaine pour être remis immédiatement à des commissaires prussiens.

Cette remise du matériel était le complément naturel de l'article I$^{er}$, et il ne s'agissait là que de l'opération de pure forme qui se pratique dans tous les cas semblables. Mais le maréchal ne l'entendait pas ainsi.

On trouve, en effet, ces mots dans l'ordre qu'il écrivit, le 28 octobre, au colonel de Girels, pour le rendre personnellement responsable de la conservation des drapeaux :

« D'après la convention militaire signée hier soir, 27 octobre, tout le matériel de guerre, étendards, etc., doit être déposé, inventorié et conservé intact jusqu'à la paix ; les conditions définitives de la paix doivent seules en décider... »

Sur quoi se fondait le maréchal pour émettre officiellement une semblable assertion et agir en conséquence.

Il est vrai que, dans certaines capitulations, dans celle de Verdun, notamment, il a été admis que le matériel suivrait le sort de la place elle-même lors de la conclusion de la paix, mais cette condition était inscrite dans le texte de la convention. D'autre part, était-il admissible que les Prussiens voulussent s'obliger à restituer non-seulement ce qui appartenait à la place, mais encore l'immense matériel de l'armée et jusqu'à ses drapeaux ? Comment l'armée française, réduite aux abois, aurait-elle obtenu d'un ennemi rigoureux une faveur exorbitante et complétement inusitée ? Le maréchal, qui connaissait les termes du protocole, savait très-bien que rien de semblable ne s'y trouvait stipulé. Vous avez pu remarquer, au surplus, que, même dans les pourparlers qui précédèrent la capitulation, il ne fut jamais question de réserve d'aucune sorte relative au matériel de la place ou de l'armée.

Le maréchal, en annonçant que, d'après la convention , il serait statué à la paix sur le sort du matériel, émettait donc une assertion absolument controuvée.

Il revint sur ce sujet dans son ordre général du 28 octobre, où il recommandait aux troupes de s'abstenir de toutes destructions d'armes et de matériel, « puisque, dit-il, d'après les usages militaires, place et armement devront faire retour à la France lorsque la paix sera signée. » Cette fois, en s'adressant à ses soldats, il ne parlait plus de la convention, car ils en avaient le texte sous les yeux; aussi se contentait-il d'invoquer les usages militaires ; mais cette seconde assertion, est-il besoin de le dire, n'était pas plus exacte que la première.

Les déclarations du maréchal portèrent leurs fruits. Chacun crut de son devoir de veiller à ce que tout le matériel fût remis dans le meilleur état. Dans beaucoup de régiments, on alla jusqu'à faire nettoyer les armes. Le général Berckheim, commandant l'artillerie du 6e corps, qui, avant la capitulation, avait fait mettre ses mitrailleuses hors de service, reçut une réprimande.

Les commissions chargées de la remise du matériel, qui n'eurent pour se guider dans leurs opérations que l'ordre précité du maréchal au colonel de Girels, crurent naturellement que ce matériel ferait retour à la France.

Dans cette pensée, tandis que l'article 3 du protocole spécifiait que la remise aurait lieu immédiatement, elles s'attachèrent, contrairement à l'usage, à dresser inventaire de toute chose avec la plus scrupuleuse exactitude. Elles ne terminèrent que le 31 décembre ce travail ingrat et stérile, rendu plus pénible encore par leur situation anormale.

Elles reconnurent ainsi l'existence de 1,665 bouches à feu, dont 1,135 rayées, de plus de 3 millions de projectiles, de 23 millions de cartouches, de 124,000 fusils chassepot, 150,000 fusils d'anciens modèles, de 9,000 affûts et voitures, sans compter la poudre, les approvisionnements et un grand nombre d'accessoires, le tout représentant une somme de plus de 36 millions de francs !

Ainsi, les déclarations du maréchal, les dispositions qu'il prescrivait, tout concourait à assurer la conservation intégrale et en bon état du matériel.

Sans rechercher les motifs de cette étrange sollicitude pour les intérêts prussiens, nous devons demander compte au maréchal des humiliations ainsi imposées durant deux longs mois à des officiers français, dont le travail ne pouvait profiter qu'à l'ennemi.

Aux termes de l'article 4, les généraux et officiers qui engageaient « leur parole d'honneur par écrit de ne pas porter les armes contre l'Allemagne, et de n'agir d'aucune autre manière contre ses intérêts, jusqu'à la fin de la guerre, n'étaient pas faits prisonniers. »

Ce fut un tort grave de laisser insérer cette clause dans le protocole. Elle était directement contraire aux prescriptions du réglement, qui interdit de séparer le sort des officiers de celui de la troupe.

Si la loi donne à l'officier les prérogatives du commandement, elle lui fait aussi un devoir de partager les misères comme les fatigues et les périls du soldat !

La capitulation de Metz ne fut pas la seule, pendant la guerre contre l'Allemagne, où figura cette condition regrettable. A Sedan, comme dans plusieurs autres places, elle fut également consentie. Le conseil a infligé à bon droit un blâme sévère à tous les gouverneurs qui avaient admis cette clause. Il est fâcheux que le maréchal Bazaine qui, investi du grade suprême, devait plus particulièrement donner l'exemple, ne se soit pas montré lui-même plus scrupuleux observateur de ces principes qui intéressent si fort la dignité comme la discipline de l'armée.

La fin de l'article stipulait que, pour reconnaître le courage des troupes, il était permis aux officiers de conserver leur épée, ainsi que ce qui leur appartenait personnellement.

Si ce fut une faveur accordée, on doit convenir qu'elle fut rarement refusée à des troupes qui avaient si courageusement fait leur devoir.

D'après l'article 5, les médecins militaires et le personnel des hôpitaux, laissés à Metz pour soigner les blessés, devaient être traité suivant les conditions de la convention de Genève.

En revanche, rien n'était stipulé pour les blessés eux-mêmes, sauf que ceux laissés dans la place recevraient les soins que comportait leur état.

On n'aurait pas dû oublier que le réglement prescrit de s'attacher à obtenir pour les blessés des conditions de faveur. Pourquoi ne pas déclarer au moins qu'ils étaient placés aussi sous la convention de Genève ? Il était plus nécessaire encore de le spécifier explicitement pour eux que pour le personnel médical et administratif. Quelques jours plus tard, en effet, il ne fallut rien moins que les réclamations énergiques de l'intendant et du général Henry pour leur faire accorder le bénéfice de la convention.

L'article 6 renvoyait à un appendice spécial dans lequel étaient consignées les garanties d'usage concernant la population civile. Sans entrer dans le détail des clauses consenties, nous noterons que cet appendice était loin de renfermer « d'immenses avantages, » comme le maréchal l'a écrit dans son ouvrage.

Telles étaient les principales clauses de la capitulation, signée, le 27 octobre, à Frascati, et qui ne fut connue dans les rangs de l'armée que dans la soirée du 28.

En communiquant le protocole à ses troupes, le maréchal le fit accompagner de l'ordre général suivant :

« A l'armée du Rhin,

» Vaincus par la famine, nous sommes contraints de subir les lois de la guerre en nous constituant prisonniers. A diverses époques de notre histoire militaire, de braves troupes commandées par Masséna, Kléber, Gouvion Saint-Cyr, ont éprouvé le même sort qui n'entache en rien l'honneur militaire, quand, comme vous, on a aussi glorieusement accompli son devoir jusqu'à l'extrême limite humaine.

» Tout ce qu'il était loyalement possible de faire pour éviter cette fin a été tenté et n'a pu aboutir.

» Quant à renouveler un suprême effort pour briser les lignes fortifiées de l'ennemi, malgré votre vaillance et le sacrifice de milliers d'existences qui peuvent encore être utiles à la patrie, il eût été infructueux par suite de l'armement et des forces écrasantes qui gardent et appuient ces lignes : un désastre en eût été la conséquence.

» Soyons dignes dans l'adversité, respectons les conventions honorables qui ont été stipulées, si nous voulons être respectés comme nous le méritons ; évitons surtout, pour la réputation de cette armée, les actes d'indiscipline comme la destruction d'armes et de matériel, puisque, d'après les usages militaires, place et armement devront faire retour à la France, lorsque la paix sera signée.

« En quittant le commandement, je tiens à exprimer aux généraux, officiers et soldats toute ma reconnaissance pour leur loyal concours, leur brillante valeur dans les combats, leur résignation dans les privations, et c'est le cœur brisé que je me sépare de vous. »

Certes, le commandant en chef de l'armée du Rhin pouvait avec justice remercier officiers et soldats de leur loyal concours, les féliciter de leur valeur dans les combats, de leur résignation dans les privations. Il pouvait aussi les comparer aux troupes des Masséna, des Kléber, des Gouvion Saint-Cyr, car, dans toutes les épreuves, elles s'étaient montrées dignes de leurs devancières.

Mais où la comparaison cessait d'être juste, c'était lorsqu'il prétendait avoir tout fait pour éviter la catastrophe et avoir ainsi atteint la limite du possible, comme ces héros dont il parlait.

Au moment où, par son inaction calculée, par sa conduite tortueuse, par ses agissements déloyaux, il venait d'attirer sur son armée et sur la France un désastre sans exemple, il avait l'impudeur d'oser évoquer le souvenir de ces noms glorieux.

Le maréchal Bazaine avait raison quand il disait que la capitulation n'entachait en rien l'honneur de ses soldats qui, dans toutes les circonstances, avaient noblement fait leur devoir. Mais si l'honneur de chacun d'eux individuellement était sauf, l'honneur de cette grande famille qu'on appelle l'armée reçut une grave atteinte. Disciplinée et obéissante, l'armée n'est et ne doit être qu'un instrument dans la main de son chef, qui, seul, en dispose à son gré, mais qui, seul aussi, assume la responsabilité des actes qu'il ordonne. C'est le maréchal Bazaine qui a préparé et consommé la capitulation de Metz, c'est à lui seul d'en répondre devant vous comme devant l'histoire.

Nous n'avons pas même la consolation de penser que sa conduite épargnait, comme il le dit, de nombreuses existences qui pouvaient être encore utiles à la patrie.

L'immobilité presque absolue où il avait maintenu ses troupes depuis le 1er septembre leur fut plus fatale, en effet, que le feu de l'ennemi. On sait que 11,000 hommes de l'armée du Rhin succombèrent misérablement loin de leurs foyers, pendant leur captivité en Allemagne, enlevés par les maladies, dont ils avaient contracté le germe dans les boues du camp retranché. C'étaient plus de morts que n'en avaient coûté ensemble à cette armée les batailles livrées par elles, les plus meurtrières de toute la campagne.

Preuve frappante qu'à la guerre, les résolutions énergiques, tout en amenant les plus grands résultats, sont aussi celles qui épargnent le plus de sang !

Oh ! si nous rappelons cette opinion qui fut celle de tous les grands capitaines, c'est parce que nous avons la conviction profonde, et nous tenons à l'exprimer ici, que si, au début du blocus, le maréchal s'était résolu à un sacrifice exigé par l'intérêt suprême du pays, la tournure des événements militaires en eût été sans nul doute singulièrement modifiée !

Après avoir, par cette proclamation, pris congé de ses soldats, M. le maréchal ne songea plus qu'à son départ, sans se préoccuper de leurs derniers besoins.

Privés ainsi de direction, les services se désorganisèrent, et, faute d'ordres donnés, la troupe, qui n'avait touché que 250 grammes de pain, les 27 et 28, ne reçut rien pour la journée du 29.

Or, le procès-verbal d'inventaire fait foi que les magasins militaires contenaient encore plus d'un jour de pain, de riz ou légumes secs, de sel, de sucre, du café, cent mille rations de lard, plus encore de vin ou d'eau-de-vie. Toutes ces denrées furent livrées aux Prussiens, tandis que nos soldats, victimes d'une déplorable négligence, mouraient de faim et de misère. Et, cependant, outre ces denrées, l'autorité allemande, nous l'avons dit, avait fait réunir à proximité d'immenses quantités d'approvisionnements destinés à notre armée. Il eût donc suffi de le demander pour que celle-ci reçut immédiatement les distributions nécessaires.

La capitulation fut mise à exécution le 29 octobre.

A l'occasion de l'article 2 du protocole, nous avons déjà indiqué comment le maintien de l'armée sous les forts avait avancé de trois mois la reddition de la place. Nous devons ajouter que si, une fois décidé à ne plus quitter Metz, le commandant en chef se fût appliqué à recueillir les ressources des environs, si, depuis le 1<sup>er</sup> septembre, il eût réduit les consommations au strict nécessaire, il eût reculé de deux mois la fatale échéance, sans avoir à imposer à ses soldats les privations qu'ils eurent à subir dans la dernière quinzaine du blocus.

C'est à la fin d'octobre que s'ouvraient à Versailles des négociations que fit échouer l'odieuse insurrection du 31 octobre dont la capitulation de Metz fut le prétexte.

A cette époque, l'armée de la Loire s'organisait rapidement. Il est inutile de rappeler que ses progrès devant Orléans ne furent arrêtés que par l'arrivée à marches forcées des troupes du prince Frédéric-Charles.

Ainsi, la rupture des négociations politiques, la continuation indéfinie d'une guerre désastreuse, l'armée allemande devant Paris, tranquillisée et renforcée; notre jeune armée de la Loire rompue et refoulée, malgré une vigoureuse résistance, et, par suite, l'échec des combinaisons de la défense nationale et des efforts désespérés du pays : telles furent les conséquences directes et irréparables de la capitulation de Metz.

En présence de ces faits, on demeure convaincu que la conduite du maréchal Bazaine, qui avait déjà contribué à la catastrophe de Sedan, exerça une influence néfaste sur les événements ultérieurs, qui aboutirent à la défaite finale de la France !

Le 29 au matin, le commandant en chef, qui, dès la veille, avait demandé au prince Frédéric-Charles l'autorisation de partir, quitta le quartier général et s'achemina le premier vers les lignes allemandes.

Pressé de s'éloigner de ces lieux si tristement célèbres, il ne comprenait pas son devoir comme le capitaine de navire qui, après le naufrage, tient à rester le dernier à son bord, afin de veiller jusqu'au bout sur le sort de ses hommes et de montrer ainsi que, par une juste compensation, le commandement suprême impose la suprême obligation de se dévouer, de se sacrifier au besoin pour ses subordonnés.

Mais le prince ne se prêta pas à cet empressement ; il ajourna jusqu'à cinq heures du soir la réception du maréchal, qui dut attendre aux avant-postes le bon plaisir de l'ennemi.

Obéissant à des sentiments plus élevés, les commandants des corps d'armée attendirent que leurs soldats eussent été rendus et toute difficulté aplanie, avant de songer à s'éloigner eux-mêmes.

Ainsi fit également une partie de l'état-major général. Ces officiers, bien que sans ordres, demeurèrent à leur poste, s'efforçant de se rendre utiles jusqu'au dernier moment.

Le 29 octobre, à midi, les différents corps de l'armée, après avoir déposé leurs armes dans les forts, s'acheminèrent en longues files par les routes assignées, et vinrent passer comme des troupeaux devant les régiments prussiens rangés en bataille.

Tel est le défilé que le maréchal avait préféré pour ses soldats.

Mais, bien qu'il n'eût désigné que quelques officiers pour conduire les troupes, la plupart tinrent à honneur d'accompagner leurs hommes jusqu'au dernier moment.

Ce fut un spectacle qui ne s'effacera jamais de la mémoire de ceux qui y ont assisté !

Le temps était froid et sombre, la pluie tombait sans interruption. Sur tous les visages étaient peints la honte et le désespoir, la plupart pleuraient ; quand vint l'instant de la séparation, beaucoup de soldats se jetèrent dans les bras de leurs officiers. Les uns et les autres confondaient dans cet embrassement leurs regrets, leur douleur, mais aussi leurs espérances !

Ainsi une armée de 150,000 hommes, la seule organisée qui restât à la France, prisonnière de guerre ; la ville de Metz intacte, vierge de toute attaque, livrée à l'ennemi, avec un immense matériel ; la Lorraine, avec sa capitale, abandonnée aux coalisés allemands ; 200,000 Prussiens jetés, avec l'enivrement d'un succès inespéré, contre ces jeunes corps sans organisation, sans matériel et presque sans armes, que le patriotisme du pays s'efforçait d'organiser à la hâte sur la Loire ; une lutte devenue désormais par trop inégale et dans laquelle le courage devait rester impuissant devant la discipline et la grande supériorité numérique de l'ennemi ; la France enfin réduite aux dernières extrémités et contrainte de subir la paix la plus douloureuse, tel fut, messieurs, le résultat, telles furent les conséquences de la conduite du commandant de l'armée du Rhin devant Metz. C'est ainsi que ses coupables intrigues aboutirent à une capitulation sans exemple, à la situation la plus douloureuse qui pût être infligée à notre patrie.

Vous avez à prononcer, messieurs, sur le général qui a osé assumer devant son pays et devant l'histoire la responsabilité d'une telle capitulation.

J'ai déroulé devant vous la longue série des actes coupables du maréchal.

Vous l'avez vu d'abord, investi du commandement, demeurer indécis entre son devoir qu'il va méconnaître et de mesquines passions qui déjà l'entraînent.

Le désir de se soustraire à la pression morale du quartier impérial, qui le gêne, vous a expliqué la lenteur de sa marche, l'absence de toute précaution pour ralentir celle de l'ennemi.

Le 16 août, alors qu'un dernier effort eût pu être décisif, il suit sa fatale pensée de retourner en arrière pour aller bientôt s'immobiliser devant Metz.

Le 18, résolu dès la veille à ramener l'armée dans le camp retranché, il reste éloigné du théâtre de l'action.

Pendant la bataille, les instances du maréchal Canrobert, qui lui peint sa situation critique et réclame du secours, sont impuissantes à l'émouvoir et obtiennent à peine l'envoi tardif de deux batteries d'artillerie et de quelques caissons.

Il semble se désintéresser du sort de la journée ; il ne songe même pas à envoyer aux nouvelles et laisse son nombreux état-major inactif lorsque trois cent mille hommes sont aux prises sur les plateaux.

Avant même de connaître le résultat de la lutte, le maréchal a prescrit la rentrée de son armée sous Metz.

Désormais à l'abri des forts, il attendra tranquillement une crise suprême qu'il a jugée imminente après les événements qui se sont précipités depuis l'ouverture de la campagne.

Bientôt il s'engage dans des intrigues politiques que son devoir comme son honneur lui prescrivaient de repousser.

Il ne craint pas de livrer à un inconnu, qu'accrédite seulement auprès de lui une passe suspecte de l'ennemi, avec le secret de sa faiblesse, la fatale échéance de sa résistance; puis après l'avoir chargé de proposer à M. de Bismark la capitulation de son armée, il n'hésite pas à renouveler lui-même cette honteuse proposition.

Ainsi, alors que l'armée est encore presque intacte, alors que ses moyens d'action sont à peine entamés, il ose faire savoir à l'ennemi qu'il est prêt à renoncer à la lutte.

Et quelle est la base indiquée par le maréchal pour cette coupable capitulation ?

Il sait que le gouvernement impérial s'est effondré ; que l'empereur est prisonnier ; que l'impératrice et son fils sont en Angleterre ; qu'un gouvernement nouveau multiplie ses forces pour lutter contre l'envahisseur.

Il a porté ces nouvelles à la connaissance de son armée, ajoutant avec raison que ces revirements politiques ne changeaient rien à leurs devoirs envers la France.

Quels étaient donc ces devoirs, sinon de combattre à outrance. Et cependant il propose de faire poser les armes à son armée, seule espérance et dernier appui sérieux de la défense, il veut la condamner à demeurer sur un territoire neutralisé, spectatrice impuissante des succès des armées allemandes et des ruines que leur présence accumule dans le pays.

Il va jusqu'à affecter d'ignorer l'existence de ce gouvernement qu'il a officiellement reconnu, et il ne recule pas même devant l'éventualité d'une guerre civile qu'entraînerait nécessairement la restauration d'un pouvoir disparu dans les désastres de la patrie.

Instruit désormais de la faiblesse de son adversaire et comptant, non sans raison, sur l'effet énervant des visées politiques qui l'absorbent, M. de Bismark n'a pas acquiescé aux propositions apportées par Régnier, et que le maréchal s'est empressé de renouveler luimême. Celui-ci ne s'obstine pas moins dans la poursuite de ses tortueuses combinaisons ; mais il juge prudent alors de faire partager à ses lieutenants la responsabilité de ses desseins coupables.

Dans ce vain espoir, dissimulant avec soin la vérité sur toutes les circonstances qui pourraient éclairer leur jugement, il les réunit et cherche à s'abriter derrière l'avis d'un conseil sans caractère légal qu'il appelle à délibérer sur un acte qualifié crime et formellement proscrit par la loi.

C'est ainsi que la haute influence du commandement, au lieu de servir de guide aux subordonnés et d'assurer la stricte exécution des réglements, s'emploie avec dissimulation à les pousser hors de la ligne du devoir.

Ces entreprises criminelles ont échoué, le maréchal est tombé dans le piége de l'ennemi qui a su entretenir ses espérances tant que ses soldats pouvaient encore combattre ; mais qui a jeté le masque, le jour où, affaiblie par les privations et par la famine, l'armée française allait se trouver sans résistance à la merci du vainqueur.

Ainsi finit, par suite des calculs égoïstes et des coupables intrigues de son général en chef, cette nombreuse et vaillante armée de Metz, qui entraîna dans son désastre les destinées de la patrie.

Au moment suprème où l'ennemi prenait pour la première fois possession de cette grande cité de Metz, cette patriotique population jusqu'alors dévouée, patiente, résignée, protestait avec dignité contre la conduite du maréchal : elle couronnait d'immortelles et voilait la statue de Fabert, de cet autre maréchal de France qui, oublieux, lui, de ses plus légitimes intérêts, dans une situation extrême, vendait son propre bien pour nourrir ses soldats. Noble désintéressement! Pourquoi le maréchal Bazaine a-t-il oublié cette grande leçon! Que n'a-t-il médité ces belles paroles du héros messin, gravées sur le socle de sa statue :

« Si, pour empêcher qu'une place que le roi m'a confiée ne tombât au pouvoir de l'ennemi, il fallait mettre à la brèche ma personne, ma famille et tout mon bien, je ne balancerais pas un moment à le faire ! »

Enfin le maréchal livre à l'ennemi ses drapeaux. Par quelle manœuvre il y parvient, vous le savez. Il annonce une première fois, le 26, l'ordre de les détruire et il ne le donne pas ; il annonce, le 27, un second ordre et il ne le donne pas encore; mais après quelques hésitations l'armée, rassurée, va se dessaisir de ses aigles et il les tiendra enfin à l'arsenal : alors il tente près du général ennemi une démarche ambiguë qui n'aboutit qu'à une humiliation, et il cède aussitôt à l'injonction hautaine du vainqueur qui désormais dédaigne tout ménagement. — 53 drapeaux français vont décorer le quartier général allemand; quelques jours plus tard nos malheureux compatriotes, conduits en captivité, subissaient en passant le douloureux spectacle de cet insultant triomphe.

Et maintenant, messieurs, comment caractériser cet acte inouï, sans précédents?

La loi qui signale comme une aggravation du crime de capitulation la remise des armes, se tait sur l'abandon des drapeaux et des étendards. Est-ce une lacune? Elle s'expliquerait à la rigueur : le législateur pouvait ne pas prévoir qu'un jour il se rencontrerait un général capable de livrer, d'aussi bonne grâce, par insouciance ou calcul, ses drapeaux à l'ennemi et d'abaisser ainsi sa défaite, comme à plaisir.

Mais l'omission, grâce à Dieu, n'est qu'apparente, et l'impunité légale n'est pas acquise à un tel mépris de tous les sentiments les plus délicats d'une nation restée fière dans ses désastres.

Qu'est-ce que le drapeau, messieurs? Faut-il le redire encore après tant d'autres dont vous avez vu couler ici les larmes plus éloquentes que des phrases? A coup sûr le drapeau est quelque chose qui leur tenait au cœur à ces hommes de forte trempe et de haut courage, puisqu'ils suffoquaient au seul souvenir de ces heures d'angoisses, pendant lesquelles une indigne intrigue les enveloppait et dérobait à leur vigilance les trophées qui ornent aujourd'hui les palais et les basiliques de Berlin. Quelques-uns vous l'ont dit, ces drapeaux couchés dans des fourgons et cachés à tous les regards, c'était, leur semblait-il, comme un lambeau de leur honneur, comme une part de leur âme qu'on leur arrachait, et ceux qui les escortaient avaient l'air de conduire le deuil de la Patrie : c'était, en effet le deuil de sa gloire éclipsée, de son bonheur perdu.

Oui, le drapeau c'est bien, ainsi qu'on vous l'a dit, l'image de la France, c'est bien l'image de ce qu'elle aime, admire et honore le plus, car c'est l'emblême du sacrifice. Il parle à tous un langage ferme et limpide, entendu des plus humbles comme des plus grands : il faut le suivre tant qu'il avance et, s'il tombe, le relever pour le porter plus loin : cela est simple et cela suffit.

Ce drapeau qu'on a pu livrer sans le ternir (trop d'éclat l'environne!), il a été associé au triomphe de la France et à ses désastres, hélas! à ses joies comme à ses souffrances ; il a flotté sur nos splendeurs et nos ruines, toujours honoré, relevant comme une promesse les courages abattus dans les jours de détresse et jalonnant la route du devoir devant les générations qui se succédaient à son ombre. Ainsi liée à nos destinées, cette grande et simple image de la patrie, vrai symbole de son impérissable grandeur, nous apparaît si pleine de brillants souvenirs et d'enivrantes espérances, que l'héroïsme en déborde sur les rangs sans cesse renouvelés de ceux qui se pressent autour d'elle. C'est bien là, messieurs, le drapeau de la France, dont toute l'histoire se résume en ce peu de mots échappés, dans un jour de péril et d'agitation populaire, à l'âme inspirée d'un grand citoyen :

« Il a fait le tour du monde avec nos libertés et nos gloires. »

Celui qu'une autre voix éloquente, chaleureux interprète de nos patriotiques élans, appelait naguère avec une émotion comprise et partagée par toute la France : *le drapeau chéri.*

Doublement chéri, en effet, en ce généreux pays que l'infortune attache, il manquait seulement à ce drapeau, pour défier l'inconstance, le tout-puissant prestige d'un malheur immense et immérité. Un général élevé, sous ses auspices, aux plus hautes faveurs de la fortune, lui préparait cet étrange et cruel destin.

Mais si mourir bravement et les armes à la main, pour le salut de ce drapeau, constitue pour chacun de nous le plus grand des devoirs et le suprême honneur, il faut bien reconnaître que, sacrifier à des considérations personnelles les drapeaux de l'armée qu'on commande, les soustraire sournoisement, par une manœuvre déloyale, à ses soldats affaiblis et trompés, les déposer docilement et humblement aux pieds du vainqueur, et rehausser de ce factice éclat un trop facile triomphe, c'est descendre autant qu'on peut descendre par le mépris du devoir et l'oubli de l'honneur.

Or, la loi nous entretient et de devoir et d'honneur. Vous la méditerez, messieurs, cette loi de salut, et vous entendrez, dans le recueillement de vos consciences, l'inexorable vœu du législateur ?

J'ai terminé, messieurs.

Organe de la loi, le ministère public n'a plus qu'un douloureux, mais rigoureux devoir à accomplir, celui de mettre sous vos yeux les conclusions sur lesquelles vous allez délibérer.

Trois chefs d'accusation, vous le savez, pèsent sur le maréchal Bazaine :

Le premier concernant la capitulation de la place de Metz.

Pour avoir capitulé avec l'ennemi et rendu la place dont il avait le commandement, sans avoir épuisé tous les moyens de défense dont il disposait, et sans avoir fait tout ce que prescrivaient le devoir et l'honneur ;

Le deuxième, pour avoir capitulé à la tête d'une armée en rase campagne, cette capitulation ayant pour résultat de faire poser les armes à la troupe.

Le troisième, pour, étant à la tête d'une armée en rase campagne, n'avoir pas fait, avant de traiter, tout ce que lui prescrivaient le devoir et l'honneur.

En ce qui concerne le premier chef, le maréchal Bazaine, nommé par décret impérial du 12 août 1870, au commandement en chef de l'armée du Rhin, se trouvait, aux termes de l'article 4 du décret du 13 octobre 1863, investi du commandement supérieur de la place de Metz.

Or, il est établi que, contrairement aux dispositions des articles 255 et 256 du même décret et de l'article 209 du Code de justice militaire, il a rendu cette place à l'ennemi sans avoir satisfait à toutes les obligations imposées au commandement, notamment sans avoir épuisé tous les moyens de défense dont il disposait et sans avoir fait tout ce que lui prescrivaient le devoir et l'honneur.

Par le fait de la capitulation signée par lui le 28 octobre 1870, en ce qui concerne la place de Metz, le maréchal Bazaine tombe donc sous l'application des dispositions de l'article 209 du Code de justice militaire.

En ce qui concerne le deuxième chef, il est également établi que, le 28 octobre 1870, le maréchal a signé la capitulation de son armée en rase campagne, et que cette capitulation a eu pour résultat de faire poser les armes à cette armée; il tombe donc, par ce fait, sous l'application de la première partie du premier paragraphe de l'article 210 dudit Code.

Enfin, en ce qui concerne le troisième chef, il est constant que divers actes du maréchal Bazaine se rattachant directement à l'exercice du commandement de l'armée du Rhin, constituent les manquements au devoir et à l'honneur prévus par la deuxième partie du même paragraphe de l'article 210 du Code de justice militaire ; il se trouve, en conséquence, sous l'application de la deuxième partie du premier paragraphe dudit article 210.

La loi, messieurs, a voulu être inexorable pour de tels crimes. Elle n'admet aucune excuse, aucune circonstance atténuante :

« Faire mettre bas les armes à une armée en campagne n'est pas » même une capitulation, disait Napoléon 1er, c'est une usurpation » de pouvoir, une trahison, une lâcheté. Un général n'a pas le droit » de traiter de son armée ; il doit combattre jusqu'à la dernière » extrémité. »

Le Code s'est inspiré de ces nobles, mâles pensées, et pour justifier ses sévérités, le législateur déclarait :

« Que le juge lui-même a besoin quelquefois d'avoir, devant les » yeux, une règle invariable qui soit pour lui l'image austère du » devoir, afin d'y puiser le courage de remplir sa rigoureuse mission » et de ne pas céder à ces entraînements qui, à certaines époques, » tendent à amollir et à énerver la puissance de la loi. »

En conséquence, nos conclusions sont que le maréchal Bazaine (François-Achille), ex-commandant en chef de l'armée du Rhin, soit déclaré coupable :

1° D'avoir, le 28 octobre 1870, capitulé avec l'ennemi et rendu la place de Metz, dont il avait le commandement supérieur, sans avoir épuisé tous les moyens de défense dont il disposait, et sans avoir fait tout ce que prescrivaient le devoir et l'honneur ;

2° D'avoir signé, le même jour, 28 octobre 1870, à la tête d'une armée en rase campagne, une capitulation qui a eu pour résultat de faire poser les armes à cette armée ;

3° De ne pas avoir fait, avant d'avoir signé ladite capitulation, tout ce que lui prescrivaient le devoir et l'honneur ;

Crimes prévus et punis par les articles 209 et 210 du Code de justice militaire.

Requérons le conseil de faire, en conséquence, au maréchal Bazaine application desdits articles 209 et 210, en se conformant aux prescriptions de l'article 135 dudit Code.

Requérons, en outre, le conseil de prononcer contre ledit maréchal Bazaine l'application des dispositions prescrites par les articles 138 et 139 dudit Code.

## 2° Plaidoirie de M° Lachaud.

*Audience du dimanche 7 décembre.*

M. LE PRÉSIDENT. — La parole est au défenseur.

M° LACHAUD :

MONSIEUR LE PRÉSIDENT,

MESSIEURS LES MEMBRES DU CONSEIL,

Le plus glorieux de nos soldats est-il un traître, le maréchal Bazaine a-t-il forfait à ses devoirs de commandant en chef et à l'honneur ? M. le commissaire du gouvernement vous demande de le déclarer et d'ajouter cette honte à toutes nos infortunes.

La France n'a-t-elle pas assez de ses revers ? N'est-ce pas assez pour elle de la perte de deux provinces si chères, qu'un vainqueur impitoyable nous a si cruellement arrachées ; faut-il encore, après trois ans, subir le reflet de nos discordes intérieures et prouver à nos ennemis que nous ne savons vivre qu'au milieu des haines et des colères ?

Les nations viriles, messieurs, n'ont pas d'injustes soupçons pour les hommes, pour les généraux qui ont été malheureux ; les peuples faibles, au contraire, cherchent une victime, l'immolent, après quoi il leur semble que la douleur est pour eux moins amère! Je n'accepterai jamais pour mon pays ces défaillances patriotiques ; la France vit toujours, résolue, courageuse; ayons donc cette force d'envisager avec calme nos malheurs passés, et préparons-nous pour l'avenir.

L'accusation, messieurs, à laquelle je dois répondre, s'est formulée d'une manière impitoyable dans les deux documents qui vous ont été lus, le premier au commencement des débats ; quant au second, il a été achevé hier. Dans l'un et l'autre, j'ai trouvé les mêmes ardeurs, les mêmes tendances, les mêmes injustices. Il me semble, messieurs, que c'est le même style dans sa véhémence. On ne s'est pas assez souvenu que l'on parlait d'un maréchal de France, d'un glorieux soldat qui n'avait pas encore été frappé par la justice.

Cependant, il y a des différences à faire, et je m'empresse de le constater. Nous sommes arrivés au moment de la lutte entre l'accusation et la défense ; à ce moment, nous discutons, et j'entends bien que des vivacités de langage sont permises à cette heure : la défense aura les siennes ; elle usera, à son tour, de toute la liberté que l'accusation a pu prendre ?

Mais le rapport n'avait pas les mêmes droits ; le rapport, c'est le résumé simple, calme, sans passion, de la cause qui va être soumise aux juges.

Il faut bien qu'il en soit ainsi, messieurs ! S'il en était autrement, est-ce que cela serait juste de forcer l'accusé au silence, quand au début d'une affaire la discussion s'engage contre lui ?

Je n'ai rien de plus à dire du rapport ; j'avais fait un travail dans lequel je m'étais promis de relever toutes les paroles vives qu'il contient contre le maréchal, j'y ai renoncé, car je n'ai pas voulu donner aux militaires qui y sont attaqués si cruellement la douleur d'entendre ces attaques une seconde fois ; je ne veux pas d'autres juges que vos consciences ; mais, ce que j'affirme, c'est que dans ma longue carrière je n'ai jamais vu une accusation se formuler ainsi ; jamais pareil acte d'accusation n'est sorti de la plume d'un procureur général.

Ah ! ce fut cruel pour le maréchal d'attendre deux mois pour répondre ; mais enfin le jour de l'accusation doit venir, bien lentement peut-être, mais, à une heure donnée, son défenseur prendra la parole !

Mais les témoins, eux aussi, sont protégés par la loi ; quand ils n'ont pas été jugés assez coupables pour en faire des accusés, quelle est donc la situation qui leur est faite, je le demande à la justice du conseil ? Que peuvent-ils faire, ces témoins si cruellement atteints? il faut qu'ils se taisent! Quelle que soit la vivacité des blessures qu'on leur a faites, ils n'ont pas le droit de s'en plaindre, parce que la loi entoure les magistrats d'un respect inviolable ; s'ils parlent, s'ils laissent échapper quelques paroles empreintes d'irritation, ils sont coupables !

Ah ! qu'une œuvre semblable ne se reproduise jamais ; c'est le vœu le plus ardent que je puisse former. Nous vivons dans un pays généreux et, quand un homme est attaqué, il faut qu'il ait le droit de se défendre.

C'est tout ce que j'ai à dire sur ce sujet et je ne parlerai plus du rapport que pour l'apprécier.

Un maréchal de France a trahi ? Lui, le militaire dont les états de service ont été lus au commencement de cette affaire ; lui, dont l'existence glorieuse a été pendant quarante ans pour la France un sujet d'admiration.

Voyons sa vie ! Ah ! c'est bien mon devoir de la retracer, et M. le président, dans sa grande impartialité, dont je suis heureux de le remercier publiquement, l'a bien compris quand il a ordonné la lecture de ses états de service.

Mᵉ Lachaud lit encore les états de service du maréchal. Il donne quelques souvenirs de la présence du maréchal en Algérie et surtout au Mexique. Partout, Bazaine a reçu des lettres flatteuses des plus grands personnages. Mᵉ Lachaud lit toutes ces lettres qui ne présentent pas un grand intérêt. Elles sont signées pour l'Algérie par les généraux Cavaignac et Pélissier, pour le Mexique par le roi Léopold, par le malheureux Maximilien, par l'impératrice Charlotte, par le maréchal Niel.

Et maintenant, arrivons à l'année 1870. En juillet 1870 est déclarée la guerre à la Prusse, guerre que le pays voulait. (Léger mouvement.)

Oui, aujourd'hui, il est facile de protester et de dire le contraire. Mais en 1870, la guerre était une nécessité.

Est-ce que, par hasard, on aurait oublié que depuis 1866, depuis la bataille de Sadowa, l'opposition demandait tous les jours la guerre.

En faisant des révolutions, est-ce que nous perdrions la mémoire ? Ne se rappellerait-on pas ces manifestations qui ont fini par déterminer le souverain ?

Où sont-ils ceux qui ont résisté, ceux qui se sont opposés à la guerre ? J'en connais deux ; ils l'ont déclaré à la tribune. Quant aux autres ils ont salué la guerre avec acclamation.

Je n'ai pas à juger la politique, mais il ne faut pas être injuste : le pays voulait la guerre.

Le maréchal Bazaine reçut d'abord un premier commandement, celui du 3e corps.

Dans le rapport, on dit qu'il n'a pas été content de ce commandement, qu'il l'a trouvé d'une trop petite importance. Le maréchal Le Bœuf vous a répondu que le maréchal Bazaine était enchanté.

Plus tard, le 5 août, le maréchal Bazaine, en outre, a eu le commandement des 2e et 4e corps, et alors on parle de la bataille de Forbach.

M. le commissaire du gouvernement a dit qu'il ne voulait pas en parler. Et il avait raison, mais le rapport en parle.

Le rapport s'est complu à attaquer: ce n'est pas seulement le maréchal qu'il atteint, c'est le général Frossard qu'il atteint en même temps que le maréchal Bazaine ; il atteint tout le monde, excepté le gouvernement de la défense nationale. Je n'ai qu'un mot à dire de la bataille de Forbach, je le dirai.

Les reproches du rapport étaient injustes : le général Frossard est venu devant vous dire, en termes bien simples, que le maréchal Bazaine avait fait tout ce qu'il devait, tout ce qu'il pouvait ; que le sort des batailles ne dépend pas toujours du courage. Et cependant, pendant les vingt ou trente pages que le rapport consacre à la bataille de Forbach, il répète qu'il a abandonné son lieutenant ; qu'il ne lui a pas donné le secours qu'il demandait.

Et il a fallu faire entendre devant vous les généraux de Montaudon, de Castagny, Mettmann, Bataille ; tous, ils vous ont dit qu'aus-

Mᵉ LACHAUD.

sitôt les ordres reçus, ils ont été exécutés ; et que le maréchal Bazaine, averti de ce qui se passait, a fait tout son possible.

Eh bien ! soit, ne parlons pas de Forbach ; mais, je le répète, le rapport n'aurait pas dû en parler.

Le 12 août, le maréchal Bazaine est nommé commandant en chef de l'armée du Rhin.

Il voulait le commandement, il l'a demandé, dit-on ! Eh bien! ce n'est pas la vérité ; la vérité a été déposée ici par tous. Vous avez entendu le maréchal Le Bœuf ; qu'a-t-il dit ? qu'il avait su par l'empereur que le maréchal Bazaine avait fait des difficultés pour accepter le commandement, qu'il aurait ainsi sous ses ordres les maréchaux Canrobert et Le Bœuf, plus anciens que lui, et que l'empereur avait passé outre, en ne tenant pas compte de ses scrupules.

Vous avez entendu le président du Corps législatif qui, par la nature de ses hautes fonctions, se trouvait en communication constante avec le gouvernement et avec l'opposition.

On lui a demandé si le maréchal Bazaine avait sollicité le commandement. Qu'a-t-il répondu ? que rien ne pouvait motiver cette supposition. Que tout prouve le contraire ; que c'est l'opinion publique qui, seule, l'a fait désigner pour le commandement.

Un troisième témoin, M. Rouher, qu'a-t-il dit ? que le maréchal avait obéi à un ordre de l'empereur et qu'il n'avait pas recherché le commandement en chef de l'armée du Rhin. Nous en avons donc fini avec cette calomnie. Solliciter le commandement après le désastre de Reichshoffen ! mais c'était s'exposer à des périls immenses que de le solliciter à ce moment suprême !

Tout cela n'est pas raisonnable.

On a dit que non-seulement il avait agi auprès du pouvoir, mais qu'il avait agi auprès de l'opposition.

Eh bien ! vous avez entendu ici M. Jules Favre ; il a déclaré qu'il n'y avait jamais eu la moindre entente entre le maréchal et l'opposition.

L'opinion publique a désigné le maréchal Bazaine pour ce commandement en chef, et le pouvoir a obéi.

Ah ! il y a l'incident Kératry. Je n'en parlerais pas, si M. le commissaire du gouvernement n'en eût pas parlé, cela aurait mieux valu. Oui, il aurait mieux valu ne pas mêler le nom d'une femme à ces débats.

Les souvenirs de M. de Kératry ne sont pas exacts. C'est déjà prouvé à moitié. Je vais vous en fournir la preuve complète. Comment ! M<sup>me</sup> la maréchale aurait dit que son mari était fatigué des fautes de l'empereur, qu'il allait se retirer ; que lui, M. de Kératry, l'aurait répété au ministère ?

Les souvenirs de M. de Kératry ne sont pas exacts, et ils ne peuvent se maintenir en présence de témoignages qui ne peuvent se tromper.

Il y a ceci de fâcheux pour M. de Kératry, c'est que ni M. Jules Favre, ni M. le ministre ne se souviennent de ce que M. de Kératry affirme avoir dit au ministre. Ainsi, ni le maréchal, ni M^me la maréchale n'ont dit que le maréchal était en révolte contre son souverain, fait bien honteux pour un soldat et bien rare heureusement.

Aussi M^me la maréchale a-t-elle fait le voyage de Marseille de sa personne pour demander à M. de Kératry de dire que ce qu'il déclarait n'était pas possible, qu'il s'était trompé.

Ah! si M^me la maréchale n'eût pas fait ce voyage, quel parti le ministère public en aurait tiré ! Laissons ce voyage de côté.

Qu'a dit M. Jules Favre à M^me la maréchale ? Il a déclaré : « Je n'ai aucun souvenir du langage tenu par M. de Kératry dans le cabinet de M. le ministre de la guerre. Votre beau-frère ne m'a rien fait connaître de semblable. Le maréchal Bazaine nous paraissait le plus capable de relever nos affaires militaires, et c'est pourquoi nous pressions le ministre de le mettre à la tête du commandement. »

Et le ministre qu'a-t-il répondu :

Il a dit : « J'ai eu l'honneur de recevoir M. Jules Favre, M. de Kératry et M. Picard ; ils venaient chez moi pour me demander de presser l'armement. La conversation n'a roulé que sur ce sujet. »

Le propos rapporté par M. de Kératry est inexact, et il est même impossible ; l'empereur était déjà au camp de Châlons, le maréchal Mac-Mahon était déjà nommé commandant en chef de l'armée de Châlons, et M. le maréchal Bazaine de l'armée du Rhin.

M. de Palikao a protesté contre la mise en demeure que lui aurait adressée M. de Kératry. M. de Palikao a nié formellement le propos de M. de Kératry.

M^e Lachaud donne lecture de la déposition de M. le général de Palikao (déposition que nous avons déjà reproduite).

M. J. Favre, lui aussi, dans un ouvrage sur les événements du 4 septembre, ne dit pas un mot qui rappelle le fait indiqué par M. de Kératry.

Ainsi, voilà l'incident de Kératry vidé. M. de Kératry a donc le malheur d'être en désaccord avec tout le monde : avec le ministre, avec un de ses amis politiques ; il dit qu'il a parlé à tout le monde des désirs du maréchal, et personne ne se le rappelle.

J'ai donc le droit de dire que le maréchal Bazaine a obéi à l'empereur ; et, investi de ce commandement, il a éprouvé toutes les douleurs que vous connaissez.

Il est nommé le 12, c'est le 13 qu'il prend ce commandement ; à quelle heure? Il est impossible de le dire ; monsieur le président, malgré son désir d'arriver à la précision, n'a pu fixer un moment certain pour cette transmission du commandement en chef.

Et puis, on s'est battu le 14, on s'est battu le 16, on s'est battu le 18.

C'étaient de grands combats qui ont donné de la gloire à nos armes ; mais le blocus se resserrait. On s'est battu, on s'est battu encore, et il est arrivé un jour où la famine a réduit cette armée, et le chef de l'armée a compris que le moment suprême était arrivé pour elle, il a compris qu'il ne pouvait laisser égorger jusqu'au dernier homme de cette armée, la seule qui restât à la France.

Sortir alors, c'eût été une folie glorieuse, mais une folie ; cette sortie, M. le commissaire du gouvernement l'aurait voulue, mais alors on eût laissé 40 ou 50,000 hommes sur le champ de bataille ; cette sortie eût été l'armée sacrifiée, c'eût été le triomphe de la barbarie. Tandis qu'obligés d'accepter la capitulation, nous avons du moins retrouvé la vaillante armée de la France, qui, à son retour de captivité, a pu sauver la société.

Le ministère public dit que M. le maréchal Bazaine a trahi l'empereur, puis il dit ensuite qu'il a trahi la France pour l'empereur. Etrange contradiction. Nous y reviendrons plus tard.

M<sup>e</sup> Lachaud donne lecture des lettres adressées au maréchal Bazaine par l'empereur, dans lesquelles Napoléon III dit qu'il ne comprend pas les poursuites dirigées contre le maréchal, dont il déclare n'avoir jamais eu à se plaindre. (Lettres que nous avons déjà publiées.)

M<sup>e</sup> Lachaud prouve ensuite que le maréchal Bazaine a demandé lui-même qu'il fût fait une enquête sur la capitulation de son armée.

Il s'est adressé à M. Thiers, et il lui a demandé des juges par deux fois. Voici en quels termes s'expliquait M. Thiers, devant l'Assemblée, à la séance du 29 mai 1871 :

M. Thiers, chef du pouvoir exécutif : « Je viens remplir un devoir que je me reprocherais de ne pas accomplir, et que vous-mêmes me reprocheriez de négliger. Je viens au nom du maréchal Bazaine vous demander ce que, pour ma part, je regarde comme un grand acte de justice.

» J'ai été heureux d'entendre notre illustre collègue le général Changarnier parler si dignement d'un de nos grands hommes de guerre.

» Depuis assez longtemps déjà, le maréchal Bazaine m'avait écrit pour réclamer cet acte de justice, qu'il voulait devoir à l'Assemblée nationale.

» .... Le maréchal Bazaine, j'en suis convaincu, a été cruellement calomnié; mais un gouvernement ne suffit pas à abattre la calomnie; le maréchal Bazaine demande formellement qu'une enquête soit ouverte pour qu'on juge les événements de Metz. »

Et enfin, messieurs, après la réunion de la commission d'enquête, M. le maréchal Bazaine écrivait encore à M. le président de la République :

« Paris, 3 mai 1872.

» Monsieur le président,

» J'ai l'honneur de vous remercier d'avoir bien voulu me faire donner connaissance du rapport de la commission d'enquête sur la capitulation de Metz.

» Je n'aurais jamais cru, avant cette lecture, qu'il fût possible d'accumuler contre un maréchal de France autant de malveillantes insinuations sans qu'il ait été mis en présence de ses détracteurs. Et je n'accepte pas les blâmes qui sont énoncés dans ce rapport.

» Il vous appartient, monsieur le président, de traduire devant le conseil de guerre l'homme qui, après avoir servi en soldat et non sans honneur son pays pendant quarante-et-un ans, est exposé à supporter, contre toute justice, la responsabilité de tous nos malheurs.

» J'attends l'ordre de comparaître devant les juges qui m'écouteront. J'aurai pour moi l'opinion des honnêtes gens qui me verront lutter contre mes calomniateurs. Ce n'est pas sa vie que le maréchal Bazaine prétend défendre, mais bien son honneur de soldat, son seul patrimoine, qu'il veut transmettre intact à ses enfants.

» J'ai l'honneur d'être avec respect, monsieur le président, votre très-obéissant serviteur,

» Maréchal BAZAINE. »

Mais avant qu'il pût en arriver là, les calomnies avaient circulé de toutes parts ! Ah ! cette croisade se continue encore aujourd'hui, et ce n'est pas à vous, messieurs, que j'ai besoin de dire de quelles injustices odieuses le maréchal est la victime.

Il faut le dire, il se trouva deux hommes, deux officiers supérieurs qui contribuèrent à la propager: M. le colonel d'Andlau et M. le colonel Villenoisy.

Mᵉ Lachaud donne lecture de la lettre du colonel d'Andlau qui fut publiée par l'*Indépendance belge* le 22 décembre 1870. Il cite l'opinion des généraux Changarnier et Le Flô, qui ont vivement condamné la conduite des deux colonels.

Mais arrivons aux faits.

Et d'abord, est-il prouvé que la marche sur Verdun était bien arrêtée? Où donc monsieur le commissaire du gouvernement puise-t-il cette certitude? je ne la trouve nulle part; il ne faut pas oublier qu'on espérait alors l'intervention des puissances, et qu'un échec nouveau aurait empêché cette intervention. M. le commissaire du gouvernement dit qu'il y avait un ordre formel de diriger l'armée sur Verdun : voyons les dépêches et les ordres de l'empereur. Le maréchal Le Bœuf vous a dit que l'empereur pouvait avoir le désir de cette marche, mais voilà tout; des ordres, il n'y en a pas eu.

Le 12 août, l'empereur envoie la dépêche suivante au maréchal :

« Plus je pense à la position qu'occupe l'armée, plus je la trouve critique, car si une partie était forcée, et qu'on se retirât en désordre, les forts n'empêcheraient pas la plus épouvantable confusion. Voyez ce qu'il y a à faire, et, si nous ne sommes pas attaqués demain, prenons une résolution. »

« Voyez ce qu'il y a à faire, » dit l'empereur.

Et le 13, l'empereur lui écrit de nouveau :

« Il n'y a pas un moment à perdre pour faire le mouvement arrêté. »

Le maréchal lui répond :

« Le général Coffinières, qui est en ce moment avec moi, m'affirme que, malgré toute la diligence possible, les ponts seront à peine prêts demain matin. »

Dans la soirée, le maréchal écrit encore ceci :

« L'ennemi paraissant se rapprocher de nous et vouloir surveiller nos mouvements, de telle façon que le passage à effectuer sur la rive gauche pourrait entraîner un combat défavorable pour nous, il est préférable, soit de l'attendre dans nos lignes, soit d'aller à lui par un mouvement général d'offensive. Je vais tâcher d'avoir des renseignements : j'ordonnerai alors les mouvements que l'on devra exécuter, et j'en rendrai compte immédiatement à Votre Majesté. »

Donc, jusqu'à cette heure, le plan n'est pas bien arrêté.

A onze heures du soir, l'empereur répond au maréchal :

« La dépêche que je vous envoie de l'impératrice montre bien l'importance que l'ennemi attache à ce que nous ne passions pas sur la rive gauche; il faut donc tout faire pour cela. Si vous croyez devoir faire un mouvement offensif, qu'il ne nous entraîne pas de manière à ne pas pouvoir opérer notre passage. »

Le maréchal était donc libre de juger la situation. On se battit le 14 et le 16; après ces batailles, les difficultés étaient encore plus grandes, et l'empereur sentait si bien que la situation était modifiée, que le 17, écrivant au maréchal pour féliciter les troupes, il ne dit pas un mot de cette marche sur Verdun.

J'établis donc que jamais l'empereur n'a donné un ordre absolu pour cette marche. L'état-major du général Le Bœuf savait la pensée intime de l'empereur à ce sujet. Eh bien, le maréchal Le Bœuf a dit que « l'empereur s'était décidé à se retirer sur Châlons, mais qu'il ne pouvait pas dire si des ordres bien précis avaient été donnés pour ce mouvement ; cette idée n'avait pas été parfaitement arrêtée. » Il n'y avait qu'un projet. Et c'est là la grande trahison que l'on reproche au maréchal. Et puis, est-ce que ce projet n'était pas soumis à toutes les éventualités de la guerre, que vous, généraux éminents, comprenez si bien ?

Du reste, un général en chef qui recevrait des ordres de son souverain, est-il obligé de s'y conformer aveuglément s'il les croit dangereux ?

Dans l'*Extrait des commentaires de Napoléon I*er *sur les campagnes d'Italie,* je lis : Qu'un commandant en chef ne doit pas se charger d'exécuter des ordres qu'il considère comme devant amener des résultats funestes, et qu'il est criminel de livrer une bataille qu'il a la certitude de perdre. Le prince et le ministre peuvent donner des instructions, mais pas des ordres militaires à un commandant en chef.

Sur ce point, nous sommes d'accord : l'empereur n'avait plus le droit de donner des ordres, et le maréchal Bazaine avait le pouvoir de ne pas exécuter ceux qui lui seraient donnés ; ne répétons donc pas toujours l'ordre de passer la Moselle. Le maréchal a voulu opérer ce passage, non pas pour aller jusqu'à Châlons, mais pour prendre des positions entre Meuse et Moselle.

Le 13, dans la nuit, les ponts furent emportés, et le 14, à midi seulement, ils furent prêts. Le colonel des pontonniers, le colonel Marion, avait annoncé qu'ils ne seraient prêts que le 14 à midi. Quant aux autres ponts, les ordres avaient été donnés par le commandement qui avait précédé celui du maréchal Bazaine, et il n'en est pas responsable, même à partir du 13, jour où a eu lieu la prise de possession ; il etait à Borny, l'état-major général était sur le terrain, et devait s'occuper du passage ; à quoi donc servent les états-majors s'ils ne s'occupent pas de régler ces détails ? Est-ce que le commandant en chef peut tout voir et tout faire ?

Le ministère public veut le rendre responsable de tous les détails, c'est inadmissible. Quant aux ponts de Novéant, qui devait donner des ordres pour les faire sauter ? Tout le monde a voulu faire de la stratégie, et vous devez sourire quand vous entendez les hommes ignorants venir faire des plans devant vous. Le maréchal devait faire

couper ces ponts, a-t-on dit ; mais à qui les ordres ont-ils été demandés ? à l'état-major, qui répondait immédiatement. Comment M. le
commissaire du gouvernement peut-il en rendre responsable le maréchal ?

On ne demandait pas les ordres au maréchal Bazaine, on les demandait à l'état-major général. Et les routes ? Est-ce aussi au commandant en chef à les reconnaître ? Doit-il donner des ordres détaillés,
pour la direction d'une compagnie à travers les sinuosités de la
montagne ? C'est insensé, le commandant en chef dit qu'il veut aller
là, et c'est à l'état-major à indiquer les moyens.


Nous arrivons aux batailles, je n'aurai pas à les discuter, et à ce
sujet, je tiendrai mieux mes promesses que M. le commissaire du
gouvernement. Serait-il sérieux en effet de discuter une bataille, de
discuter le plan d'un général en chef ?

M. le président, dans son interrogatoire, si bienveillant et si précis,
avait écarté cette question, et il avait raison. Comment, on voudrait
discuter les opérations du maréchal et se faire juge de leur mérite ?
C'est étrange. Le maréchal Bazaine a conduit l'armée comme il a
cru devoir le faire, et il ne relève que de sa conscience sur la manière
dont il a dirigé ses opérations. Le commissaire du gouvernement,
dans son réquisitoire, a souvent donné comme des preuves des allégations qu'il ne peut établir. Je commence par la bataille de Borny.

Quand ce procès s'est engagé, certaines personnes s'attendaient à
un spectacle honteux ; on croyait que les généraux s'attaqueraient
les uns les autres pour dégager leur responsabilité ; il semblait que
nous allions tomber dans une confusion déplorable ; il n'en a rien
été. M. le commissaire du gouvernement a dit que le maréchal voulait se défendre aux dépens de ses lieutenants. Non, le maréchal
couvre tout le monde, il ne veut pas se défendre aux dépens des autres ; il n'y a que les lâches qui font ça.

J'ai entendu dans le réquisitoire un mot qui m'a été au cœur, le
mot lâche, appliqué au maréchal ; lâche, lui qui a donné tant de
preuves du plus brillant courage ! Tous ces chefs d'armée, que vous
avez entendus, sont venus et pas un n'a jeté à son général en chef une
parole de blâme et de récrimination ; non, l'armée vit encore.

C'était grand, c'était beau, de voir tous ces vaillants soldats : le
maréchal Canrobert avec sa parole imagée, qui a parlé des troupes
comme le père du soldat et de la France, en citoyen brave et dévoué ;
le maréchal Le Bœuf, ce pauvre calomnié, qui ne l'est plus aujour-
d'hui ; le général Frossard, dont la parole indique la précision et la
volonté ; le général Ladmirault, simple, ferme et modeste dans sa
fermeté mâle et fière ; le général Bourbaki, le plus malheureux de

tous, parce qu'il a été éloigné de l'armée aux jours les plus terribles, quel cœur et quelle grandeur !

Je le répète, c'était un beau spectacle, et ce procès, qui se plaide devant le monde entier, a montré qu'il nous reste de grandes richesses, et qu'un bel avenir est encore réservé à notre pays : tous ces généraux défendent le chef qu'ils reconnaissent.

Les batailles, je l'ai déjà dit, je ne me donnerai pas le ridicule de les discuter : C'est assez d'avoir vu à cette barre un avoué qui apportait le plan qu'il avait fait pour sauver Metz.

Arrivons aux faits, voyons ce qui s'est passé. Je prends Borny, le 14 août, à midi...

Les troupes avaient été disposées par le commandant en chef. Deux divisions étaient sur la rive gauche de la Moselle, le 3ᵉ corps était sur la rive droite, il fallait venir à son secours. Le combat se termine à neuf heures du soir. Je n'ai pas à vous rappeler que le maréchal Bazaine, toujours en avant, reçut une contusion grave à l'épaule, et que cette contusion, sans son épaulette, eût été une blessure dangereuse. Ai-je besoin de vous dire sa bravoure? A ce point de vue, il a été apprécié par le général Bourbaki.

Vous vous rappelez sa déposition, je ne veux pas revenir sur ce point ; mais quand on a l'esprit à d'autres préoccupations, on n'agit pas comme faisait le maréchal : Les traîtres, ordinairement, ne se font pas tuer.

Vous avez encore entendu M. le capitaine de Chasseloup-Laubat : « Nous étions, dit M. de Chasseloup-Laubat, aux côtés de M. le maréchal. Un obus vint frapper l'arbre près duquel nous nous trouvions. Nous eûmes un moment d'angoisse bien naturelle. » Je dois dire que M. le maréchal faillit être tué deux fois ce jour-là, car le soir encore, un autre obus lui frôla la poitrine.

Mais cherchons quelle était la position de l'armée le 15. Le 15, la division de cavalerie du Barrail éclaire le chemin de Mars-la-Tour ; le 3ᵉ corps a une division sur le plateau de Gravelotte. Le 16 a lieu la bataille de Rezonville, que j'aurai à examiner, car il faut savoir si les renseignements envoyés à l'empereur sont exacts.

La bataille de Rezonville a commencé à neuf heures du matin, et elle a duré jusqu'à sept ou neuf heures du soir. Nous avons conservé nos positions.

Le maréchal a envoyé à l'empereur une dépêche, le 16 août, à dix heures du soir:

« Gravelotte, 16 août, 10 h. soir.

» Sire,

» Ce matin, à neuf heures, l'ennemi a attaqué la tête de nos campements à Rezonville. Le combat a duré depuis ce matin jusqu'à huit heures du soir. Cette bataille a été acharnée ; nous sommes restés sur nos positions après avoir éprouvé des pertes sensibles. La difficulté aujourd'hui gît principalement dans la diminution de nos parcs de réserve, et nous aurions peine à supporter une journée comme celle d'aujourd'hui avec ce qui nous reste dans nos caissons.

» D'un autre côté, les vivres sont aussi rares que les munitions, et je suis obligé de me reporter sur la ligne de Vigneulles-Lessy pour me ravitailler. Les blessés ont été évacués ce soir sur Metz. Il est probable, selon les nouvelles que j'aurai de la concentration des armées des princes, que je me verrai obligé de prendre la route de Verdun par le Nord. »

Le 17 août, autre dépêche du maréchal à l'empereur :

« Metz, 17 août.

» J'ai eu l'honneur d'écrire à Votre Majesté, hier soir, pour l'informer de la bataille soutenue, de neuf heures du matin à huit heures du soir, contre l'armée prussienne qui nous attaquait dans nos positions de Doncourt à Vionville. L'ennemi a été repoussé et nous avons passé la nuit sur les positions conquises. La grande consommation qui a été faite de munitions d'artillerie et d'infanterie, la seule journée de vivres qui restait aux hommes, m'ont obligé à me rapprocher de Metz pour réapprovisionner le plus vite possible nos parcs et nos convois.

» J'ai établi l'armée du Rhin sur les positions comprises entre Saint-Privat et Rozérieulles. Je pense pouvoir me mettre en marche après-demain, en prenant la direction plus au nord, de façon à venir déboucher sur la gauche de la position d'Haudiomont, dans le cas où l'ennemi l'occuperait en force pour nous barrer la route de Verdun, et pour éviter des combats inutiles qui retardent notre marche.

» Le chemin de fer des Ardennes est toujours libre jusqu'à Metz, ce qui indique que l'ennemi a pour objectif Châlons et Paris.

« On parle toujours de la jonction des armées des deux princes. Vous avions devant nous, hier, le prince Frédéric-Charles et le général Steinmetz. »

L'accusation nous dit : Mais ces renseignements n'étaient pas exacts, et la conséquence qu'elle en tire, c'est qu'on trompait l'empereur.

Ma réponse est facile. En ce qui concerne les munitions, d'abord, un général d'artillerie éminent, le général Soleille, blessé, s'était fait transporter dans une maison d'où il entendait très-bien le canon et la fusillade, et les ayant entendus, il avait envoyé le colonel Vasse Saint-Ouen, en lui ordonnant de dire au maréchal : « Prenez garde, les munitions sont dépensées avec une profusion extraordinaire, on a dépensé la moitié des munitions de l'armée tout entière. » A coup sûr ces renseignements devaient frapper beaucoup le commandant en chef.

M. Vasse Saint-Ouen a ajouté que le général Soleille avait peut-être exagéré, mais que lui n'avait été qu'un porteur de paroles. Donc le général Soleille avait dit ces choses.

Mais pourquoi le général Soleille a-t-il dit cela ? ajoute le ministère public; c'est que le général Soleille, souffrant, se trouvait sous le coup d'impressions pénibles et de la maladie. Aujourd'hui encore il est malade ; c'est très-regrettable.

Quelle est la cause de sa maladie, je n'en sais rien; mais il y a trois ans, le commandant en chef devait-il se douter des raisons que donne l'accusation !

Non, il faut dire que quand le maréchal écrivait qu'il y avait eu une grande perte de munitions, il disait ce qui était pour lui la vérité.

Quant aux vivres, que disait-on le 16 août ? On disait que les convois de vivres étaient au Ban-Saint-Martin et qu'il était difficile de les faire arriver. Voilà tout.

M. le maréchal envoyait, en outre, M. le commandant Magnan au camp de Châlons. Il faut nous arrêter à ce voyage.

Il y a en vérité des choses que je ne puis pas comprendre dans ce réquisitoire ! celle-ci en est une, ce n'est pas la seule. Le réquisitoire a dit qu'il y avait là quelque chose d'obscur, de mystérieux, de sombre. Nous verrons ce que cette mission pouvait renfermer de mystérieux. L'empereur n'a pas reçu de dépêches aussi complètes qu'il eût été désirable qu'on lui en eût envoyé. Que fait le maréchal ? Il envoie un aide-de-camp pour rendre compte de tous les détails qui n'avaient pu être écrits au souverain.

Indépendamment donc de ce qu'on avait écrit, à savoir que le 16 août on avait fait une dépense considérable de munitions, on avait pu par la suite se procurer de nouveaux renseignements. Mais M. Magnan avait notamment pour mission de demander à l'empereur s'il peut remplacer un chef de service. Il arrive au camp, il est reçu par S. M. l'empereur ; il repart à deux heures du soir, accompagné de M. le baron Larrey et d'un aumônier de l'armée, qui allaient tous deux à Metz retrouver le commandant en chef de l'armée.

Ils se mettent en route, ils arrivent à Hayange vers neuf heures du soir ; là, on leur apprend que la voie est coupée. Il apprend encore que le chemin de fer est coupé entre Metz et Thionville.

On pense qu'il vaut mieux revenir à Charleville; on y arrive le 19, puis à Thionville, et là, M. le colonel Turnier déclare qu'on ne peut pas passer.

M. Magnan pourtant désire communiquer avec le maréchal Bazaine. Il vient à Montmédy, il envoie vingt-huit ou trente émissaires, il se déguise en employé de chemin de fer, et lorsqu'il voit que tous ses efforts sont inutiles, il fait alors, ce vaillant et honnête officier, une demande de service à l'armée de la Loire. Il obtient là ses épaulettes de lieutenant-colonel, qu'il peut porter avec la satisfaction d'avoir rempli son devoir.

Oh ! c'est très-sombre, dit l'accusation. Qu'y a-t-il donc de mystérieux ?

M. Magnan vous dit : « Je n'avais pas de mission. » Que voulez-vous de plus ? Pourquoi ne pas croire à la parole de cet officier brave et loyal ? M. le commandant Magnan a dit à l'empereur que le maréchal voulait s'élever vers le nord, et l'empereur a répondu que c'était le seul moyen, en effet, d'atteindre un résultat. Il n'y a rien eu de plus.

Oh! oui, c'est une bien mystérieuse mission, et M. Piétri, le secrétaire particulier de l'empereur, en a été informé d'une façon extraordinaire.

Voyons, qu'est-ce que tout cela veut dire? C'est dans le rapport que tout cela était très-obscur; dans le réquisitoire, ce n'est pas devenu beaucoup plus clair. J'ai cru pourtant apercevoir un peu de lumière. M. le commissaire du gouvernement a dit que le commandant Magnan n'avait pas voulu rentrer, qu'il était convenu avec le maréchal qu'il ne rentrerait pas.

Mais voyons, ne valait-il pas mieux alors ne pas l'envoyer : c'était beaucoup plus simple.

Vais-je maintenant me promener avec tous les émissaires qui ont pu entrer dans Metz, pour examiner si le commandant avait pu lui-même y parvenir ; quoi d'étonnant que des gens, qui avaient la connaissance du pays, aient pu faire ce qu'un étranger ne pouvait faire? Ah! je comprendrais ce que soutient l'accusation, si le colonel Turnier avait assuré qu'il était facile d'arriver à Metz ; mais, non : il avait assuré le contraire. Encore une fois, je ne peux pas me perdre plus longtemps dans ce roman, et, pour en finir, quand un témoin loyal vient dire : « Je n'avais pas de mission. » Eh bien, tout est dit.

Et pourtant, non, messieurs, encore un mot ; M. le commissaire du gouvernement a fait une hypothèse ; la dépêche du 23, la dépêche Lewal enfin, suivant lui, ce serait le commandant Magnan qui l'aurait envoyée. Ah ! ici, je signale une étrange contradiction du réquisitoire. Quoi ! vous dites que ce pourrait bien être le commandant Magnan qui l'a expédiée, et, il n'y a qu'un instant, vous prétendiez qu'il n'a pas voulu envoyer d'émissaire. N'insistons pas, messieurs, c'est le bon sens qui répond pour moi. L'accusation ne devait pas se livrer aux commentaires qu'elle a faits de la déposition de cet officier, qui n'obéit jamais qu'aux inspirations de l'honneur et du devoir !

J'arrive maintenant à un point qui a fait l'objet de plusieurs questions de la part des membres du conseil : Etait-il possible de continuer la marche dans la journée du 17? C'est un point sur lequel nous discuterons peu.

Cependant, il y a des natures plus ou moins ardentes : de là peut venir la diversité d'opinion, et je crois que le général Bourbaki a dit que c'était possible.

Mais le général en chef, messieurs, seul, pouvait prendre une pareille détermination !

A propos, vous n'avez pas perdu le souvenir des appréciations des maréchaux Canrobert et Le Bœuf et d'un autre officier général : c'est le maréchal Canrobert qui a dit au conseil, dans une de ses dépositions, avec cette finesse qui le distingue, une finesse de bon aloi, celle-là : « J'ai entendu dire que l'on avait beaucoup critiqué, n'est-ce pas le cas de répéter : La critique est aisée et·l'art est difficile. » Le maréchal Le Bœuf s'est exprimé en termes à peu près semblables: « Les campagnes sur le terrain, a-t-il dit, sont très-difficiles, elles le sont moins dans l'intérieur du cabinet, quand on est devant une carte et qu'on n'a pas d'ennemis en face de soi. »

En effet, messieurs, ce n'est pas tout que de faire tuer des hommes; il faut savoir les conserver quand cela peut être nécessaire.

Vous savez aussi ce qu'a dit M. le général de Gondrecourt : « Mais on ne pouvait marcher en avant sans avoir détruit l'armée du prince Frédéric-Charles... Marcher en avant ! Peut-être l'école de Condé l'eût-elle fait ; mais le sage Turenne ne l'eût pas tenté ! »

Je ne suis pas militaire, messieurs, mais je me permettrai de croire que peut-être la prudence est la meilleure conseillère du général en chef.

Il n'est pas sorti le 17, il ne le pouvait pas ; mais le 18 s'est engagée la bataille de Saint-Privat. A Saint-Privat, il se produisit bien des péripéties, c'est une journée dans laquelle l'armée a montré son courage.

Mais quels reproches peut-on faire au maréchal Bazaine ?

Ah ! dans ce grand procès, où l'on s'imaginait que l'accusation tracerait de grandes lignes et prendrait les grandes voies, elle passe au contraire par les petits sentiers, elle groupe tous les bruits, réunit toutes les rumeurs, toutes les accusations. Elle a amené devant vous des témoins qui ont parlé de faits insensés ! Ces témoignages, elle les abandonne, soit ; mais moi, je les relève. Quand l'accusation appelle des témoins à son aide, ils lui appartiennent et elle en répond !

Le maréchal Canrobert n'a pas reçu à temps les secours qu'il avait demandés, dit le ministère public, et bien évidemment, à Saint-Privat, le maréchal a manqué à son devoir. Je réponds à cela que les secours demandés par le maréchal Canrobert ont été envoyés. La garde a été expédiée, et disons que si d'autres demandes avaient été faites, on se serait, conformément au réglement que j'ai été forcé d'apprendre aussi, moi, empressé d'y satisfaire. Je ne dis même pas qu'un général en chef ne peut pas être partout ; le capitaine de Chalus a dit que le maréchal Bazaine avait envoyé des secours.

Au sujet de ce qui s'est passé vers le soir, lors de la bataille de Saint-Privat, bien des conversations ont été tenues. J'ai notamment à parler d'une conversation du maréchal avec M. de Beaumont. A une heure qu'on ne peut préciser, le maréchal aurait dit : « Vous pouvez dire au maréchal Canrobert de rentrer. » Le capitaine de Mornay-Soult aurait entendu autre chose; il aurait entendu « rester » au lieu de « rentrer. »

Je sais bien que le capitaine de Mornay-Soult n'a pas été épargné par l'accusation ; messieurs, le capitaine de Mornay-Soult est un de ceux qui sont restés fidèles au malheur du maréchal, et qui, malgré les calomnies et les attaques, sont demeurés à l'abri de tout reproche.

Dites qu'il a pu se tromper, comme je le dis de l'honorable M. de Beaumont, mais ne dites pas autre chose. Quand une défense ou une accusation disent d'un témoin qu'il n'est pas sincère, c'est que défense et accusation sont bien faibles !

Le témoignage de M. de Mornay se trouve d'ailleurs confirmé par celui de M. Gudin, qu'il a rencontré quelques jours après.

Et puis, il est confirmé par un dernier fait ; M. le colonel Clappier est de la garde, il a rencontré le maréchal qui lui a dit : « Continuez votre route vers Bourbaki : c'est-à-dire allez en avant. »

Le maréchal ne disait donc pas, il n'a donc pas dit : « Dites à Bourbaki qu'il faut rentrer. » S'il eût donné l'ordre de faire arrêter, de faire rentrer la garde, il l'aurait donné au colonel Clappier et non au commandant Beaumont.

Je me résume. La bataille de Saint-Privat a eu deux phases ; entre trois heures et demie et quatre heures, tout annonçait une bonne situation ; vers cinq heures, le maréchal a examiné par lui-même, il a vu qu'il s'était fait illusion, et il a dit au colonel Clappier : « Rejoignez Bourbaki. » Il a vu que la réserve était nécessaire.

La déclaration de MM. de Beaumont et de Saulcy est donc inexacte; elle est rectifiée par celle de MM. de Mornay-Soult et Gudin ; elle l'est par la situation même.

Je finis cette journée du 18, en disant un mot du propos tenu par le maréchal le soir, après neuf neures, quand il n'était plus possible de se tromper sur le sort de la bataille.

Le maréchal a dit à des officiers : « Ne vous chagrinez pas ; les positions que vous occupez, vous deviez les perdre demain ; vous ne les perdez donc que douze heures plus tôt. »

Il voulait ainsi soutenir le moral de ces soldats. « Nous aurions fait demain , leur disait-il, ce que nous faisons aujourd'hui. »

Cette bataille de Saint-Privat , le maréchal, d'ailleurs , ne l'a jamais considérée comme une bataille; il ne l'a considérée que comme la défense des lignes d'Amanvillers.

J'en ai fini, messieurs, avec les batailles ; j'ai encore à parler de celle du 26. Mais, avant d'y arriver, j'ai à faire sérieusement avec vous l'étude des trois dépêches du 23, du 29 et du 30 août; étude trop longue pour être achevée aujourd'hui.

*Audience du lundi 8 décembre.*

Mᵉ LACHAUD continue en ces termes :

Après la bataille de Saint-Privat, l'armée rentra sous Metz, et on n'a aucun fait militaire à signaler jusqu'à la sortie du 26. Par quoi cette sortie fut-elle déterminée? Par une dépêche de M. le maréchal de Mac-Mahon, que j'appellerai, dans la discussion, la dépêche Lewal.

M. le général de Palikao, militaire consommé, qui s'était distingué en Chine, pouvait savoir mieux que tout autre ce qu'il y avait à faire. Vous l'avez entendu ici. Sur quel point fallait-il se diriger? sur Paris? ou sur Bazaine? Le général Palikao vous a dit : On ne pouvait pas abandonner Bazaine.

Il y avait une manœuvre brillante à exécuter, et à tout prix il fallait éviter la réunion des forces ennemies. On sait les difficultés qui se sont mises en travers de ce projet, et quelles ont été les suites de la marche du maréchal Mac-Mahon.

Nous en arrivons à examiner dans quelles circonstances des dépêches ont été échangées entre l'armée de Châlons et l'armée du Rhin, et à parler de la depêche du maréchal de Mac-Mahon du 22 qui serait arrivée, suivant le colonel Lewal, le 23 au maréchal Bazaine.

Après la bataille de Saint-Privat, le maréchal Bazaine écrit à Mac-Mahon : « Je compte toujours me rabattre sur la ligne de

Sainte-Menehould. Dans le cas contraire, je me dirigerai sur Sedan et même sur Mézières pour gagner Châlons. »

Telle serait, d'après le ministère public, la dépêche qui aurait déterminé le mouvement de Mac-Mahon. Mais on trouve dans la publication des papiers des Tuileries une dépêche à la date du 19 août. Elle est du maréchal de Mac-Mahon et adressée au ministre de la guerre.

« Vous pouvez dire au conseil des ministres qu'il peut compter sur moi, et que je ferai tout pour rejoindre Bazaine. »

Vous voyez que le maréchal de Mac-Mahon avait déjà pris sa détermination par lui-même. Quelle réponse fit au maréchal Bazaine le maréchal de Mac-Mahon ? Ce fut cette dépêche que celui-ci recommanda de faire parvenir par tous les moyens : « Reçu votre dépêche hier à Reims, me porte dans la direction de Montmédy. »

Cette dépêche, quand est-elle arrivée ? L'accusation affirme que, partie le 22, elle a été reçue le 23, et que la sortie du 26 fut déterminée par cette dépêche.

Le ministère public se trompe. Le colonel Lewal déclare qu'il a conduit le 23 un homme portant une dépêche roulée. A cette nouvelle considérable, M. le colonel Lewal aurait dit : « Il faut partir tout de suite ! et donner immédiatement l'ordre du départ. »

Je dis qu'il est absolument impossible que le colonel Lewal ait eu connaissance immédiate de cette dépêche. Il y aurait dix témoins pour affirmer le fait, qu'il ne faudrait pas le croire davantage. La raison domine ici toutes les déclarations des témoins.

Le maréchal aurait lu cette dépêche au colonel ! Mais pour cela il eût fallu que le maréchal pût la lire. N'a-t-il pas établi, en effet, que la dépêche était chiffrée ? Le maréchal n'a donc pas pu la lire.

Etait-elle chiffrée ?

M. d'Abzac vous l'a déclaré de la manière la plus précise ; l'instruction elle-même l'établit. Il y a, notamment, un chef de gare (M. Thomas, chef de gare a Montmédy) qui l'a dit aussi. Cette déclaration pourrait me suffire ; mais j'ai encore le rapport du bureau télégraphique, attestant que M<sup>lle</sup> Léonard se souvient parfaitement que cette dépêche du 22 août, arrivée le 22, était en partie chiffrée ; la dépêche lui avait été remise par le nommé Colbach ; le premier paragraphe l'avait frappée.

La dépêche était donc chiffrée ; personne n'avait la clef du chiffre, et vous n'avez pas même la preuve qu'elle ait été déchiffrée en route.

Quant à la dépêche qui a été lue à M. le colonel Lewal, celle-là, le maréchal a pu la lire ; elle était au clair. C'est la dépêche du général Ducrot avertissant le maréchal Bazaine de sa marche et qui renfermait implicitement la nouvelle de la marche de l'armée de Mac-

Mahon. Dans cette dépêche, il était dit au général de l'armée du Rhin que le rendez-vous des deux armées était vers Stenay et qu'il fallait se tenir prêt à marcher au premier coup de canon. Celle-là était au clair. Elle a été portée au maréchal par Flahaut et Marchal, qui sont arrivés le 29. C'est sur celle-là que le colonel Lewal a pu dire : « Il faut aller au-devant de l'homme qui vient à notre secours. »

Et après qu'il est prouvé que la dépêche du général Ducrot est arrivée seulement le 29 août, l'accusation reproche au maréchal d'avoir abandonné son lieutenant et de l'avoir laissé écraser. Mais il est incontestable, quand nous interrogeons les souvenirs du témoin, lorsqu'il a paru devant le conseil d'enquête, lorsqu'il a paru ici, que le souvenir dominant dans tous ses souvenirs vagues, c'était Stenay! Stenay!

Le colonel Lewal a-t-il parlé à quelqu'un dans l'armée de cette grande nouvelle qu'il venait d'apprendre au quartier général! Il dit en avoir parlé à M. d'Andlau le 26. Il dit en avoir parlé à l'illustre maréchal Canrobert; mais il en a parlé quinze jours après. Le maréchal Canrobert ne l'a pas cru. Il a considéré cela comme une erreur.

« Allez raconter cela à d'autres, » lui a-t-il dit.

Et pendant la captivité, que s'est-il passé à Cassel?

Le maréchal Canrobert a dit au maréchal Bazaine : « Tenez, j'ai quelque chose sur le cœur. » Je le regardai bien en face pour étudier le jeu de sa physionomie et je lui demandai s'il avait reçu la dépêche du 23. Il me répondit avec une grande simplicité et un grand sang-froid: « Cette dépêche, je ne l'ai reçue que le 29, et j'ordonnai le dé-» part pour le 30. » Cette réponse m'ôta de dessus le cœur un poids qui m'oppressait. »

Je crois, messieurs, que pour tous ceux qui n'ont pas un parti pris, la lumière est faite.

Il y a des mystères dans ce procès. Je ne le dissimulerai pas, et je ne chercherai pas à les éclaircir. C'est plutôt à l'accusation à faire les preuves qu'à moi. Je veux parler de la dépêche du 29 du maréchal Bazaine à Mac-Mahon.

Si Sedan s'est produit, c'est parce que cette dépêche n'est pas venue, et si elle n'est pas arrivée, ce n'est pas notre faute. Cette dépêche la voici :

« J'ai dû prendre position autour de Metz pour donner du repos aux soldats et me ravitailler en vivres et en munitions.

» L'ennemi grossit toujours autour de moi. Je gagnerai pour vous joindre les places du Nord, et je vous préviendrai de ma marche, si toutefois je puis l'entreprendre sans compromettre l'armée. »

Le maréchal de Mac-Mahon n'a pas reçu cette dépêche ; s'il l'eût reçue, il ne serait pas parti. La déclaration du maréchal président de la République est formelle :

« Je ne me rappelle point cette dépêche ; et pourtant elle m'eût frappé si je l'avais reçue. »

Que conclure, si ce n'est que la vérité humaine est bien difficile à trouver ! C'est qu'il est bien difficile d'expliquer toutes les exagérations et tous les commentaires auxquels on s'est livré sur cette dépêche dont pour moi, d'ailleurs, l'importance est nulle !

Laissons les dépêches, et examinons ce qui s'est fait le 26 août.

Le réglement veut que le général en chef prenne à lui tout seul ses résolutions, mais quand il trouve à côté de lui les conseils de généraux aussi éminents que ceux que je viens de nommer, doit-il leur dire : « Sortez, je suis seul responsable, je ferai ce que je croirai devoir faire ? » Non, messieurs, celui qui mépriserait de pareils avis, qui aurait la stupide vanité de ne suivre que ses desseins, serait indigne de diriger des hommes libres et de commander une armée de la France !

On sait de qui se composait cette réunion du 26 août ? Il y avait là les Canrobert, les Le Bœuf, les Ladmirault, les Frossard, les Changarnier ! Fallait-il les tenir à l'écart ?

Le résumé de cette conférence était qu'il fallait rentrer. Le général en chef aurait pu ne pas se ranger à cet avis et dire, le réglement à la main : « C'était mon droit. » Mais s'il était sorti et s'il avait livré bataille, et s'il l'avait perdue, l'accusation ne lui aurait-elle pas dit qu'il avait eu tort de ne pas suivre les conseils qui lui avaient été donnés.

L'accusation nous dit : « Vous aviez des munitions. » Le général Soleille se trompait quand il disait : « L'armée du Rhin n'a de munitions que pour une bataille. » Mais le général Soleille ne l'a-t-il pas dit ? et le maréchal Bazaine ne devait-il pas croire cet officier général chargé spécialement de ce service de l'artillerie, quand il affirmait qu'il ne fallait pas s'exposer à se trouver désarmé ?

L'armée rentre sous Metz.

Et à Paris, que faisait-on ? Je ne ferai point de politique, je l'ai dit ; je ne sais ce que l'histoire dira des événements de septembre. Il s'est trouvé des hommes bien audacieux, assez audacieux pour compliquer la douleur de la France des désastres accumulés par l'émeute et l'insurrection.

Ils ont dit que le pouvoir gîsait à terre ; mais, croyez-le bien, ce sont là des phrases de rhéteur.

Est-ce qu'il n'y avait pas les pouvoirs publics ? La situation était devenue plus difficile ; il faut vous mettre dans les conditions où on était alors : l'armée bloquée, le chef du gouvernement disparu.

Est-ce que vous avez vu des situations comme celle-là dans l'histoire? Le rapport a dit qu'il y avait là une situation sans précédent.

Oui, sans précédent! cent cinquante mille hommes loin de la patrie, ne sachant à qui obéir? Quel est ce pouvoir? comment la France l'accepte-t-elle? Le pouvoir du 4 septembre est-il encore le pouvoir auquel il faut qu'on obéisse aujourd'hui? Ne sentez-vous pas, monsieur le commissaire du gouvernement, qu'il y avait là un de ces périls immenses qu'on ne peut souvent conjurer?

Le maréchal fit une proclamation pour annoncer le nouveau gouvernement.

Le réquisitoire a prétendu que cette proclamation était la reconnaissance du gouvernement de la défense nationale! Non, le maréchal n'avait ni à reconnaître, ni à ne pas reconnaître le nouveau gouvernement.

Savait-on, le 12 septembre, ce que c'était que le gouvernement de la défense nationale? N'était-il pas possible que déjà il fût renversé par l'émeute?

On reproche au maréchal d'avoir demandé des informations à l'ennemi; à qui donc pouvait-il s'adresser? Le ministère public voulait-il qu'il se perpétuât dans l'ignorance et dans l'inconnu?

Il y a une certaine loi de la guerre qu'il faut savoir comprendre; se débarrasser de l'ennemi par une lutte loyale, c'est bien, mais demander des renseignements sur les événements de cette importance, peut-on dire que l'on est coupable en agissant ainsi? Je ne le pense pas.

L'armée n'est pas inactive; elle a donné de tous côtés ces coups de griffe que conseillait le maréchal Canrobert.

J'ai là un relevé des ordres donnés à ce sujet depuis le 25 août jusqu'au 8 octobre. Il y a quarante-sept lettres qui ont été écrites au quartier général du maréchal Bazaine aux chefs de corps; elles sont relatives aux opérations de Peltre, de Ladonchamp, de Colombey, de Servigny, etc., il y a quarante-sept lettres, entendez-vous, pour cette période du 25 août au 8 octobre. Il pouvait faire davantage, dites-vous, ordonner des opérations auxquelles l'armée tout entière aurait pris part; le ministère public ne comprend pas le danger qu'offraient en ce moment les grandes opérations : les hôpitaux étaient encombrés. Vous avez entendu tous ces médecins qui vous ont dit cette chose qui m'a navré le cœur, que toutes les opérations étaient mortelles par suite du typhus qui sévissait; il n'était donc plus possible d'espérer sérieusement la sortie dans ces conditions. Savez-vous combien l'armée du Rhin a perdu d'hommes depuis le 6 août jusqu'au 1er septembre? Elle a eu 40,000 hommes hors de combat, presque le tiers de l'armée. Et vous voulez, après cela, de nouveaux combats qui n'amèneront aucun résultat !

**Le défenseur arrive aux négociations. Il lit le communiqué allemand au journal de Reims, que nous avons déjà publié.**

C'était là, dit M. le commissaire du gouvernement, une invite au maréchal, qui disait dans ce communiqué que les Prussiens traiteraient avec un gouvernement régulier et non avec un gouvernement qui s'était lui-même donné ses pouvoirs et qui n'était pas un gouvernement reconnu par la France. Le maréchal Bazaine peut traiter; mais s'il y a un gouvernement régulier, on traitera avec le gouvernement. Je crois que tous les commentaires de l'accusation tombent d'eux-mêmes après ces réflexions.

Nous arrivons à ce fait étrange, bizarre, qui s'est produit alors ; vous avez deviné qu'il s'agit de l'incident Régnier : c'est le premier acte de la conspiration. Fixons-nous bien sur cet incident, qui tient une bien grande place dans le rapport et le réquisitoire, et qui a amené, dans l'opinion publique, les interprétations les plus erronées.

Qu'est-ce que Régnier? Je n'en sais rien. Est-ce un espion prussien? Je ne le crois pas, et la raison, c'est qu'on est espion pour de l'argent; or, Régnier n'a pas besoin d'argent, et tous les faits semblent démontrer qu'il n'en a pas reçu. Est-ce un fou? Vous avez entendu ici la déposition de M. Soulié, son ancien camarade de collége, qui vous a dit qu'il n'avait pas toute sa raison. C'est peut-être un homme aventureux, qui a besoin de faire du bruit, qui veut se donner de l'importance et chez lequel la vanité domine le devoir. Dans les moments de révolution, on trouve beaucoup de ces hommes qui se donnent à eux-mêmes des pouvoirs et des missions, et qui sont plus tard réputés de grands hommes quand ils réussissent.

M. Rouher vous a dit de lui : « Régnier est un homme habile, qui a une certaine facilité de parole et même une certaine éloquence (et M. Rouher se connaît en éloquence). Pour moi, ajoute M. Rouher, son rôle est un rôle de conciliation. »

Voilà la vérité, messieurs. Régnier désirait la fin de cette guerre horrible pour tous, et en cela il a eu cette chance heureuse de se rencontrer avec la pensée de M. de Bismark. L'Allemagne en avait assez, elle aussi; elle sait ce que les victoires lui coûtent, et ce que valent les coups de griffe dont parlait le maréchal Canrobert. Je me demande quel sentiment a fait agir Régnier; il va à Hastings, l'impératrice ne veut pas le recevoir, et pourtant au moyen de la signature qu'il obtient du jeune prince, il aborde M. de Bismark.

**Me Lachaud poursuit l'exposé du voyage de Régnier et déclare que le devoir**

du maréchal était d'entendre cet homme. Il établit ensuite qu'aucune pression n'a été exercée sur le général Bourbaki par le maréchal.

Du reste, Bourbaki l'a reconnu lui-même, avec cette loyauté si grande et si digne que nous admirons tous. Il ne peut pas quitter l'armée sans un ordre qui lui est donné par le maréchal Bazaine. Pour éviter certaines difficultés, il prend le brassard de Genève, il s'habille en bourgeois ; ce sont là des détails et des misères sans importance ; le général Bourbaki part : le rêve de Régnier se réalise.

A Hastings, quand on voit Bourbaki, quand on dit à l'impératrice que ce brave général est sur le seuil de la porte, l'émotion est inexprimable, on croit à un lamentable malheur. Le général vient vers son ancienne souveraine et il s'écrie :

« Mais vous ne m'attendiez pas, vous ! »

Il comprend alors que c'est Régnier seul qui s'est donné la mission qu'il vient d'accomplir.

Après toutes les douleurs qu'il a éprouvées, après toutes ses déceptions, le général Bourbaki s'est interrogé sur sa conduite dans cette circonstance, et sa conscience a répondu : « Oui, j'ai bien fait.»

Je vous recommande cette dernière phrase de sa déposition :

« C'était un fil, il fallait le saisir si mince qu'il fût ; je l'ai suivi jusqu'au bout. »

Il n'était pas possible, en effet, de ne pas le saisir, ce fil qui pouvait sauver l'armée. Pour comprendre l'incident Régnier, il faut bien se rendre compte de la situation. Ah ! certes, dans les conditions ordinaires, si un gouvernement régulier eût existé, ayant le droit et le pouvoir de traiter, un général serait coupable d'agir ainsi ; mais là, en ce moment, il n'y a rien; que faut-il faire ? Mourir et laisser périr de misère cent trente mille hommes ? C'était impossible.

Après l'incident Régnier, parlons des émissaires. Il semblerait, d'après l'accusation, que le commandant en chef a fait tout ce qu'il a pu pour empêcher les émissaires de partir et d'arriver! D'abord, il faut distinguer deux périodes : avant le mois de septembre et après le mois de septembre. Vous avez entendu des centaines de témoins qui ont fait des tentatives ; nous allons voir le nombre de ceux qui ont passé.

Avant le 1ᵉʳ septembre, trente-six émissaires ont été envoyés à Metz; il en est arrivé onze! Metz et le quartier général ont envoyé dans la même période treize émissaires, et il y en a eu huit qui ont passé! Vous voyez la proportion.

Et encore, dans les onze qui sont entrés à Metz, il y en a un que personne n'y a vu; vous n'en auriez donc que dix! Ah! je sais qu'il a été tenté de grands efforts, qu'il y a eu des forestiers héroïques ; mais enfin, ils ne sont pas arrivés !

Après le 1ᵉʳ septembre, et c'est là la date importante, Paris et Tours ont envoyé quinze émissaires ; combien en est-il arrivé ? aucun !

M. Tachard, dont il faut louer le zèle enflammé peut-être, mais loyal et sincère, s'est adressé, comme il a dit, à une grande dame, de celles qui savent unir la grâce à la grandeur, et dont l'âme se fait virile quand il s'agit du pays. Hélas ! elle non plus n'a pas pu arriver.

Le seul, que l'on suppose être arrivé, c'est un jeune homme nommé Risse, venant de Thionville.

Il y en avait un autre à qui M. de Kératry avait remis une lettre de Mᵐᵉ la maréchale Bazaine et un autre agent, nommé Moulin, ayant vu dans les mains d'un voyageur une lettre adressée à Mᵐᵉ la maréchale à Tours ; on avait supposé naturellement que le premier, qui avait seul porté la nouvelle de l'installation de Mᵐᵉ la maréchale à Tours, était arrivé dans Metz.

Mais non ; on a entendu Moulin et il a dit que la lettre envoyée à Mᵐᵉ la maréchale était adressée, non pas à Tours, mais à Versailles.

Donc il ne reste que Risse tout seul, et encore... Risse venait de Thionville ; avait-il une dépêche ? Il le dit ; mais le colonel Turnier ne se rappelle pas du tout lui en avoir confié une. Ce que cette dépêche contenait, personne n'en sait absolument rien. Et quand Risse lui-même vous déclare que le maréchal lui a donné 10 fr. de récompense, il prouve que cette dépêche, dont il était porteur, ne contenait pas grand chose d'intéressant et de nouveau.

Donc, je trouve que, depuis le 1ᵉʳ septembre, pas un seul émissaire n'est arrivé, excepté Risse. Maintenant, voyons si le commandant en chef a voulu se soustraire à toute communication de l'extérieur comme le prétendent le rapport et le réquisitoire : On a envoyé de Metz vingt-et-un émissaires en septembre et en octobre ; et, sur les vingt-et-un, sept ont pu sortir : Melzinger, sorti le 12, n'est pas arrivé à destination, mais il a franchi les lignes.

Henri et Marc, ces deux braves cuirassiers, sont sortis le 15 septembre et sont arrivés le 15 octobre à Lille.

L'accusation dit que la dépêche dont ils étaient porteurs n'était pas assez explicite ?

La voici :

« Il est urgent pour l'armée de savoir ce qui se passe à Paris et en France. Aucune communication extérieure ne m'est parvenue, et les bruits les plus étranges et les plus alarmants circulent ; il est important que je reçoive des instructions et des nouvelles. »

Cette dépêche est arrivée à Lille, portée par le lieutenant Audiot qui l'a remise au préfet, M. Testelin. La femme Anternet est sortie le 10 octobre ; elle n'est arrivée qu'en novembre auprès de M. Tachard ; qu'importe ! Les 21 et 22 octobre, trois hommes sont partis et sont arrivés à Tours, M. Valcourt et deux autres interprètes.

Voici les termes de la dépêche qu'ils y ont portée :

« Je n'ai pas la moindre communication ni de Paris, ni de Tours. Nous allons succomber à la famine, etc... »

Comparez, messieurs, de quel côté sont les efforts les plus ardents?

Dieu me garde d'accuser à cet égard le gouvernement de la défense nationale ? Il a fait tout ce qu'il a pu ; mais moi aussi ! et j'ai réussi plus que lui !

L'accusation reproche au maréchal d'avoir négligé l'emploi des ballons? On oublie donc la circulaire adressée à tous les préfets de la France, qui, envoyée dans un ballon, a été dédaigneusement renvoyée à Metz par les Prussiens qui l'avaient surprise.

Voici ce qu'elle disait :

« 27 septembre 1870 : faire remettre une forte récompense aux porteurs des pigeons messagers , etc... »

Avec toutes les recommandations les plus précises pour qu'on ne négligeât pas ce moyen de communication et qu'on en avisât aussitôt le gouvernement de Tours.

Tout a donc été employé par le maréchal pour communiquer avec l'extérieur.

Mais , ce que je dois ajouter, c'est que le gouvernement de la défense nationale n'a jamais espéré sauver Metz ! Quand on proclamait la nécessité de la défense à outrance , on savait qu'elle ne devait pas réussir. En voulez-vous la preuve ! Je la trouve dans un livre curieux de M. Chapper, membre de l'Assemblée nationale. Ecoutez, messieurs , cet extrait :

*Séance du 29 octobre.*

M. Rochefort a lu, au commencement de la séance, le démenti formel donné par Flourens à Félix Pyat, démenti qui établit que Flourens n'a jamais reçu de Rochefort la prétendue nouvelle de la reddition de Metz. A la fin, on revient sur cette nouvelle apportée par des prisonniers prussiens. Le général Le Flô la croit vraisemblable. Le général Trochu y voit un mensonge intéressé de l'ennemi. « Du reste, il n'a jamais compté sur Strasbourg ni sur Metz, et la reddition de Metz ne lui semblerait pas changer la situation militaire de Paris. »

Quand on apprit que la capitulation était signée, je trouve les mêmes paroles dans le livre de M. Jules Favre :

..... « Outre l'effet moral d'un tel événement, exaltant les Prussiens, décourageant nos soldats, nous avions à redouter une armée devenue libre qui allait écraser les départements et permettre aux assiégants de pousser plus activement leur attaque. Seul, le général Trochu ne perdit rien de son calme. « Ce malheur vous trouble nous dit-il, il n'enlève rien à ma sérénité. Metz n'étant pas secouru, devait succomber. Loin de nous abattre, cette épreuve, malgré sa rigueur, fortifiera nos résolutions. »

« Metz n'étant pas secouru, devait succomber... » Ce n'est pas moi qui le dis. Vous voyez donc que ces incriminations odieuses étaient bien injustes. Et je profite de ce moment pour répondre à ce mot de M. Gambetta : « Mes insinuations. »

Messieurs, j'aime ceux-là même qui ne pensent pas comme moi, et, depuis longtemps des sentiments d'affection m'unissent à Gambetta. Je connais ses ardeurs, mais je crois aussi qu'il défend ses convictions comme il convient à sa conscience ; mais ma politique n'est pas la sienne ; mais M. Gambetta est sincère. Je dis ici ce qui est dans mon cœur, et jamais les nécessités politiques ne me feront désavouer l'affection que j'ai pour lui et qu'il mérite dans une large mesure.

Mais ici, l'affection n'a rien à faire. Jusqu'au dernier jour, le maréchal était le glorieux, l'admirable Bazaine.

Pourquoi ce revirement soudain ? Est-ce qu'il n'avait pas été averti par le général Bourbaki, par M. le préfet Testelin, de l'état de l'armée de Metz !

**Me Lachaud rappelle la déclaration du général Bourbaki.**

Que dit donc M. Gambetta quand il prétend que le général Bourbaki ne l'a pas prévenu que la situation de Metz était désespérée ! On avait besoin d'immoler le maréchal Bazaine et on l'a immolé !

J'ai trouvé dans le livre de M. Jules Favre quelques paroles que je veux vous lire :

« ... Assis sur un escabeau dans une pièce glacée, ouverte à tous les vents, M. Thiers nous exposa le résultat de sa mission ; il l'a lui-même résumée dans un rapport détaillé, daté de Tours, et adressé aux représentants des puissances neutres, et je ne sache pas qu'aucune partie de sa conversation puisse aujourd'hui être considérée comme confidentielle. Il nous dit qu'après deux jours de pourparlers, il avait le meilleur espoir ; les points principaux paraissaient concédés, et l'on ne pouvait croire que les détails devinssent une cause de rupture ; mais le jeudi matin, les bonnes dispositions étaient changées. Il attribuait ce brusque revirement à deux causes : La première, le 31 octobre, à la proclamation dans laquelle le ministre de la guerre, M. Gambetta, dénonçait à la France ce qu'il appelait la trahison de M. Bazaine. M. de Bismark avait affirmé que le roi s'était montré fort irrité de ce document qui, selon lui, calomniait le seul officier qui avait fait vaillamment son devoir. Quant à l'émeute de l'Hôtel-de-Ville, etc. »

Le roi de Prusse est notre ennemi ; mais il est soldat, et il s'indigne de voir ainsi calomnier le maréchal. Cette indignation du roi de Prusse, j'aurais voulu la trouver dans le cœur de M. le commissaire du gouvernement.

Dans le réquisitoire, il y a une phrase que je n'aurais pas voulu entendre, mais je ne puis la laisser sans réponse, au sujet de cette proclamation. Voici ce que je lis :

« Certes, il lui appartenait (à M. Gambetta) de traduire en termes énergiques l'indignation du pays. »

Oh ! M. le commissaire du gouvernement trouve que M. Gambetta avait qualité pour dire de pareilles choses à un maréchal de France ! Où en sommes-nous donc arrivés ? Grand Dieu ! Il suffit donc d'usurper le pouvoir pour juger tout ce qu'il y a de grand et de noble dans notre pays !

**A ce moment, une voix partie du groupe placé devant les bancs de la presse crie : « Bravo ! » M. le président ordonne aussitôt de faire sortir l'interrupteur.**

Ce sera une honte ineffaçable, qu'une pareille proclamation. Ainsi donc, il suffit à M. le commissaire du gouvernement que M. Gambetta vienne s'amender, après trois ans, pour dire de lui : « Nous avons été heureux de voir l'auteur de cette proclamation venir détruire les soupçons qu'il semblait avoir émis sur le caractère de nos vaillants généraux. »

Des soupçons ! M. le commissaire du gouvernement ne nous avait pas habitués à ces expressions si réservées. Oui, un homme peut dire de nos maréchaux : « Ce sont des traîtres. » Et puis au bout de trois ans, il viendra détruire les soupçons que ces paroles odieuses auront fait naître, et on s'estimera heureux de voir ainsi se dissiper ce fâcheux malentendu.

Pour moi, qui ne suis pas général, je trouve que c'est une infamie, et j'aurais été heureux de n'être pas le premier à le dire ici !

*Audience du mardi 9 décembre.*

Mᵉ Lachaud continue en ces termes :

Passons à des questions auxquelles on a attaché une grande importance. Je les aborde franchement, sans en dissimuler la portée,

ce sont deux points qui font toute l'accusation. On s'écrie : « Bazaine
a trahi, Bazaine a conspiré pour le retour de l'empire ! »

Messieurs, il y a des paroles qu'on n'accepte pas facilement !

Quand j'ai vu l'accusation s'engager dans cette route terrible et
effroyable, mon cœur a bondi de douleur. Ah ! qu'on dise qu'il n'a
pas eu des résolutions à la hauteur de la situation, soit ! qu'on accuse son intelligence, on peut discuter encore ! Mais qu'on vienne
dire de lui qu'il y a là un homme qui a voulu vendre sa patrie, qui
n'a eu qu'une pensée, devenir l'auxiliaire de l'ennemi ! Non ! et la
conscience du ministère public a reculé elle-même devant certains
récits.

On a amené des témoins à votre barre, mais leurs dépositions ont
été si folles, leurs témoignages ont été si insensés, que le ministère
public a reculé lui-même, je le répète, et M. le commissaire du gouvernement a dit : « Je ne m'y arrêterai pas ! »

Comment ! on jette dans le monde entier ces paroles ; on dit : Le
maréchal Bazaine est allé à tel jour, à telle heure, au quartier général
de l'ennemi ; on fait dire cela par trois ou quatre témoins, et quand
on a donné ce lamentable spectacle, l'accusation s'écrie : « Je n'y
crois pas ! »

Ah ! si vous ne le croyiez pas, M. le commissaire du gouvernement,
il ne fallait pas faire venir ces hommes à cette barre.

Le rapport avait compris qu'il y avait des folies abominables qu'il
ne fallait pas exposer au grand jour. L'accusation ne l'a pas compris !

Est-il besoin de vous dire ce qu'il y a d'odieux et d'infâme dans
de pareilles accusations? Un maréchal de France accusé de félonie
sur des dépositions aussi ridicules que celles-là !

Reprenons tout cela, messieurs.

M. Jules Favre a tenu à raconter ce que M. de Bismark lui avait
dit. Il n'en avait point parlé dans l'instruction, mais son devoir était
de tout dire, et il a tout dit !

Le récit qu'il a fait permettait de croire que M. de Bismark avait
dit que Bazaine était à lui ! Où a-t-il pris cela ? ce n'est pas même
dans un document officiel, mais dans des notes dictées à son secrétaire, exactement, je n'ai pas le désir d'en douter, mais voilà toute
l'authenticité de ses souvenirs.

« Je n'ai aucune qualité, m'a répondu le comte, pour toucher sérieusement à ce sujet, n'ayant pas l'assentiment du roi que je respecte complétement ; cependant, je dois, dès à présent, vous dire
qu'un armistice comporterait l'occupation, par nos armées, des forteresses des Vosges et de Strasbourg. Nous laisserions Metz à l'Etat.
Et puisque je parle de Metz, il n'est pas hors de propos de vous faire
observer que Bazaine ne vous appartient pas. J'ai de fortes raisons

de croire qu'il demeure fidèle à l'empereur, et par là même, qu'il refuserait de vous obéir. »

Qu'est-ce que cela veut dire? que l'Allemagne ne veut pas traiter avec un gouvernement qui n'est pas accepté régulièrement par le pays, si l'armée croit que son serment la lie à l'empereur!

A ce moment, M. de Bismark tenait à ne point prolonger la conversation avec Jules Favre (je ne veux pas offenser M. Jules Favre). Je ne l'offenserai pas en disant que M. de Bismark est un diplomate aussi habile que lui.

Dans ce même livre, on trouve encore autre chose. Voici ce qu'on y lit :

« ... Fort bien, répartit M. de Bismark, mais pouvez-vous me donner l'assurance que M. Gambetta vous obéira? Pour ma part, j'en doute, et si ce que nous allons conclure ici est désavoué par lui, la guerre civile peut compliquer une situation déjà fort difficile et complétement annuler les concessions faites à la ville de Paris. »

Eh bien! la situation vraie est constatée là. Le gouvernement de la défense se trouvait isolé. Bazaine fidèle à son serment! Et M. Gambetta, ne voulant pas obéir à M. Jules Favre!

Ce n'est pas tout sur ce point.

Il y a aussi la déposition de M. Rameau. M. de Bismark lui a dit : « Vous savez que Napoléon III a pour lui l'armée ? » Et comme M. Rameau s'étonnait, il reprit : « Le général Boyer est venu pour traiter de la paix. »

Dans la pensée de M. de Bismark, on voit qui pouvait traiter de la paix.

Ceci dit, messieurs, et les témoignages de deux hommes honorables examinés, il faut bien en arriver à toutes les folies infâmes qui ont été débitées ; je dis folies infâmes, car ridicules ne serait pas suffisant.

Ces choses-là, quand on ne les a pas inventées et qu'on y prête foi, on est ridicule. Mais quand on les invente, on est infâme !

Me Lachaud détruit sans peine les vagues accusations d'avoir eu des entrevues secrètes avec le prince Frédéric-Charles, qui ont été formulées par quelques témoins. Il se plait même à donner des dépositions faites devant l'instruction et qui avaient été écartées du procès.

Eh bien! ce sont ces bavardages infâmes et immondes qui ont été répandus dans le public. L'opinion s'en empare, la calomnie distillée s'infiltre, et on a bien de la peine, quoiqu'on fasse, à les détruire !

Aussi, lorsque j'ai entendu le brave général Changarnier vous parler des généraux ennemis ; lorsque j'ai eu appris de lui comme il faut estimer ces ennemis quand ils le méritent, j'ai pensé, messieurs, que la voix du prince Frédéric-Charles avait le droit d'être entendue ici !

Eh bien, messieurs, voici ce que j'ai reçu de lui :

« Je déclare par le présent écrit que jamais, durant le blocus de Metz, M. le maréchal Bazaine n'est venu à mon quartier général de Corny. J'ai vu pour la première fois M. le maréchal Bazaine le soir du 29 octobre 1870, au moment où il a quitté Metz, après la capitulation.

» Berlin, 28 septembre 1873.

» Signé : Frédéric-Charles,<br>
» prince de Prusse, général feld-maréchal. »

Que faut-il ajouter maintenant ? Vous savez toutes les dépositions qui ont été faites. Des officiers prussiens auraient dit : « Bazaine est à nous. » Un autre : « Ah ! Bazaine a mal tenu sa parole ; il a tué plus de monde qu'il n'était convenu ! » Il faut parler de tout cela, car cela a couru toute l'Europe !

J'ai reçu, tout récemment encore, une lettre datée du 6 décembre, que je n'aurais pas demandée, mais qui m'est parvenue par un mouvement spontané de son auteur, et inspirée par un sentiment qui est noble ! La voici :

« Je déclare que je professe une entière et haute estime pour l'armée du Rhin et le maréchal Bazaine, et spécialement pour l'énergie qu'il a déployée à soustraire l'armée du Rhin le plus longtemps possible à une capitulation inévitable.

» Signé : Frédéric-Charles,<br>
» prince de Prusse, général feld-maréchal. »

Ah ! que ceux-là qui pensent qu'on a le droit de supposer la bassesse la plus grande chez son ennemi viennent le dire ; qu'on se lève et qu'on dise que c'est un complice du maréchal Bazaine qui a écrit cela ! Moi je soutiens qu'il y a de l'honneur partout, et quand la voix de Frédéric-Charles vient spontanément affirmer de pareils faits, il y a un acte qui l'honore et qui honore encore plus le maréchal qui en est l'objet ! Oui, messieurs, il fallait reproduire ces documents, car je dois une réponse et une explication à tout. Je ne pouvais pas les taire ; il était de mon devoir de les produire : Je suis le défenseur du maréchal Bazaine !

Quelle que soit l'ignominie de la calomnie, il est de mon devoir de la saisir et de la démasquer !

Je ne vous parlerai que peu de certains témoignages des malheureux habitants de Metz ; dans le malheur, les passions s'animent, s'exaltent, et on a donné de douloureux retentissements aux déclarations exagérées qu'ils ont faites. Mais ils ne sont plus à nous ; toutes leurs injustices sont permises. Ils souffrent, et chaque fois que leur parole s'élève, il faut comprendre leur douleur ; je ne me demanderai donc pas si ce sont là des émotions véritables ou des improvisations émues ; ils ont le droit de crier ! s'ils étaient justes, ils ne seraient pas si malheureux ?

Les habitants de Metz et l'accusation après eux ont fait au gouverneur de la place de Metz des reproches sévères : la censure des journaux, les articles supprimés, les articles imposés.... Oui, tout cela est juste.

La presse, moi, je suis de ceux qui la veulent quand même ; elle a de grands égarements, et ce procès en est la preuve , mais je dirai toujours : Laissez faire ! laissez dire ! Ce ne sont pas les plus violents qui arrivent le plus sûrement à la conscience de ceux qui les écoutent ; la presse fait parfois du mal, mais elle fait du bien si souvent !

Cependant, quand se produit un courant général dans lequel peut être emporté le calme si nécessaire dans les situations extrêmes, il faut bien l'arrêter ; les journaux de Metz veulent la défense à outrance ; c'est un besoin du cœur sinon de la raison ; comment se pouvait-il que les chefs de l'armée laissassent chaque jour s'enraciner cette espérance qui ne pouvait se réaliser? ils auraient été coupables de laisser grandir ces illusions qui ne devaient aboutir qu'à une douleur plus profonde. Quel était alors l'état de la ville? Vous le savez, il y avait à Metz une conspiration contre le maréchal ; c'est horrible à dire, mais c'est vrai.

Cette discipline qui, pour emprunter les paroles de M. le commissaire du gouvernement, doit être la base de l'armée, a trouvé là-bas des hommes qui ont voulu la perdre.

Est-ce que j'invente ? Je n'ai pas voulu faire entendre des témoins sur ce point ; car il y a des douleurs dont on ne parle que lorsque c'est absolument nécessaire.

C'est un sujet lamentable que cette conspiration, j'en trouve la preuve dans la triste lettre de M. d'Andlau, qui s'est fait une gloire d'avoir été l'un des auteurs de cette conspiration ; mais il y en avait d'autres que lui.

Il y a celui qui a apporté la dépêche du 21, M. de Valcour, qui était interprète attaché au général Blanchard , M. de Valcour, que M. le commissaire du gouvernement n'a pas appelé ici ; je comprends pourquoi. Au moment où étaient publiées ces proclamations si cruelles du gouvernement de Tours, on y insérait le rapport de M. de Valcour, on le donnait comme un document officiel.

Un comité de défense à outrance, a-t-il dit, s'était formé dans l'armée, gagnant chaque jour du terrain parmi les officiers, car tous avaient, dès le 12 octobre, la certitude de la capitulation.

Il y avait aussi Rossel, lui qui a payé de sa vie son crime contre la société.

Il y avait le capitaine Boyenval.

Rossel a publié un livre dont je ne lirai rien, car il est écrit par un criminel, il ne peut être lu devant un conseil de guerre.

Ils eurent la pensée, ils osèrent, les audacieux, aller chez Changarnier pour lui demander s'il voulait être le chef de cette abominable insurrection.

Mais Changarnier s'écria : « Vous voulez donc, malheureux, que je déshonore mes cheveux blancs ! »

Ainsi, la seule armée qui restât à la France allait être divisée. Des mandats allaient être décernés contre deux maréchaux et contre un général de division. Et on ose aller frapper à la porte de Changarnier !

Le conseil d'enquête l'a su, messieurs; il a connu ces faits, et il a flagellé, comme il le devait, les hommes qui avaient eu l'audace de concevoir de semblables projets.

Oui, il y avait à Metz une conspiration militaire, une conspiration civile tramée par des gens qui, sous le nom de patriotisme, cherchaient à cacher leur ambition personnelle, par des hommes qui étaient résolus à tout, même au crime.

Au milieu de ces difficultés, la situation s'empire à Metz. Le maréchal Bazaine, alors, consulte les chefs de l'armée. Il le fallait, comment l'accusation ne l'a-t-elle pas compris, comment M. le commissaire du gouvernement n'a-t-il pas compris que c'était nécessaire pour arrêter les décisions qui allaient être prises et pour consolider l'autorité du commandant en chef, car il y avait en outre de la barrière de fer qui entourait le maréchal Bazaine, il y avait la barrière morale, si je puis m'exprimer ainsi, qui lui enlevait l'autorité sur ses troupes.

Le 7 octobre, le maréchal Bazaine demanda à ses chefs de corps des renseignements.

**M⁹ Lachaud donne lecture de cette lettre que nos lecteurs connaissent. Le maréchal demande aux chefs de corps un rapport sur la situation, et les avise qu'après en avoir pris connaissance, il les réunira en conseil pour arrêter une résolution définitive.**

Le ministère public dit : « Mais cette lettre porte la date du 7 octobre, c'est l'époque du combat de Ladonchamp, qui n'a pas eu l'importance qu'on aurait pu lui donner. »

Les commandants de corps d'armée sont en rapport avec leurs troupes, ils ont consultés leurs généraux de division et même leurs généraux de brigade, et le maréchal Bazaine s'est dit : Quand ils auront exprimé leur opinion, je saurai s'il reste une lueur d'espoir.

Voyons les rapports adressés au maréchal Bazaine en réponse à sa lettre.

**Mᵉ Lachaud donne lecture des rapports des commandants qui, comme on le sait, sont tous d'avis qu'il est impossible maintenant de percer les lignes ennemies, et qu'il faut songer désormais à entrer en communication avec l'ennemi pour arriver à une convention honorable. Mais si l'ennemi s'y refuse, on prendra les armes, on vendra sa vie le plus cher possible.**

J'ai dû lire tout cela, messieurs, cette lecture était longue, mais elle était nécessaire ; je ne puis la regretter, car la cause est là.

Oui, tous les hommes, les plus autorisés, interrogés par le maréchal, par leur général en chef, lui ont répondu : « L'armée est prête à mourir, mais elle mourrait sans utilité. »

La question est donc celle-ci : Etait-il permis d'immoler sans profit la moitié de cette armée ? Après ce sacrifice, que serait devenue l'autre moitié ? n'aurait-elle pas été plus misérable encore ?

Après ces rapports, après que chacun eût bien étudié la situation, il y eut une conférence le 10 octobre.

C'est là le vif de la question. C'est à cette date que se placent les démarches du général Boyer ; nous allons voir, messieurs, pourquoi il est parti de Versailles et ensuite pour Londres. Vous allez voir que l'armée de Metz n'a jamais voulu être que l'armée de la France.

Le 10 octobre, on se réunit dans un conseil de guerre ; voici ce qui a été décidé et signé par tous.

La signature, je ne m'y arrête pas, mais enfin, puisque M. le commissaire du gouvernement s'arrête aux signatures, j'ai le droit de faire observer que le procès-verbal de la conférence du 10 octobre est signé par tous ceux qui y ont assisté, et c'est la conférence la plus importante.

**Mᵉ Lachaud lit le procès-verbal de la conférence du 10 octobre ; en voici la conclusion :**

« Il est donc convenu et arrêté :

» 1° Que l'on tiendra sous Metz le plus longtemps possible ;

» 2° Que l'on ne fera pas d'opérations autour de la place, le but à atteindre étant presque impossible ;

» 3° Que des pourparlers seront engagés avec l'ennemi dans un délai qui ne dépassera pas quarante-huit heures, afin de conclure une convention militaire honorable et acceptable pour tous ;

» 4° Que dans le cas où l'ennemi voudrait imposer des conditions incompatibles avec notre honneur et le sentiment du devoir militaire, on tentera de se frayer un passage les armes à la main.

» Ont approuvé et signé :

» Le maréchal Canrobert, commandant le 6° corps ;

» Le maréchal Le Bœuf, commandant le 3° corps ;

» Le général de Ladmirault, commandant le 4° corps ;

» Le général Frossard, commandant le 2° corps ;

» Le général Desvaux, commandant provisoirement la garde impériale ;

» Le général Soleille, commandant l'artillerie de l'armée ;

» Le général Coffinières, commandant supérieur à Metz ;

» L'intendant en chef Lebrun ;

» Le maréchal Bazaine, commandant en chef l'armée.

» Ban-Saint-Martin, 10 octobre 1870. »

Ah! le réquisitoire parlait de généraux en chef qui ont été poursuivis pour avoir capitulé; eh bien! je l'interroge dans sa loyauté, a-t-il jamais vu dans les poursuites dirigées contre ces hommes des attestations semblables à celles que je viens de lire?

Est-ce que ces généraux qui ont été poursuivis avaient eu soin avant de succomber, soit devant le nombre, soit devant la famine, de faire appel à tout ce qu'il y avait autour d'eux de valeur et de générosité, est-ce qu'ils avaient eu soin d'appeler tous ceux qui pouvaient les aider à sauver le pays?

Oui, devant la loi, le commandant en chef est seul responsable, mais devant la justice, devant l'opinion, non. Tous ont voulu, à l'unanimité, ce que le général en chef a fait.

Tous ont décidé qu'il fallait s'adresser à l'ennemi. Et le général Boyer est désigné pour cette mission. Pourquoi ces paroles sévères du rapport et du réquisitoire sur le général Boyer? On lui a dit d'aller, et il a été; il a obéi comme un vrai soldat, on lui a dit de porter telles paroles et il les a portées.

Pourquoi des reproches? On a parlé de petites nuances, est-ce que nous sommes ici dans un procès de petits détails ou dans une grande chose?

Et le général Boyer est parti pour savoir quelles seraient les conditions d'une convention militaire avec la Prusse. On lui a donné au moment de son départ des instructions que je vais lire.

On ne pouvait pas lui en donner d'autres. Est-ce qu'il était possible de savoir ce que la Prusse demanderait? la France vaincue et mourant de faim était obligée d'aller demander la paix à l'ennemi.

Il y avait un ordre d'idées, des motifs d'un ordre supérieur à faire valoir, des motifs qui pouvaient toucher l'esprit de l'ennemi, il fallait faire vibrer cette corde, on ne pouvait s'adresser à l'humanité de l'ennemi ; là-dessus je suis d'accord avec le ministère public : il fallait se placer sur le terrain de la sécurité sociale, c'était une question intéressant la civilisation tout entière, l'Allemagne aussi bien que la France ; celle de l'ordre social, le palladium de tous.

Car ce n'est pas tout de gagner des batailles. L'armée a d'autres devoirs. Les ennemis sont quelquefois à l'intérieur : ce sont ceux qui veulent le désordre et la destruction.

Il y avait donc dans l'armée de Metz d'autres dangers à vaincre. Et l'on disait aux Allemands : Vous êtes dans un pays nerveux, agité, vous avez intérêt à ce que l'ordre soit maintenu en France, vous avez intérêt à écouter nos propositions ; vous n'avez aucun avantage à les repousser.

Voilà les instructions que l'on a données au général Boyer ; on ne pouvait lui en donner d'autres.

Le général Boyer est parti, allant tristement chez le vainqueur plaider la cause de l'ordre public et demander une convention honorable.

Et il a vu M. le comte de Bismark, et ici je trouve la déposition de M. le général Boyer dans l'instruction. Il faut la lire. Ces choses-là ne se résument pas ; un mot de trop, un mot oublié et tout est changé.

« M. de Bismark, a dit le général Boyer, est entré d'abord dans la situation politique de la France que lui avait fait la révolution du 4 septembre.

» Il me dit qu'il voulait me mettre au courant de ce qui se passait, pour que je pusse en instruire le général en chef. Il me parla du voyage de M. Thiers dans toute l'Europe ; il me parla de l'entrevue qu'il avait eue à Ferrières avec M. Jules Favre. Il me parla des divers compétiteurs qui, en dehors de l'empire, se disputaient le pouvoir, et il ajouta que, quoi qu'il arrivât, les Prussiens ne commettraient pas la faute qu'ils avaient commises en 1815, d'imposer un gouvernement à la France.

» Il me dit que certaines villes du Nord demandaient la paix, que dans quelques villes commerçantes, où l'égoïsme l'emporte toujours, on demandait une garnison allemande.

» Il me parla des francs-tireurs, qui étaient pourchassés aussi bien par nos concitoyens que par les Allemands ; il me dit que l'Ouest allait se déchirer sous une influence religieuse... »

Ces renseignements étaient faux, je le veux bien, mais ce n'était pas le point important ; si M. de Bismark a calomnié la France, et bien, tant pis pour lui ; je continue la déposition de M. le général Boyer :

« ... Les départements du Midi, disait M. de Bismark, sont livrés à l'anarchie, l'armée de la Loire est battue à Orléans, les Allemands sont en marche sur Bourges, et ce qui me confirma cette pensée, dit M. le général Boyer, c'est que j'avais rencontré un convoi de blessés et de canons français.

» Alors, ajoute le général Boyer, M. de Bismark me demanda de lui exposer les idées de M. le maréchal Bazaine. Je lui demandai, non pas une capitulation, mais une convention militaire : l'armée sortirait de Metz avec ses aigles, avec ses armes, avec tout son matériel. Alors M. le comte de Bismark me répondit : « Une convention militaire, cela ne me regarde pas ; c'est du domaine de la guerre. »

» Si votre mission a pour but une convention militaire, je vous préviens que le conseil du roi ne vous accordera pas d'autres conditions que celles qui ont été accordées à l'armée de Sedan... »

Les nouvelles que donnait M. de Bismark étaient fausses, si l'on veut, mais la négociation se fait en dehors des nouvelles. L'armée de Metz meurt de faim, elle n'a plus de chevaux, que vouliez-vous faire ? Cependant le général Boyer proteste contre ces conditions. Et alors le comte de Bismark lui dit : « Je puis, moi, cependant faire valoir des considérations politiques au sein du conseil et obtenir des conditions que je vous ferai connaître ce soir. »

J'insistai auprès du comte de Bismark, dit le général Boyer, pour connaître ces conditions. M. le comte de Bismark me dit qu'il ne traiterait pas avec le gouvernement de la défense nationale qu'il ne reconnaissait pas, mais qu'il pouvait traiter avec le gouvernement de la régence.

« Avez-vous, ajouta-t-il, reconnu le gouvernement de la défense nationale ? Non, lui dis-je, nous n'avons jamais reçu aucune nouvelle de ce gouvernement ; nous n'en avons connu l'existence que par les récits de quelques prisonniers et par les journaux allemands.

» Mais pour en avoir eu des nouvelles officielles, nous n'en avons jamais eu aucune, et alors cette question est arrêtée. Nous avons prêté serment à l'empereur, dit le général Boyer, et nous resterons fidèles à notre serment, jusqu'à ce que nous en ayons été relevés. »

Voilà la thèse : on était soldat de la France, on était ensuite soldat d'un gouvernement auquel on avait prêté serment. On sera soldat de la France, mais il faut que d'abord la France exprime ses volontés, qu'elle les manifeste.

« En ce cas, dit M. de Bismark, nous pouvons nous entendre ; l'empereur est prisonnier en Allemagne, il ne peut traiter ; mais l'impératrice, c'est différent, elle est sur une terre neutre.

» Nous pouvons traiter avec elle. »

Ainsi, on va non pas pour capituler, mais pour consentir une convention militaire. M. de Bismark dit : Cette convention militaire, vous ne l'aurez pas, vous n'aurez que les conditions de Sedan ; puis il ajoute que, lui, il peut faire au conseil des ministres une proposition.

On peut traiter non pas avec l'empereur qui est prisonnier, non pas avec le gouvernement de la défense nationale qu'on ne reconnaît pas, mais avec l'impératrice, et le général Boyer déclare qu'il n'a pas qualité à cet effet. Et alors M. de Bismark lui expose son plan, que le général écoute pour le rapporter à Metz.

Ce plan, le voici : ce sera d'affirmer la fidélité de l'armée au gouvernement de la régence par une manifestation, l'impératrice signera les préliminaires de paix.

Que va répondre le général Boyer? Ecoutez.

« Je fis observer au comte de Bismark que ces manifestations étaient en dehors de nos habitudes militaires, que ce serait un *pronunciamento;* et le chancelier répliqua : « C'est un préliminaire indispensable pour donner une sorte de sécurité aux préliminaires de paix. »

A ces conditions l'armée sortira de Metz avec son matériel, et la place de Metz sera abandonnée à elle-même. L'armée se rendra sur un territoire neutralisé où les pouvoirs publics (c'est le mot, il n'est pas possible de lui en substituer un autre) tels qu'ils étaient constitués avant le 4 septembre, proposeront au pays de choisir la forme de gouvernement.

Est-ce là un *pronunciamento*, un de ces crimes militaires qui déshonorent ceux qui s'en servent.

Il y a un fait brutal; le 4 septembre, la Prusse ne veut pas le reconnaître. L'impératrice est exilée, mais elle peut traiter. Les pouvoirs publics proclameront ce que veut la France, et l'armée de Metz n'aura d'autre rôle que de protéger l'Assemblée ; et le comte de Bismark ajoute : Quelle que soit la résolution prise par le pays, elle sera acceptée.

Il n'y a pas un Français, un Français vraiment patriotique, qui puisse trouver un mot à redire dans cette déclaration de M. le général Boyer.

De grands événements se sont produits; il faut que le pays soit consulté, et, quand il aura prononcé, l'armée fera respecter sa décision.

Est-ce là une conspiration, est-ce là une restauration criminelle qu'on veut amener ?

Non, les honnêtes gens ne peuvent le dire ; cela ne peut être dit que par ceux qui veulent fermer les yeux à la lumière.

Tout à l'heure, nous allons voir le général Boyer à Londres ; nous allons voir les sublimes efforts de S. M. l'impératrice, désespérée, non pas d'avoir perdu sa couronne ; nous allons voir comment elle a refusé de signer.

Dans les conditions que vous savez, messieurs, avec les paroles de M. de Bismark que vous connaissez, vous pouvez interpréter déjà le traité dont j'aurai à parler tout à l'heure.

Pour arriver à la paix, il n'y avait qu'un gouvernement possible, c'est la régence.

Le maréchal provoque donc, le 18, une conférence nouvelle ; ses chefs de corps sont convoqués pour connaître les résultats du voyage de M. le général Boyer.

Le procès-verbal de cette réunion n'est pas signé, mais il a été rédigé certainement avec la fidélité, avec la loyauté la plus grande.

A neuf heures du matin, donc, les généraux sont convoqués, et M. le général Changarnier, pour la première fois, se présente pour éclairer le conseil et y apporter les rayonnements lumineux de son grand cœur et de son patriotisme ; je lis les conditions de M. de Bismark apportées par le général Boyer:

« 1° L'armée sous Metz déclare qu'elle est toujours l'armée de l'empire, décidée à soutenir le gouvernement de la régence ;

» 2° Cette déclaration de l'armée coïncidera avec un manifeste de S. M. l'impératrice régente adressé au peuple français, et par lequel, au besoin, elle ferait un nouvel appel à la nation pour l'inviter à se prononcer sur la forme du gouvernement qu'elle désire adopter ;

» 3° Ces deux déclarations devront être accompagnées d'un acte signé par un délégué de la régence, et acceptant les bases d'un traité à intervenir entre le gouvernement des puissances allemandes et le gouvernement de la régence. »

Plusieurs chefs de corps pensent qu'il faudra tenter la fortune des armes. Le maréchal Canrobert ne croit pas au succès ; aller de l'avant, serait tenter une folie glorieuse, à coup sûr, mais sans résultat possible. La plupart estiment qu'il faut essayer une convention militaire honorable.

Voyez-vous la lutte engagée dans le cœur de ce vaillant commandant en chef de l'armée, entre son amour pour la patrie et son désir de sauver son armée !

Oui, il faut mourir, et nous saurons mourir ! mais c'est la dernière armée de la France. Une folie glorieuse, on n'a pas le droit de la faire quand on commande en chef la dernière armée du pays ! Ah ! qu'ils ont dû souffrir ces généraux ! Le sentiment du soldat s'est fait jour quand on a parlé de la bataille ; mais après les glorieux rêves, il faut finir par la réalité.

Hélas ! la réalité, c'est traiter avec les Prussiens ! Traiter, mais comment ? Il n'y a pas un gouvernement qui puisse le faire, et c'est alors que les généraux disent : « Nous allons entrer dans une forme qui nous conduira à un résultat légal ! Telle est la pensée du maréchal Canrobert, du général Frossard, du général Changarnier ; je vous demande si ce sont là des généraux qui conspirent !

La délibération se poursuit, et chacun va exprimer son opinion dans une certaine limite. Et le conseil décide qu'il faut aller vers l'impératrice.

Messieurs, il faut rattacher cette décision aux paroles de M. de Bismark : « Il vous faut un gouvernement régulier, sinon l'Allemagne refusera sa signature ! »

Et quand on est réduit à une extrémité comme celle que faisaient nos ennemis à l'armée de Metz, quoi de plus sage que d'aller demander à l'impératrice qu'elle intervienne pour sauver l'armée ?

Le ministère public reproche au général Boyer d'avoir donné des renseignements inexacts, mais cette communication a-t-elle été faite aux chefs de corps? A cette question, quelques-uns ont dit : « Oui, » et d'autres ont dit : « Non. »

Ce que racontait le général Boyer, c'était bien ce qu'il avait appris, non pas en parcourant la France, mais dans le cercle étroit où il était gardé. Ces renseignements n'étaient pas vrais. Non, les grandes villes n'avaient pas imploré des garnisons allemandes. Dieu merci ! cette dernière honte nous a été épargnée ; mais il était vrai que le drapeau rouge flottait à Lyon ; il était vrai que les partis voulaient diviser la France ; il était vrai que nous étions à la veille de la tentative du 31 octobre à Paris. Et ce n'est pas à raison de ces nouvelles, mais à cause de la situation que j'ai décrite tout à l'heure que le général Boyer est parti pour Londres.

Les officiers généraux vous ont expliqué à cette audience le caractère que devait avoir la mission du général Boyer, et, quand j'avais l'honneur d'affirmer devant vous que c'était pour le gouvernement que la France se donnerait, quel qu'il fût, pourvu qu'il fût régulier, que cette décision était prise ; laissez-moi vous rappeler les phrases que vous avez entendu sortir de la bouche de ces vaillants capitaines.

Le maréchal Canrobert vous dit : « Nous n'avions plus le moyen de sauver cette armée d'une ruine certaine ; ce que le général Boyer nous rapportait nous avait brisé le cœur ; ensuite il y eut un autre conseil et l'on nous a demandé ce qu'il y avait à faire et, en présence de la France mourante, nous avons voté pour qu'on se rendît auprès du seul médecin qui pouvait la sauver, et ce médecin, d'après les paroles de M. de Bismark, était Sa Majesté l'impératrice, etc... »

« C'était notre dernière planche de salut, il fallait la saisir. »

Messieurs, quand on veut trouver la vérité, il faut surtout la rechercher dans des paroles comme celles-là : « On s'est demandé, en bonne conscience, si l'honneur militaire permettait de conduire au boucher des moutons pour les faire égorger ? »

Eh bien ! messieurs, ceux qui disaient : « Il faut sortir ! » Ah ! je rends justice à leur expression ; mais enfin, je puis bien ajouter qu'il s'en trouvait parmi eux qui disaient: « Il faut sortir ! » et qui savaient bien qu'on ne sortirait pas !

« Je me rappelle bien, continuait le maréchal Canrobert, qu'il a été déclaré que nous étions toujours l'armée de l'empereur; mais nous étions prêts à nous accrocher à tout gouvernement pour chasser l'ennemi. Nous voulions seulement sauver notre pays et conserver cette armée du Rhin dans la prévision qu'elle pouvait lui être utile encore. Nous aurions accepté cette condition de nous retirer sur un point neutralisé du territoire.

» Sans vouloir influencer ni à gauche ni à droite, on a voulu nous représenter comme des prétoriens ; non, nous étions des soldats et rien que des soldats du pays. »

C'est là un beau langage, messieurs, dont le maréchal et ses généraux peuvent se faire honneur !

Etait-ce là une question politique, placée à côté de la question du salut du pays et de l'armée, une conspiration militaire pour imposer une forme de gouvernement dont le pays ne voulait pas ? Non ! car le maréchal ajoutait : « Quand la nation réunie dans ses comices aura choisi une forme de gouvernement, l'armée tout entière obéira ! »

On entend le général Frossard sur cette question capitale, et il vous a dit : « Mon opinion était qu'il fallait obtenir une convention militaire qui nous permît de nous retirer sur un point neutralisé du territoire pour être à portée d'y remplir, au besoin, le rôle que l'on demanderait à cette armée, ce plan était possible, réalisable, quand un armistice aurait été conclu par ceux qui auraient qualité pour la faire, une Assemblée nationale ayant tout pouvoir pour faire cesser les funestes résultats de cette guerre. »

En voilà trois qui expriment leur opinion, et il n'y a pas un doute sur cette pensée. En voici un quatrième, le général Desvaux :

« L'armée, disait le maréchal Bazaine, n'a aucun rôle politique à jouer; elle est la sentinelle placée à la porte des Assemblées pour assurer l'exécution de leurs décisions. »

Ainsi le général Desvaux a entendu dire cela au maréchal Bazaine ! Il continue :

« L'esprit du conseil a été de ne pas entrer dans les détails, car il a pensé que l'Assemblée serait réunie prochainement... »

Eh bier., l'accusation, maintenant, sur quoi repose-t-elle? Sur ce que le général Boyer a été trouver l'impératrice?

Mais le maréchal Canrobert vous l'a dit; c'était le seul médecin qui fût capable de sauver l'armée!

Est-ce dans le voyage du général Boyer à Versailles que vous trouvez les preuves d'une conspiration de prétoriens? Non! le voyage vous en connaissez les incidents. Un général dont j'ai eu souvent à prononcer le nom, le général Changarnier, avait peut-être des motifs légitimes de se plaindre de l'Empire; mais c'est un grand cœur qui a oublié ses rancunes au jour du désastre et qui est venu se placer auprès du gouvernement qui était celui du pays. Eh bien! à cette date du 18 octobre, voilà ce qu'a rapporté le général Boyer dans sa déposition :

« La majorité du conseil ne paraissait pas acquise à cette idée d'aller trouver l'impératrice, lorsque le général Changarnier prit la parole, et, dans une allocution très-émue, déclara que c'était le seul moyen de salut! »

Et c'est ainsi, qu'entraînés par une force à laquelle on ne pouvait pas résister, il fut décidé que pour conserver les soldats à la patrie qu'ils pouvaient sauver, le général Boyer se rendrait à Londres, demander l'alliance de l'impératrice.

Il y a des appréciations qui ne seront pas nécessaires et que je ne ferai pas. Qui n'a admiré le rôle plein de dévouement et de patriotisme de l'impératrice? Mais que M. le commissaire du gouvernement me permette de le lui dire : j'aurais désiré que sa parole vous en eût un instant entretenus! Ce n'était pas faire de la politique, c'était rendre justice au malheur! Et les princes exilés ont trop de douleurs à supporter pour refuser jamais les grandes consolations et les grands témoignages de l'opinion quand ils ont su les mériter.

Il y a des grandeurs qu'il faut savoir admirer même quand le malheur a frappé ceux qui produisent de grands actes, et il faut s'incliner respectueusement devant eux !

Que va faire l'impératrice? Il faut qu'elle touche le cœur de notre implacable ennemi, qu'elle tende les mains à l'armée en détresse; il faut qu'elle fasse tout au monde pour ce pays où elle n'est plus, mais qu'elle aimera toujours.

Vous allez voir, messieurs, tout ce qui a été fait alors.

Le 22 octobre, M. le général Boyer adressait au comte de Bismark la dépêche suivante :

« Je viens de voir l'impératrice, elle me charge de demander le ravitaillement de l'armée de Metz pour quinze jours et désire qu'on lui fasse connaître les conditions des préliminaires de paix. »

Le 23 octobre, M. le comte de Bismark écrivait à l'impératrice, en réponse à cette dépêche :

« Pour pouvoir répondre, il me faut prendre les ordres du roi. Je puis dire d'avance que le ravitaillement est, militairement, inadmissible ; je m'en rapporte au jugement du général Boyer.

> Signé : BISMARK. »

L'impératrice comprend que les moments pressent, qu'il faut immédiatement faire une démarche nouvelle. Ce n'est pas la souveraine qui va parler, c'est la femme qui demandera qu'on accorde à la pitié ce qu'on aurait peut-être refusé au pouvoir, et qui va exposer à notre ennemi cette cause du malheur que les femmes savent plaider mieux que nous, messieurs !

Elle écrit à M. de Bernstorff la dépêche suivante :

« Monsieur le comte,

> Le temps est si précieux et les intermédiaires nous en font tant perdre, que je désirerais pouvoir vous parler.

> Lady a bien voulu mettre à ma disposition sa maison, à Londres. Si vous pouvez vous y rendre, personne ne vous verra.

> Signé : EUGÉNIE. »

Puis elle s'adresse encore au roi de Prusse lui-même, et lui écrit ce qui suit :

« Sire,

> Votre Majesté a entre les mains la dépêche du comte de Bernstorff au comte de Bismark. Je fais appel au cœur du roi, à sa générosité de soldat. Je supplie Votre Majesté d'être favorable à ma demande, son succès est la condition indispensable pour la suite des négociations.

> Signé : EUGÉNIE. »

Tout ce que je vous dis là, messieurs, est au dossier. L'accusation connaît tous ces documents. Pourquoi n'en avoir rien dit ? C'est si doux, c'est si beau, c'est si grand de s'incliner devant le malheur !

Que va répondre le roi ?

Il est des heures où les grands de la terre, quand ils ont le pouvoir, n'ont plus la générosité. La réponse est inexorable :

« Madame,

> Le comte de Bernstorff m'a télégraphié les paroles que vous avez bien voulu m'adresser. Je désire de tout mon cœur rendre la paix à nos deux nations ; mais, pour y arriver, il faudrait d'abord établir la probabilité, au moins, que nous réussirons à faire accepter à la

France le résultat de nos transactions, sans continuer la guerre contre la totalité des forces françaises.

» A l'heure qu'il est, je regrette que l'incertitude où nous nous trouvons, par rapport aux dispositions politiques de l'armée de Metz, autant que de la nation française, ne me permette pas de donner suite aux négociations proposées par Votre Majesté.

» Versailles, 25 octobre 1870.

» Signé : GUILLAUME. »

A l'appui de cette missive du roi, M. de Bismark écrivait encore à l'impératrice la dépêche qui suit :

« Les questions posées hier ne donnent ni à l'impératrice, ni à nous, les assurances des garanties de paix.

» L'armée de Bazaine n'a pas fait sa manifestation, et nous serions obligés de poursuivre par nos armes, et probablement contre l'armée de Bazaine, l'exécution du traité.

» Le roi ne traitera que sous les conditions que j'ai fait connaître au général Boyer, et dont aucune n'a été remplie.

» Signé : BISMARK. »

Qu'on parle après tout cela de conspiration bonapartiste ! Il y avait là, messieurs, une impossibilité et un obstacle que l'impératrice ne voulait pas franchir. Elle ne pouvait ni ne voulait accepter les conditions qu'on lui offrait. Elle ne voulait pas s'associer au démantèlement de la France, et rentrer dans la patrie derrière une armée ennemie, après en avoir signé le déchirement!

Nous sommes au 24 septembre ; à ce moment, les heures étaient comptées. De Tours même, on prie un diplomate de s'adresser à elle, et voici ce que nous trouvons dans le rapport adressé par ce diplomate, le 24 octobre :

« ..... C'est ainsi que je me suis chargé d'une mission très-peu correcte sous le rapport diplomatique...

» Cette lettre arrivera un peu tard ; toujours est-il que j'ai voulu m'acquitter d'une commission que mon dévouement pour votre cause et celle de la France m'a seul fait accepter.

» Les nouvelles de Paris sont vraiment bonnes, et l'armée de la Loire n'est plus un mythe... Si ce n'était la pensée de voir Metz capituler, la situation s'améliore chaque jour... »

Et l'impératrice répond le 26 octobre 1870 :

« La reddition de Metz est une affaire d'heures ; les vivres manquent.

» On ne saurait donc trop se hâter et conclure l'armistice.

» Je désire sauver la dernière armée de l'ordre, même au prix de toutes nos espérances.

» Vous ne pouvez douter de mon ardent patriotisme qui me fait m'effacer aujourd'hui, tout en réservant nos droits à la conclusion de la paix.

» Signé : EUGÉNIE. »

Tout est fini, hélas ! c'est bien vrai. Il n'y a plus d'espérance ! et voici la dépêche que le 27 octobre M. le comte de Bernstorff adresse au général Boyer :

« Mon général,

» Comme je vous l'ai promis, il faut bien que je vous dise que l'armée du maréchal Bazaine et la forteresse de Metz ont capitulé aujourd'hui.

» Je sens toute la douleur que cela doit causer à un brave et loyal général et je suis sincèrement fâché que ce soit moi qui aie dû vous l'annoncer.

» Croyez toujours, mon général, à mes sentiments de haute et sincère considération.

» Signé : BERNSTORFF. »

C'est alors que le général Boyer recevait, comme dernier témoignage de l'amour de sa souveraine, la lettre suivante :

« Mon cher général,

» Je viens de recevoir votre lettre ! Brisée par la douleur, je ne puis que vous exprimer mon admiration pour cette vaillante armée et ses chefs.

» Accablés par le nombre, mais gardiens fidèles de la gloire et de l'honneur de notre malheureuse patrie, ils ont conservé intacte la tradition de nos anciennes légions.

» Vous connaissez mes efforts et mon impuissance pour conjurer un sort que j'eusse voulu leur épargner au prix de mes plus chères espérances !

» Je compte vous voir demain ; j'espère que vous voudrez bien vous charger d'une lettre pour le maréchal.

» Quand vous rejoindrez vos compagnons d'armes, dites-leur qu'ils ont été l'espérance, l'orgueil et la douleur d'une exilée comme eux.

» Croyez, mon cher général, à tous mes sentiments.

» Signé : EUGÉNIE. »

Voilà, messieurs, des sentiments que tout le monde comprend, et tous les hommes de cœur s'associeront à l'admiration qu'inspirent de telles paroles. Lui-même, le gouvernement de Tours, a voulu faire remercier l'impératrice : on a envoyé un chargé d'affaires. Nos gouvernants d'un jour ne l'auraient sans doute pas fait. Ils avaient réfléchi que la satisfaction d'avoir fait son devoir est le plus beau des remercîments qu'on puisse recevoir !

L'impératrice n'accueillit pas le chargé d'affaires ; elle lui fit dire que tout entière à sa douleur, elle ne pouvait le recevoir. Ah ! parlez donc, parlez encore de conspiration bonapartiste et de restauration impériale !

Quand cette dépêche arriva, on comprit que tout était terminé ; le premier mouvement fut un mouvement d'indignation, et la première pensée du maréchal Bazaine fut de se faire tuer !.... Ah ! messieurs, tout cela est constaté dans un procès-verbal rédigé par M. le colonel Villette ; le colonel Villette, la fidélité et l'honneur par excellence, celui que les plus implacables ennemis du maréchal se plaisent à reconnaître comme la personnalité la plus digne de respect, et qui n'aurait pas poussé même l'affection et le dévoûment jusqu'à dissimuler la vérité !

Au surplus, ne vous souvenez-vous pas de la déposition du général Lapasset ? Il voulait franchir les lignes ennemies avec quelques milliers d'hommes, et le maréchal Bazaine lui avait dit : « Eh bien ! oui, essayons ! » Mais, hélas ! il est des résolutions que la prudence impose à ceux qui ont charge d'âmes !

**Me Lachaud donne lecture du procès-verbal du conseil du 24 octobre, dans lequel on décida d'envoyer le général Changarnier au quartier général allemand, pour demander que l'armée fût neutralisée jusqu'à ce que les corps constitués de la nation eussent pris une détermination.**

La vieille renommée du général Changarnier, dit Me Lachaud, de ce fier et loyal soldat, pouvait faire espérer qu'il désarmerait les exigences inflexibles de l'ennemi. Le 25, Changarnier part, mais il n'obtient rien. Les Prussiens savaient si bien la situation de l'armée de Metz, que le prince Frédéric-Charles, lui montrant des vivres qui étaient sur la voie du chemin de fer, lui dit : « Voilà de quoi empêcher votre armée de mourir de faim. »

On avait déjà fait des préparatifs, c'était comme les funérailles de notre gloire, et tout était préparé pour les accomplir.

On n'a jamais vaincu l'armée de Metz ; on a conquis des affamés, mais on n'a pas réduit des soldats : voilà ce que l'histoire dira.

Alors on envoya le général de Cissey ; il était à peu près sûr de ne pas obtenir ce que Changarnier s'était vu refuser. Mais avant de rendre le dernier soupir, on a recours à tous les moyens, on tente un miracle, quand on croit en Dieu, et les généraux doivent y croire plus que personne, car ils savent que le sort des batailles est entre ses mains. On espéra ce miracle et le général de Cissey part ; il n'obtient rien, rien, rien que la capitulation de Sedan, la prison.

Voilà ce qu'il faut accepter.

Les paroles éloquentes du ministère public peuvent faire accepter à certains esprits que l'immolation de l'armée valait mieux que la capitulation, et faire croire que cette hécatombe pouvait ajouter à l'honneur du drapeau. C'est ainsi que l'on fait vibrer ces cordes de l'honneur français et que l'on égare certains esprits. Mais qu'un commandant en chef fasse égorger ses soldats froidement et inutilement, je dirai, moi, que c'est un assassin !

L'honneur ne consiste pas à faire tuer des hommes, l'honneur consiste à accomplir tous ses devoirs, de manière à ce qu'on n'ait rien à se reprocher ; mais si l'on est en face d'une force majeure, s'il n'y a plus rien à espérer, il faut s'en remettre à Dieu.

Voilà l'honneur, voilà le devoir ; ceux qui agiraient autrement n'auraient pas la conscience droite et ne sauraient pas observer le respect de l'humanité. Il fallut donc capituler : c'était l'extrémité dernière. C'est alors que le général Jarras fut chargé de s'entendre avec le chef de l'état-major allemand, le général de Stiehle. Le 27, il revint rendre compte au maréchal Bazaine de sa mission.

Le général de Stiehle fit connaître, dans la journée, qu'on accordait les honneurs de la guerre à l'armée, non les honneurs militaires qui laissent les armes aux troupes, mais ces honneurs qui consistent à faire défiler les soldats devant le vainqueur et qui sont la dernière humiliation, la dernière insulte au vaincu.

A dix heures du soir tout est fini : *Consummatum est ;* nos soldats étaient prisonniers. Le 28 au matin, tous ces grands capitaines, tous ces illustres héros de la France se réunissaient pour constater qu'il n'y avait plus d'espoir, que tout était fini.

#### *Audience du mercredi 10 décembre.*

Cette séance est ouverte à neuf heures et demie du matin.

Me LACHAUD continue en ces termes :

Je dois discuter d'autres reproches faits par l'accusation et concernant spécialement les derniers événements du siége. Le défaut de précautions, l'absence de certains moyens qui auraient pu empêcher certaines conséquences, ce que j'appellerai la critique des derniers faits.

La science de M. le commissaire du gouvernement lui a fait comprendre que certains arguments du rapport devaient être abandonnés, comme la destruction des forts et des murailles de Metz. Des témoignages vous ont dit les difficultés qu'il y aurait eu à le faire, et l'émotion populaire eût été telle qu'il était impossible de rien tenter. Mais le point sur lequel on insiste est celui-ci : vous aviez des canons, il fallait les enclouer ; vous aviez des fusils, il fallait lés briser ; vous aviez des munitions, il fallait s'arranger de façon à ce qu'elles ne puissent pas servir. J'en demande bien pardon à M. le commissaire du gouvernement, mais ce n'était pas possible, et cela était contre les usages de la guerre. Ce n'était pas possible, car il faudrait préciser l'heure de l'exécution, et comment le faire ? Jusqu'à la dernière heure, il y a une espérance sur laquelle il faut compter.

Je puis, sur ce point, je ne dis pas jeter un défi à M. le commissaire du gouvernement, mais je puis lui demander s'il connaît la capitulation d'une place importante où on aurait accompli ce qu'il reproche au maréchal de ne pas avoir fait ; je puis lui demander si même il se souvient de petites capitulations où on aurait procédé de la sorte.

Je me trompe, messieurs, il y a un fait, un fait unique: Phalsbourg. Mais Phalsbourg était une petite citadelle, qui restera sans doute avec le souvenir de la gloire, mais qui ne peut pas servir de document important dans ce débat.

J'ai fait un travail sur les capitulations actuelles et sur les capitulations les plus récentes des siècles précédents.

Je n'en trouve guère d'exemples chez nous. Jusqu'alors la patrie, messieurs, n'avait pas si cruellement souffert !

Un pays bien malheureux aujourd'hui, qu'il faut plaindre, mais qui a eu à une certaine heure le patriotisme le plus ardent, c'est l'Espagne :

En 1808, 1809, 1810, 1811, toutes ses citadelles ont soutenu des siéges, et beaucoup ont dû se rendre !

A Sarragosse, dont le siége a été fait par le maréchal Ney contre Palafox, la capitulation eut lieu le 20 février 1809. Savez-vous ce qu'on y a trouvé? On a trouvé quatre-vingt-douze bouches à feu, des projectiles et vingt-et-un drapeaux.

Or, si jamais une garnison fut vaillante, si jamais défense fut glorieuse, c'est celle de Sarragosse; car, au commencement du siége, il y avait trente-et-un mille hommes de garnison, et il en restait huit mille le jour de la capitulation.

Suchet attaque Neida ; la citadelle capitule en 1810 : on y trouve cinq cents bouches à feu, un million de cartouches, dix drapeaux, des vivres.

A Tortosa, en 1810, on trouve cent quatre-vingt-deux bouches à feu, 150,000 kilogrammes de poudre, de dix à onze mille fusils, deux drapeaux.

Et cela n'est-il vrai que pour les villes importantes ?

Dans les petites, c'est absolument la même chose : par exemple , Almeida, Badajoz, etc.

Quittons l'Espagne ; Bonaparte faisait le siége de Mantoue; qu'a-t-on trouvé là ? 500 bouches à feu, 17,000 fusils, plusieurs équipages de ponts, 60 drapeaux.

Nous pourrions remonter bien haut jusqu'au temps des preux chevaliers. En 1691, Eugène de Savoie fait une capitulation à Carmagnolles; on y trouve en grand nombre des mortiers et des bombes. Il y a, en 1558, la prise de Calais sur les Anglais, et là, les mêmes faits se reproduisent.

Conséquence de toutes ces choses.

S'il n'y avait rien eu dans la place, la capitulation n'eût pas été valable ; la ville eût été traitée à discrétion.

Ce sont les usages, c'est la tradition. Il y a le code de l'honneur, et quand une armée capitule, elle doit capituler en suivant les règles qu'il prescrit; sinon la fureur de l'ennemi pourra se manifester; sinon on pourra dire : Il y avait des embûches que vous nous avez tendues.


L'accusation nous dit encore autre chose : « Le maréchal n'a pas accepté les honneurs militaires. » C'est vrai, il n'a pas accepté le défilé. Ah ! vous savez ce que c'est que le défilé! Vous le savez par expérience, car parmi vous je ne vois que de glorieux vainqueurs.

Voyez-vous toute cette armée passant sous les yeux de Frédéric-Charles ? Voilà ce qu'il a repoussé. Voyez-vous ces 100,000 hommes défilant aux regards du vainqueur! Ces maréchaux de France saluant de l'épée le vainqueur triomphant !

Ah! s'il avait fait cela, messieurs, il aurait consenti un nouvel outrage ! Quelle différence, en effet, je vous le demande, y a-t-il entre le défilé dont je vous parle et les processions romaines où le général vainqueur s'entourait de ses vaincus. Il ne pouvait pas l'accepter.

Les honneurs de la guerre! mais ils sont écrits dans la convention. Que voulez-vous de plus ?

Ah! messieurs, pouvait-on faire autrement qu'on a fait? Est-il vrai, lorsque Metz a capitulé, que la famine était arrivée, qu'il fallait capituler, et que si on n'avait point capitulé, un entêtement inutile aurait entraîné des malheurs irréparables et des souffrances sans nombre. Le conseil a entendu ce qu'a dit M. l'intendant Mony, qui l'a éclairé sur la situation véritable de Metz, et, sans doute, M. l'intendant Mony avait compétence en ces matières!

On nous a dit : Il fallait retarder de deux jours la capitulation? Qu'aurait-on gagné à le faire? On aurait gagné la mort pour un nombre considérable de malheureux! La mort de faim !

Voyons, oui ou non, est-ce la famine qui a eu raison de l'armée ? Pouvait-on à cette heure suprême économiser quelque chose ? Au lieu de 150,000 hommes emmenés en captivité, il y aurait eu 100,000 hommes qu'il aurait fallu inhumer !

L'accusation a dit encore : On ne s'est pas occupé des blessés ! Où donc l'accusation a-t-elle vu cela ? Il y a dans le texte de la capitulation cette clause expresse, en ce qui concerne les blessés, que ceux qui ne pourront être transportés seront soignés à Metz ; et pour ceux qui devront être conduits en captivité, ils seront accompagnés par des médecins français.

Au surplus, est-ce qu'il n'y a pas la convention de Genève qui place les blessés sous la protection d'une loi de charité chrétienne ! Mais, nous dit-on, les Prussiens n'ont pas accompli leur devoir ! Tant pis pour eux, s'il en est ainsi ; tant pis ! Mais, pour moi, quand j'examine les critiques de l'accusation, je dis que pas un seul reproche ne peut être adressé au maréchal Bazaine !

On a parlé des drapeaux ; on vous a dit ce que représentait le drapeau en France. Ah ! messieurs, les paroles que vous avez entendues n'étaient pas nécessaires. Qui donc ne sait pas la poésie de l'étendard ? C'est l'honneur, c'est la gloire, c'est l'incarnation de tout ce qu'il y a de grand et de sublime !

Mais si on s'est séparé des précieux drapeaux, est-ce la faute du maréchal Bazaine ?

Il ne faut pas vous abandonner à ces élans d'un patriotisme enflammé.

Le 25 octobre, quand le général de Cissey fut envoyé au quartier général allemand, il s'était occupé des drapeaux. Le maréchal avait fait dire à l'ennemi que les drapeaux étaient des signes politiques et qu'on les avait brûlés le 4 septembre.

Le général de Cissey, cela devait être, ne fut pas entendu !

Voici ce qu'a écrit, il y a quelques jours, le général de Cissey :

« Le général de Cissey n'a pas été appelé en témoignage par le ministère public, parce qu'il était ministre de la guerre lors de l'instruction du procès ; depuis, ni le ministère public, ni la défense, n'ont jugé à propos de le faire citer.

» S'il l'avait été, il aurait, en ce qui concerne la question des drapeaux, déclaré, sous la foi du serment, que le 25 octobre, dans son entrevue au château de Frascati avec le chef d'état-major général de l'armée allemande, celui-ci lui ayant posé, entre autres conditions si dures pour l'armée française, l'obligation de remettre les drapeaux au prince Frédéric-Charles, il répondit catégoriquement que les drapeaux étant des aigles, insignes politiques au premier chef, ils avaient dû être versés à l'artillerie après la connaissance des événements du 4 septembre, et que l'artillerie avait dû les incinérer, ainsi que cela s'est toujours pratiqué après chacun desdits changements de gouvernement.

» Le général se regarde comme certain d'avoir rendu compte de cet incident au conseil réuni le 26 octobre, au matin, chez M. le maréchal Bazaine. S'il se trompait sur ce dernier point (ce qu'il considère comme impossible), c'est qu'il en aurait rendu compte le 25, au soir, à M. le maréchal, en lui faisant le récit de sa douloureuse mission et en lui remettant la copie du protocole de Sedan qu'il s'était fait donner par M. le général Stiehle, tant il avait trouvé exorbitantes les prétentions du quartier général ennemi.

» Le général tient pour certain que l'ordre de brûler les drapeaux a été donné par M. le maréchal Bazaine, sans cela il eût prescrit à ses quatre colonels de les détruire en présence de leurs corps d'officiers et se fût bien gardé de les remettre à l'artillerie pour les transporter à l'arsenal de Metz, bien que l'ordre lui en eût été donné.

» Tours, le 3 octobre 1873.

» Général DE CISSEY. »

Le 26 donc, l'ordre a été donné deux fois de brûler les drapeaux! Il y a un homme que je ne voudrais pas toucher péniblement, car on doit me rendre ici cette justice que je n'ai voulu accuser personne et que je ne fais pas tomber la responsabilité sur autrui, mais il y a un acte qui est tout entier à la charge du général Soleille. A quel sentiment avait-il obéi quand il a donné un contre-ordre, que rien ne justifiait? S'était-il dit que c'était s'exposer à de graves dangers? A-t-il eu peur que cette responsabilité pût l'atteindre? C'est là la seule explication loyale que puisse donner ce loyal soldat. On vous a lu les longues dépositions du général Soleille, on vous a lu l'embarras, les hésitations, les contradictions qui s'y trouvent, mais de ces dépositions, cependant, veuillez retenir cette réponse : « Oui, M. le maréchal m'a donné des instructions verbales, il m'a dit de faire transporter les drapeaux à l'arsenal pour y être brûlés. » A cet égard, il n'y a pas de doute. C'est le général Desvaux qui le dit encore. On voudrait un ordre écrit? Pourquoi le général Soleille ne l'a-t-il pas demandé?

Le maréchal avait dit au général Soleille de faire brûler les drapeaux ; et pourtant, au moment même où il recevait cet ordre, le général Soleille préparait une lettre pour M. le colonel de Girels ! Lettre incompréhensible, lettre inexcusable! « Les drapeaux feront partie du matériel qui sera inventorié et remis à l'ennemi. »

Où donc le général Soleille a-t-il puisé cet ordre? D'où vient-il, est-ce du maréchal? ce n'est pas possible, c'est évident !

Est-ce la lettre du colonel de Girels ? Elle a passé vingt-quatre heures sans être expédiée. Pourquoi?

Le maréchal avait gardé sur sa table la lettre du général Soleille. Ce point demeure obscur, messieurs, et je ne suis pas pour ma part chargé de le mettre en lumière !

Mais où est la responsabilité du maréchal Bazaine ?

La responsabilité porte ailleurs ! J'en suis douloureusement peiné, mais j'ai un devoir à remplir, c'est sur le général Soleille qu'elle doit peser tout entière.

D'ailleurs, l'accusation se trompe quand elle exagère outre mesure l'importance de ces drapeaux livrés. Oui, cela est grave, quand il s'agit de drapeaux vaillamment gagnés sur les champs de bataille, et qui sentent la poudre ; il n'en est pas de même quand il s'agit de drapeaux obtenus à coups de crayon, enlevés par le carnet et mis dans les bagages de l'armée ! Et ces drapeaux-là, si les ennemis s'en pavanent, ils se contentent de bien faciles trophées !

Pour nous, nous pouvons dire avec fierté que, dans toutes ces batailles de l'armée du Rhin, il n'y a eu qu'un drapeau enlevé par la force, et c'était un drapeau prussien !

Mais je ne veux pas m'attarder plus longtemps à ces petits détails ; tout a été expliqué, et le maréchal Bazaine est vengé de l'accusation épouvantable dirigée contre lui. Il ne me reste qu'une chose à faire à cette heure des débats ; le ministère public dans sa sévérité est allé beaucoup trop loin, et il méconnaît le texte et l'esprit de la loi. Quant à la qualification qu'il donne aux faits incriminés, il y a deux acceptions distinctes : l'une que je dois discuter et l'autre qui ne supporte pas la discussion. La théorie que le ministère public a émise sur le premier point dans son réquisitoire est bonne et je l'accepte, il y a une distinction à faire entre l'article 210 et l'article 209 du Code de justice militaire, cela est parfaitement exact. Oui, la capitulation en rase campagne est toujours un crime, et elle est toujours punie ; à cet égard, l'article 210 s'exprime d'une façon absolue. Voici comment est conçu cet article :

« Art. 210. Tout général, tout commandant d'une troupe armée qui capitule en rase campagne est puni :

» 1° De la peine de mort avec dégradation militaire, si la capitulation a eu pour résultat de faire poser les armes à sa troupe, ou si, avant de traiter verbalement ou par écrit, il n'a pas fait tout ce que prescrivaient le devoir et l'honneur ;

» 2° De la destitution, dans tous les autres cas. »

Le ministère public dit que par cela seul que la capitulation a eu lieu en rase campagne, si elle a eu pour résultat de faire poser les armes à sa troupe, le général est puni de mort. Si la capitulation en rase campagne a eu lieu avant que le général ait pu faire tout ce que lui prescrivaient le devoir et l'honneur, c'était encore la mort ; et si la capitulation n'est pas honteuse, si le général a fait tout ce qu'il devait faire, alors il est destitué.

Il ne s'agit pas de savoir comment la loi punit la capitulation en rase campage, il s'agit de prouver que le maréchal Bazaine a capitulé en rase campagne ; mais on ne prend pas la peine de discuter cette question, et cependant il est de toute évidence que l'armée était dans un camp retranché qui n'était qu'une annexe de la place de Metz et que cette armée n'était pas en rase campagne : elle était bloquée sous Metz par l'armée ennemie, que protégeait une double ligne de contrevallations, de retranchements et d'abattis. Cette double ligne de défense était appuyée par de redoutables batteries de position ; il était donc impossible absolument d'aborder immédiatement l'ennemi corps à corps. Est-ce là le caractère de l'ennemi en rase campagne ? Quand les deux armées sont séparées par une ligne de contrevallation, par des retranchements, qu'elles ne peuvent se rapprocher immédiatement ni s'attaquer corps à corps, jamais on ne pourra soutenir que ce sont là des armées en rase campagne.

Vous pouvez consulter à cet égard un ouvrage presque officiel, un rapport allemand traduit, sur l'ordre du gouvernement, par deux officiers du génie très-savants et très-capables, MM. Grignon et Futaud. Voici les dispositions des troupes autour de Metz. Vous allez voir que des deux côtés il y avait des travaux qui faisaient des positions de véritables forteresses et qui empêchaient de considérer les armées comme étant en rase campagne. Voici comment étaient établies les lignes allemandes : en première ligne se trouvaient d'abord des avant-postes, fortifiés suffisamment pour protéger les défenseurs contre le rapprochement de l'ennemi, c'était là une première défense ; en arrière, l'armée allemande dans sa position de combat, soigneusement préparée pour une défense vigoureuse, et enfin, il y avait encore une dernière position en cas de besoin pour se retirer et se mettre à l'abri des conséquences d'une première défaite.

Comment ! il y a trois lignes de contrevallation qui protégent l'armée allemande et ce serait une armée en rase campagne ? Cela est impossible.

Voulez-vous savoir comment était constituée cette armée ? Je prends encore mes renseignements dans le rapport. Au 15 octobre, c'est effroyable, mais c'est ainsi, elle comprenait cent quatre-vingt-quatre bataillons, quatre-vingt-seize escadrons, 692 bouches à feu, dont 50 pièces de siége, et vingt-trois compagnies de pionniers.

Voilà ce qu'était l'armée ennemie devant Metz, protégée par des travaux qui constituaient évidemment un obstacle matériel d'une telle nature qu'il n'est pas possible, encore une fois, de dire que l'on était en rase campagne.

Napoléon I<sup>er</sup> entendait par capitulation en rase campagne... Vous connaissez mieux que moi ce qu'il disait à cet égard, et ici je ne fais qu'un appel à vos souvenirs. Napoléon I<sup>er</sup> entendait par capitulation en rase campagne la capitulation d'une armée ou d'une fraction d'armée qui, s'étant laissé cerner accidentellement dans un bois ou dans un cimetière, mettait bas les armes devant l'ennemi, quand on est corps à corps, qu'on est enveloppé, qu'on se rend.

Voilà la capitulation en rase campagne ; alors, oui, c'est toujours un crime qu'il faut punir ; dans ces cas, il faut mourir, sinon on commet un crime qu'il faut punir rigoureusement. Dans ces cas-là, le général doit toujours être condamné.

L'armée de Metz était-elle en rase campagne ? Non, et cela pour deux raisons. J'ai dit la première. La bataille corps à corps était impossible ; l'armée allemande avait ses lignes de défense qui la protégeaient. La deuxième raison, c'est que l'armée française, de son côté, avait fait des travaux, s'était fortifiée et protégée de la même manière quand le maréchal Bazaine eut décidé, le 26 août, de rester sous Metz provisoirement. Elle avait fait des travaux sur ses flancs pour protéger sa position, elle avait construit des tranchées, des abris, des épaulements, on avait retranché les villages.

Voilà les deux raisons qui montrent d'une façon irréfutable que l'armée de Metz n'était pas en rase campagne.

Voulez-vous une autre preuve ?

Lorsqu'un général, en rase campagne, fait des nominations dans l'armée, ces nominations ne valent rien. Quand ces nominations sont faites au contraire, par le gouverneur d'une place, elles sont valables.

Pendant ce blocus si long, le maréchal Bazaine a été obligé de remplacer les glorieux morts et les malades, et les nominations ont été déclarées valables. Si elles sont valables, elles ont été faites en tant que gouverneur de la place.

Si on l'avait considéré comme étant en rase campagne, elles n'eussent pas été valables : voilà les principes. Si on est dans une citadelle bloquée, les nominations sont valables ; les comités ont discuté cette question et il vous est impossible de contester ceci : le maréchal Bazaine avait le droit de faire ces nominations, donc il a été considéré comme gouverneur de place, voilà pour l'article 210.

L'art. 209 du Code de justice militaire est conçu dans le même sens. Il veut laisser une latitude à l'esprit du magistrat.

Oui, pour se défendre, il faut avoir les éléments qui sont nécessaires à la validité humaine, des soldats qui meurent de faim, ce ne sont plus des soldats qui puissent combattre.

Le 27 octobre, n'était-on pas réduit à cette extrémité de la famine.

Ne pas laisser mourir de faim une armée entière, c'est le droit d'un général en chef, c'est un devoir même. S'il ne capitule pas alors, il doit rendre compte du sacrifice de son armée. Il en est responsable.

Les vivres ont-ils été ménagés. Est-ce que, dès le mois de septembre, le rationnement n'a pas été ordonné avec une parcimonie extrême? Vous avez entendu des témoins, ils vous ont dit que tout était épuisé quand la capitulation a été consentie.

J'ai terminé, messieurs, et je vous demande pardon d'avoir si longtemps abusé de votre attention bienveillante.

Je n'ai pas besoin de vous dire combien mon émotion est grande. Je sens l'effroyable fardeau que j'avais à soulever, et je me demande dans ma conscience si j'avais la force nécessaire.

Mais j'ai eu le courage; ma conviction est entière. Je n'ai pu donner que ce que j'avais; si la défense n'a pas été tout ce qu'elle devait être, le défenseur a confiance dans ses juges.

A ce moment suprême, je souffre bien cruellement en voyant ce vaillant soldat entendre cette horrible accusation, ce réquisitoire terrible.

Ce n'est pas sa vie que je défends. Sa vie, il s'en préoccupe peu, il l'a exposée si souvent? C'est son honneur, la seule fortune qu'il ait à laisser à ses enfants. Je souffre quand je songe à tout ce qui l'entoure.

Je ne puis m'arrêter à la pensée de cette jeune femme, de cette jeune femme qui l'aime si tendrement, et qui en est si tendrement aimée.

Je ne puis m'arrêter au souvenir de ces enfants, de ces petits êtres qui ne peuvent comprendre l'horrible drame qui se déroule dans cette enceinte.

Je souffre pour ce frère bien-aimé, pour cette digne famille dont il est la gloire.

Voilà dix-huit mois que je suis auprès d'eux, que je cherche à les consoler, vous devez comprendre combien mon cœur est brisé.

Mais ce ne sont pas ces sentiments intimes qui parlent le plus haut dans mon cœur.

Ce qui me préoccupe le plus, c'est la France, la France qui serait atteinte à tout jamais si Bazaine était condamné.

L'histoire dira que Bazaine était un grand capitaine, un soldat fidèle, loyal, dévoué. Le monde entier le dit déjà.

L'histoire ajouterait-elle qu'en récompense de ses services glorieux, de son dévouement, on lui a donné la mort et le déshonneur.

Non, vous ne rendrez jamais un pareil verdict, j'en suis convaincu, votre honneur de soldat, votre amour de la France vous le défend.

Dois-je, à cette dernière heure, vous dire ce que deviennent les accusations de haute trahison, lorsque les colères et les passions ardentes qui les produisent sont éteintes et ont disparu devant la postérité ?

Les procès politiques ont cela de fatal, que le criminel d'aujourd'hui peut devenir le héros de demain. Le lieu de son supplice devient le lieu de son apothéose, et on y dresse une statue !

---

### 3° **Réplique de M. le général Pourcet.**

M. LE GÉNÉRAL POURCET, commissaire du gouvernement. — J'avais le droit d'espérer que le débat ne descendrait pas des hauteurs où l'avaient naturellement élevé la grandeur des intérêts agités et le rang suprême de l'accusé qu'ils mettent en cause. La magnifique renommée de l'honorable défenseur qui se levait en face de moi me rassurait pleinement à cet égard. Mais je pensais aussi que dans un procès si considérable et si nouveau pour lui, l'éminent orateur, blasé par tant de succès, qu'on ne les compte plus, voudrait transformer son talent et le rajeunir au contact d'émotions saines et fécondes pour en tirer quelques-uns de ces grands effets, simples, imprévus et tout-puissants, qui s'emparent soudainement du cœur des juges et déconcertent la raison. Je croyais qu'une telle ambition le tenterait, et alors je tremblais un peu, je l'avoue, pour la cause de la vérité, qui m'était confiée.

L'orateur a parlé ; vous avez reconnu cette parole brûlante et cette dialectique hardie qui depuis trente ans illustrent et passionnent nos luttes judiciaires au service des grands criminels Pourtant je me sens soulagé : C'est bien ainsi qu'il faut défendre les causes compromises. Mais l'art, admirable toujours, charme l'esprit sans pénétrer jusqu'à la conscience. Quelles pompes! et que d'habiletés! Mais aussi que de licences! Vous êtes, monsieur, l'un des maîtres de la parole. Moi, je n'apporte ici que mon inexpérience et ma bonne foi; pourquoi donc abuser de l'une pour tenter de troubler l'autre par des artifices et des éclats que je ne saurais imiter, ni même envier? Sur ce terrain, d'ailleurs, la victoire, trop facile, serait peu digne de votre superbe éloquence. Prenez-en votre parti, je ne vous y suivrai pas.

M. le défenseur s'est montré très-véhément dans ses appréciations, il a très-largement usé des priviléges que sa mission lui conférait et que je ne songe pas, au surplus, à lui contester, car je comprends mieux que jamais, après l'avoir attentivement et scrupuleusement écouté, à quel point ils lui sont nécessaires.

Toutefois, il est un de ses reproches que je ne puis laisser passer sans protestation, car il m'a touché, je le confesse.

M. le défenseur a donné à entendre que le ministère public avait systématiquement cherché à opposer le maréchal à ses lieutenants et ceux-ci les uns aux autres, c'est-à-dire à semer la discorde, comme de parti pris, là où l'union et la confiance mutuelle sont des conditions essentielles d'existence et de salut.

Cette imputation, je la repousse de toute la hauteur de ma dignité de soldat loyal et d'honnête citoyen.

Si cette criminelle pensée est née quelque part (et c'est possible après tout, vous m'obligez à m'en souvenir), ce ne peut être dans l'esprit de ceux qui s'efforcent d'imposer à l'armée tout entière le respect de la loi, comme le plus solide et le plus nécessaire de tous les liens. Mais ce désir sincère d'union et de solidarité dont je n'ai jamais cessé de m'inspirer, ne pouvait me pousser jusqu'à précipiter, après le maréchal Bazaine, dans l'abîme où il s'agite sans espoir, ceux qui ne furent que ses victimes, et que la France, reconnaissante autant qu'elle est équitable, veut encore honorer. Laissez-les-nous, car ils sont bien à nous, les héros de Gravelotte et de Saint-Privat: cette séparation profonde, c'est lui-même qui l'accomplit par son empressement à rejeter sur eux, en toute occurrence, toutes les responsabilités qui le gênent, et nous n'avons eu, nous, qu'à la constater.

Leur modération en présence de ces infortunes a pu le tromper, mais elle n'a trompé que lui seul, et le charme est désormais rompu.

Si, dans d'autres temps, il a réussi, à force d'artifices, à leur faire partager un instant les plus décevantes illusions, qu'il n'espère pas, du moins, leur faire partager avec lui les derniers honneurs dont il paraisse encore jaloux, des certificats de civisme délivrés par l'empereur d'Allemagne ou par ses lieutenants.

M. le défenseur a dit aussi que dans mon réquisitoire, objet de ses sarcasmes, on ne trouvait d'indulgence que pour le gouvernement de la défense nationale. C'est mal reconnaître la sollicitude attentive avec laquelle nous avons préservé le grand intérêt militaire qui nous était confié de toute préoccupation étrangère à lui-même.

Nous trouvons plus de justice ailleurs.

Avouez donc franchement que notre impartiale modération vous déconcerte et que vous ne savez plus par où faire pénétrer dans ce débat les ardeurs politiques qui vous tourmentent. Vous qui avez su trouver des paroles enflammées pour flétrir l'émeute complice de l'étranger, vous auriez dû mieux apprécier l'obéissance désintéressée de soldats dévoués acceptant, sans le discuter, le gouvernement qui les envoyait à l'ennemi. Ne fallait-il pas constater l'existence de ce gouvernement de fait, mêlé nécessairement à notre discussion comme il l'avait été aux faits considérables qu'elle embrassait ? Nous n'avons point fait autre chose et nous l'avons fait sans commentaire.

Pourtant, une fois, nous avons dû juger un acte qui touchait directement aux intérêts de l'armée : la proclamation du ministre de la guerre. Pourquoi donc, en citant nos paroles, les avez-vous tronquées au point d'en atténuer la signification vraie et la portée utile. Ecoutez :

« Vous savez, en effet, messieurs, que les combats livrés par l'armée du Rhin, ont été de beaucoup les plus meurtriers de la campagne. L'armée de Metz compta 2,152 officiers, dont 26 généraux, mis hors de combat. C'est à ces officiers qui venaient de se montrer si courageux en face de l'ennemi, que le ministre de la guerre infligeait l'épithète infâme de traîtres. S'il eût mieux connu l'armée, il n'aurait pas ignoré qu'elle n'est l'instrument ni d'un homme, ni d'un parti, qu'elle appartient au pays seul, qu'elle met son devoir et son honneur à servir loyalement le pouvoir qu'il s'est donné et à se consacrer exclusivement à sa noble mission : protéger la France au dehors, assurer au dedans l'ordre public et le respect de la loi. »

Voilà ce que nous avons dit, et c'est pour ce motif qu'on nous accuse de partiales complaisances ?

Est-ce sérieux ? Tenez, je ne veux pas abuser de tous mes avantages, mais il est trop évident que vous connaissez mal l'histoire de ces temps troublés, car vous ne pouviez imaginer ici, dans cette enceinte et en ces circonstances, une attaque plus inopportune. Interrogez les témoins de ces tristes événements : ils vous apprendront que tous les généraux d'alors n'acceptèrent pas l'injuste flétrissure infligée à leurs frères d'armes malheureux et captifs. En ce temps-là tout ne finissait pas, comme aujourd'hui, par une période oratoire ; on sauvait sa dignité au prix d'une disgrâce. Croyez-moi, renseignez-vous mieux. Vous avez, monsieur, tous les courages ; rien n'effraie votre intrépide éloquence. Vous venez d'éditer devant nous un nouveau code des devoirs et de l'honneur militaires. Nous ne le connaissions pas, nous préférons le nôtre : c'est tout ce que je veux dire. Il vous est échappé dans votre discours de ces paroles qu'un soldat ne peut pas répéter devant d'autres soldats, même pour les réfuter, et vous aurez le bénéfice de notre pudeur.

Vous venez d'entendre, messieurs, les moyens de défense invoqués en faveur du maréchal Bazaine.

L'honorable défenseur semble s'être attardé à plaisir dans des considérations étrangères aux débats, et ne les avoir abandonnées ensuite que pour s'attacher aux points de vue secondaires de la cause.

Nous n'avons pas à revenir sur les preuves déjà faites, preuves auxquelles le silence du défenseur est venu donner une nouvelle autorité.

Toutefois, nous ne saurions nous dispenser de relever certaines allégations à l'aide desquelles notre contradicteur s'est efforcé de contester l'exactitude de faits désormais acquis aux débats.

Nous avons été péniblement surpris du reproche que nous a fait le défenseur, d'avoir appliqué au maréchal Bazaine le mot de lâcheté.

Le défenseur commet, à cet égard, une erreur étrange, que nous devons relever.

Il est vrai qu'au sujet des capitulations en rase campagne, nous avons cité l'opinion exprimée dans les termes suivants par Napoléon I<sup>er</sup> :

« Faire mettre bas les armes à une armée en campagne, n'est pas même une capitulation, c'est une usurpation de pouvoir, une trahison, une lâcheté. Un général n'a pas le droit de traiter de son armée, il doit combattre jusqu'à la dernière extrémité. »

Et maintenant, est-ce par un oubli seulement que la défense a placé dans notre bouche ces mots sévères qui ne nous appartiennent pas ? Nous avons, dans tous les cas, le droit de nous en étonner, et nous protestons hautement.

Dans la douloureuse tâche qui nous a été imposée, s'il est une préoccupation qui ait dominé l'esprit du ministère public, au sujet des appréciations qu'il avait à émettre, c'était de dégager complétement le vaillant soldat, le chef courageux et intrépide devant l'ennemi, du général que de fatales inspirations, que des visées égoïstes et ambitieuses ont jeté hors la ligne du devoir et de l'honneur.

Le général **Pourcet** rétablit rapidement tout l'échafaudage de son réquisitoire tel que nous l'avons donné tout au long. Nous passons, et nous arrivons à deux arguments de M<sup>e</sup> Lachaud, qui n'ont pas été prévus dans le réquisitoire : Une conspiration se tramait à Metz contre le maréchal, et l'armée du Rhin n'était pas en rase campagne.

Dans la suite de l'exposé présenté par la défense, nous chercherions en vain un point nouveau à relever si l'on n'était venu nous parler d'une conspiration militaire.

Vous l'avez entendu, messieurs :

« Le maréchal ne pouvait plus compter sur son armée, au sein de » laquelle s'était tramé un complot détestable. Les conspirateurs » étaient organisés, prêts à marcher, prêts à tout, même au crime.»

Le mot a été dit !

Que signifie cette injure nouvelle jetée à la face de cette brave armée, dont tous les chefs sont venus devant vous exalter la discipline et le patriotisme ?

Conspiration militaire ! Est-ce là le nom qui convient à ces actes d'indiscipline qui devaient, d'après la défense, s'accomplir à Metz dans les derniers jours du blocus.

Tout ce qu'on peut dire à leur égard, s'ils ont réellement existé, c'est les flétrir hautement et blâmer leurs auteurs comme l'aurait fait l'illustre général dont on a prononcé le nom respecté en parlant de ce triste incident si misérablement exploité.

Mais, en croyant défendre son client, le défenseur ne s'est pas aperçu qu'il faisait fausse route et qu'il allait imposer au ministère public l'obligation de relever un nouveau grief contre le commandant en chef de l'armée.

S'il croyait que son armée conspirait contre lui, ce n'était pas une peine disciplinaire qu'il avait à infliger à ceux qui lui étaient signalés comme les meneurs. Mieux que personne, le maréchal Bazaine sait que les lois militaires sont inexorables contre de pareils crimes.

Parlerons-nous enfin de cette déclaration inattendue par laquelle on veut justifier le commandant en chef d'avoir repoussé les honneurs de la guerre.

Les honneurs militaires, a dit Mᵉ Lachaud, c'est la dernière des humiliations, c'est la honte suprême réservée aux vaincus !

Mais non ! Vous trouveriez déplacé, messieurs, d'entendre discuter sérieusement devant vous la théorie nouvelle émise par l'éminent avocat dont la compétence, si autorisée dans un autre prétoire, n'est peut-être pas aussi constatée en pareille matière !


Ce n'est pas tout encore.

En présence des termes formels et précis de la loi, nous ne nous attendions pas à ce que le défenseur soulevât la moindre difficulté concernant la qualification légale des actes imputés au maréchal Bazaine.

Mais vous l'avez entendu soutenir devant vous que l'armée sous les ordres du maréchal Bazaine campée sous Metz devait être considérée comme faisant partie de la garnison de cette place. Or, vous le savez, messieurs, lorsque les troupes sont en présence de l'ennemi, elles sont nécessairement en rase campagne, si elles ne sont pas enfermées dans une place de guerre. Cette dénomination ne saurait s'appliquer à un camp retranché dans lequel une armée peut, à un moment donné, venir chercher un abri momentané.

Tel était le cas de l'armée du maréchal Bazaine. Il serait inutile, de vous rappeler que les camps retranchés à proximité des places ne sont nullement destinés à recevoir une armée d'une manière permanente, mais que leur but est uniquement de leur offrir au besoin un abri où elles puissent se refaire momentanément pour reprendre ultérieurement de nouvelles opérations actives. Quel danger n'y aurait-il pas à laisser admettre cette fausse théorie, par laquelle le commandant d'une armée en campagne pourrait venir à un moment donné s'enfermer dans un camp retranché, sous la protection des forts d'une place, pour y attendre l'issue de la lutte sur d'autres théâtres d'opérations ?

Mais il ne saurait en être ainsi, et il est indiscutable que ces camps constituent non des lieux de garnison, mais des points de ravitaillement, de repos momentané, enfin des pivots de manœuvre pour les mouvements d'offensive successifs des armées en campagne.

Ces considérations élémentaires sont d'ailleurs établies par le témoignage même du maréchal : Je n'ai jamais eu la pensée, a-t-il dit, de me laisser enfermer dans le camp retranché de Metz. Elles établissent donc, d'une manière irréfragable, que l'armée du Rhin, telle qu'elle avait été organisée pour sa retraite sur Verdun, n'a jamais cessé, même pendant son séjour sous la protection des forts de Metz, d'être une armée en campagne, organisée uniquement pour les opérations extérieures.

Bien que, placé dans le rayon d'action de la forteresse, le maréchal se soit trouvé avoir sous sa direction supérieure, à la fois la garnison de Metz et les divers corps formant l'armée du Rhin, il a laissé au général Coffinières, avec ses attributions de gouverneur, le commandement distinct des troupes composant sa garnison, en prévision d'un prochain départ de l'armée.

Et, vous le savez, messieurs, cette pensée de départ, le maréchal a eu soin d'en entretenir ses troupes jusqu'aux derniers jours. C'est ainsi qu'à plusieurs reprises il a ordonné la réduction des bagages et des impedimenta pour rendre les colonnes plus mobiles dans leur marche, qu'il a fait faire des distributions répétées de vivres de sac, qu'il a laissé chaque corps d'armée s'administrer séparément, au lieu de concentrer tous les services administratifs sous le contrôle d'un chef unique ; en un mot, que les ordres donnés aux troupes de l'armée du Rhin ont toujours été réglés d'après les prescriptions du service en campagne, et complétement en dehors du réglement sur le service des places mis en pratique pour les troupes formant la garnison même de la place de Metz.

Faut-il rappeler, d'autre part, que le maréchal Bazaine était si bien convaincu lui-même de cette séparation que, dès le 24 septembre, il proposait à l'ennemi la capitulation de son armée, ayant soin de spécifier que cette capitulation ne devait concerner que son armée, la place de Metz complétement en dehors.

C'est dans cet ordre d'idées qu'il a persisté jnsqu'au 26 octobre, et que, malgré les refus successifs de l'ennemi, vous l'avez vu demander, jusqu'à six fois, que la capitulation de son armée puisse avoir lieu sans entraîner celle de la place.

Et enfin, pour en finir sur cette question, que répondre à l'objection du défenseur relative à la confirmation des nominations provisoires faites par le maréchal dans l'armée de Metz, sinon que, si le droit de conférer des grades est accordé, par la loi du 16 mars 1838, aux gouverneurs des places bloquées ou assiégées, il l'est également, en vertu du § 106 de la même loi, aux commandants d'armée qui se trouvent dans des circonstances extraordinaires.

Certes, c'était bien le cas de l'armée de Metz.

Ainsi donc, et de l'aveu même du maréchal, l'armée du Rhin n'a pas cessé, sous Metz, d'être une armée en rase campagne, et, par suite, son commandant en chef, qui a signé, le 27 octobre, la capitulation ayant eu pour effet de faire poser les armes à son armée, tombe directement sous l'application de l'article 210 du Code de justice militaire.

Quant aux observations du défenseur sur l'interprétation à donner à l'article 207, nous avouons ne pas les comprendre, à moins qu'il ait oublié ce que nous avons déjà dit dans notre réquisitoire.

Au point extrême où en sont les débats, en ce moment, il nous paraît très-superflu de rentrer dans une discussion que nous considérons comme complétement épuisée.

Un dernier mot sur les drapeaux.

J'aurai peu de chose à dire sur cette question, que les révélations de la lettre du général de Cissey, à la dernière heure, n'ont pas modifiée sensiblement.

Le 26, l'ordre de porter les drapeaux à l'arsenal pour les y brûler, a-t-il été donné?

A qui a-t-il été donné?

Voilà la première question. Cet ordre, M. le général Desvaux l'a entendu.

D'autres se rappellent confusément une conversation au sujet des drapeaux, sans pouvoir en préciser le sens ni la portée.

Un premier fait est acquis.

Un seul témoin a entendu formuler un ordre positif, clair, donné au général Soleille, lui prescrivant de réunir les drapeaux à l'arsenal pour les y brûler. Cela et rien de plus.

Le lendemain, M. le général Desvaux reçoit communication par son général d'artillerie, d'un ordre du général Soleille prescrivant de réunir les drapeaux de la garde à l'arsenal, sans autre explication.

L'exécution est prescrite, le général Picard écrit au général Desvaux pour lui demander ce qu'on veut faire des drapeaux, et le général Desvaux, à ce moment, vingt-quatre heures après cet ordre du maréchal, qu'il croit se rappeler aujourd'hui si précis, répond qu'il n'en sait rien.

Lequel des deux souvenirs du général est le plus net, le plus précis! Celui qui se produit après vingt-quatre heures ou celui qui se produit après trois ans?

Notre choix est fait. Le général Desvaux, le 27, au reçu de la dépêche du général Picard, n'était nullement assuré des intentions du maréchal Bazaine à l'égard des drapeaux.

Que s'est-il passé après le 26?

L'instruction le pressentait, elle s'est épuisée à le découvrir. Le maréchal et le général Soleille se sont-ils rencontrés, entendus? Cette hypothèse lui paraissait indispensable pour dissiper quelques obscurités, elle n'y avait pas réussi.

Un témoin cité par la défense a éclairé ce point d'un jour inattendu.

M. le capitaine Gudin se rappelle parfaitement que le 26, dans la matinée, le général Soleille a vu le maréchal au quartier général de ce dernier. Il a rapporté leur entretien. Le maréchal voulait faire détruire les armes; le général a fait des objections contre ce projet et le maréchal s'est rendu à ces objections.

Puis, on a parlé des drapeaux; le maréchal a entretenu le général de leur destruction... Mais ici s'arrêtent les souvenirs du capitaine Gudin; il est sorti, ou sa mémoire se trouble. Eh bien! nous pouvons les compléter; le général Soleille, hélas! a encore fait des objections et le maréchal s'y est encore rendu.

Et voilà comment, le 27, le général Soleille sortant du bureau du maréchal, a pu rédiger les deux ordres qui commencent par ces mots : Par ordre du maréchal.

Et voilà comment nous lisons aujourd'hui dans la conscience honnête mais bouleversée de l'infortuné général Soleille, brisé par la douleur morale, paralysé par la souffrance physique, se débattant au milieu de ses contradictions pénibles pour concilier ce qui est inconciliable, c'est-à-dire le soin de son honneur calomnié par son ancien chef, et un scrupule touchant, délicat en définitive, qui prolonge au delà des bornes du devoir et du possible le respect dû au malheur. Il fallait avouer que le maréchal lui avait donné le 26 un contre-ordre, et il sentait que cet aveu perdrait son chef : il a cru qu'il ne fallait pas le faire ; il a dit qu'il ne comprenait pas, qu'il avait oublié, que sais-je, il a divagué comme un homme inhabile à trahir la vérité. Ah ! malheureux général, victime d'une générosité mal comprise ; nous avons été souvent sévère pour lui, messieurs, notre mission l'exigeait ; ici encore il a évidemment dépassé de beaucoup les limites de l'obéissance ; il a pu donner des conseils de faiblesse, oui, et pourtant en présence d'une telle ingratitude, laissez-nous lui adresser d'ici un témoignage ému de notre sympathie douloureuse, afin qu'il lui parvienne avec l'écho de ces indignes attaques dont on paye aujourd'hui son sacrifice, et qu'il en adoucisse un peu l'amertume.

Oui, le général Soleille a donné des conscils de faiblesse, mais ces conseils ont été écoutés, voilà le point essentiel. Comment! toute la journée du 26 s'écoula et le général Soleille, le plus obéissant, le plus respectueux des subordonnés désobéit et ment pour la première fois! Cet homme toujours soumis, presque timide, ne recule pas devant la plus épouvantable des responsabilités! Pourquoi? Ah! j'attends que la défense me le dise... mais elle avoue qu'elle n'en sait rien! Le maréchal le revoit le 27 au rapport du matin ; il se fait rendre compte nécessairement de l'incinération des drapeaux (comment admettre que le maréchal si vigilant, si pressé de détruire ses aigles, ne s'en soit pas enquis?) et le général, face à face avec son chef, le trompe encore.

Il quitte le maréchal, il rentre, et abusant du nom et de l'autorité de ce chef qu'il va perdre, il rédige aussitôt ces deux ordres qui sont un acte d'insubordination sans exemple.

Une première fois, le maréchal est averti de cette conduite à trois heures du soir, et il ne l'appelle pas, ne l'interroge pas : bien plus, on lui propose d'informer le général des dispositions de l'ordre rédigé par le colonel Nugues, et il s'y oppose!

« C'est tout naturel, s'écrie la défense, le général avait été prévenu déjà deux fois? » — Comment! depuis la veille, 26 au matin, ce général est en révolte contre la volonté si formelle du maréchal, celui-ci en acquiert la preuve le 27, à trois heures du soir, et il trouve inutile de lui écrire?

A qui donc espérez-vous faire croire cela?

Si vous ne respectez pas l'honneur de ce témoin, trop malade pour se traîner à la barre et se défendre, si vous foulez aux pieds avec un tel sans façon les vraisemblances les plus grossières, à quelles extrémités en êtes-vous donc? Ah! les droits de la défense sont immenses, je le sais, et je crois pourtant que vous les avez franchis.

Au surplus, c'est affaire à votre conscience; la mienne proteste, voilà tout.

On vous a dit là des impossibilités, messieurs, mais il y en a d'autres. Le lendemain, le maréchal annonce au conseil du 28 qu'il a dû arrêter l'incinération des drapeaux. Par quel ordre, par quelle démarche avait-il arrêté cette incinération, comment savait-il quelle s'opérait? Rien, ni ordre, ni avis de lui ne pouvait lui donner en ce moment une telle confiance. Il n'avait rien arrêté encore (il est huit heures et demie) puisqu'il n'avait rien prescrit; et pourtant il savai qu'on ne les brûlerait pas. Rien; si ce n'est cette dépêche datée du 27, èt adressée au colonel de Girels, ne pouvait lui donner une telle confiance.

Le procès-verbal signé du lieutenant-colonel Maugé? Mais il vous a dit qu'il n'avait ni droit, ni qualité pour le dresser, et qu'il avait mis son nom sur une pièce sans valeur et sans usage, car il n'avait pas le droit de brûler un drapeau. Il en a brûlé un, parce que c'était un drapeau de cavalerie, et que, pour cela il avait des ordres directs, personnels, de son chef, le colonel de Girels : il l'a fait sous sa propre responsabilité.

A-t-on prescrit aux corps de brûler leurs drapeaux eux-mêmes? Non.

Leur a-t-on promis qu'on les ferait brûler à l'arsenal? Oui.

A-t-on donné l'ordre à l'arsenal de brûler les drapeaux? Jamais.

Lui a-t-on donné l'ordre de les conserver? Oui, trois fois. — Voilà la vérité.

Quant aux révélations de la lettre du général de Cissey, produite à la dernière heure dans un intérêt trop facile à pénétrer, je n'y attacherais aucune importance, si elle ne confirmait le sens d'une phrase qui a donné lieu à diverses interprétations :

« Le maréchal a fait dire le 27 au général de Stiehle que les drapeaux, emblèmes politiques, étaient brûlés à chaque changement de gouvernement, et qu'il l'en informait afin de n'être pas accusé plus tard d'avoir manqué à ses engagements. »

Quels engagements, nous demandions-nous? Il n'y en avait encore aucun de pris à cette heure; nous le croyons du moins.

Nous savons maintenant qu'il y en avait peut-être? et nous nous expliquons la surprise du général de Stiehle, le 27 septembre, devant la déclaration du général Jarras !

Tels sont, messieurs, les moyens de défense du maréchal Bazaine. Nous ne croyons pas qu'ils soient de nature à modifier vos convictions.

Du reste, l'habileté du défenseur, fut-elle parvenue à faire naître des doutes sur quelques circonstances obscures, sur quelques points secondaires, cela importerait peu ! Elle n'a pu réussir à troubler vos consciences. Elle ne pourrait atténuer en rien le crime désormais incontestable résultant des relations du maréchal avec l'ennemi ; de ses machinations politiques, et du fait même de la capitulation.

Pour un aussi grand crime, la loi est inexorable. Elle punit toute capitulation d'une place de guerre lorsque le gouverneur n'a pas épuisé tous les moyens de défense, et n'a pas fait tout ce que lui prescrivaient le devoir et l'honneur.

Elle proscrit d'une manière absolue toute capitulation d'une armée en rase campagne.

Or, le maréchal n'a-t-il pas rendu à l'ennemi la place de Metz sans qu'aucune des prescriptions de la loi ait été remplie ?

N'a-t-il pas consenti, pour son armée en rase campagne, une capitulation qui a eu pour résultat de lui faire poser les armes ?

N'a-t-il pas, enfin, avant de signer cette capitulation, gravement manqué à ce que prescrivent le devoir et l'honneur.

Les articles 209 et 210 du Code de justice militaire, et les première et deuxième parties du premier paragraphe de l'article 216, lui sont donc incontestablement applicables.

Vous vous rappellerez, messieurs, que le conseil d'enquête, présidé par un maréchal de France, et composé d'officiers de toutes armes, revêtus, comme vous, des plus hauts grades de l'armée, a blâmé, à l'unanimité, la conduite du maréchal Bazaine, dans tous ses actes, et que le ministre de la guerre, investi par la loi du droit de se prononcer, n'a pas hésité, à la suite d'un examen approfondi, d'après l'avis du rapporteur et sur les conclusions conformes du commissaire du gouvernement, à ordonner la mise en jugement du maréchal. Votre jugement, messieurs, complétera la triple sanction de sa culpabilité.

Nous touchons, messieurs, au terme de ces grands débats, et le moment est venu d'en tirer la moralité qu'ils comportent.

Si nous ne nous abusons, l'intérêt de la cause que vous allez juger dépasse singulièrement, par la portée lointaine et la gravité des conséquences de votre décision, l'intérêt, si respectable qu'il soit toujours, d'un simple procès judiciaire.

La personnalité considérable de l'accusé, encore qu'elle s'impose par les souvenirs d'un glorieux passé, s'efface elle-même devant l'image de la patrie mutilée, qui se dresse en face de vous et vous montre ses plaies.

Elle ne crie point vengeance ; ce serait insulter à la majesté de votre justice, qui ne connaît pas de ces sentiments violents : la patrie blessée réserve ses vengeances pour d'autres temps et pour d'autres ennemis que ses enfants égarés qui la déchirent ; contre ceux-ci, elle s'abrite derrière la loi ; mais l'inviolabilité de cette loi lui apparaît plus précieuse que le plus précieux d'entre les siens, puisqu'elle est la sauvegarde de tous.

Eh bien, messieurs, cette loi si sage, si ferme, si prévoyante, inspirée des traditions militaires les plus glorieuses, appuyées des leçons de l'histoire de tous les temps et de tous les peuples, délibérée à une époque de calme et d'apaisement, au milieu de toutes les lumières de la science, par des hommes qui ne connaissaient en ce moment, et pour cette œuvre, d'autre passion que l'amour du bien public et de la justice, cette loi tutélaire, elle a été outrageusement violée !

Ce fut là sans doute un grand malheur qui nous a légué un grand péril.

Depuis l'ouverture de ce procès, on assiste au pénible spectacle d'intérêts inavoués et de tristes passions, ligués avec ardeur contre la vérité, pour l'étouffer en germe ou la travestir, pour égarer le bon sens de la nation et surprendre sa bonne foi par l'étalage de détestables sophismes, et l'excuse complaisante de toutes les défaillances.

C'est ainsi que le trouble est entré dans les consciences, et que les ténèbres s'épaississent autour d'elles.

Rendez-leur la lumière ! Relevez sur leurs bases, désormais inébranlables, les droits sacrés de la patrie, que votre arrêt rassure les bons, fixe les indécis et déconcerte les autres !

Encore un mot, messieurs ! Pardonnez-le moi, car je sens bien que la tristesse de ces longs débats vous accable.

La France, jetée par une fatalité inouïe dans une suite de désastres sans exemple et sans nom, est sortie de cette horrible épreuve meurtrie, mais palpitante encore ; elle s'est redressée soudain, le front haut, toute frémissante de surprise, de douleur et d'indignation ; après trois ans accomplis de ce lugubre drame, elle étonne le monde par la vigueur de son patriotisme et son indomptable énergie. Elle tente, en ce moment même, une grande et suprême expérience ; elle va jeter dans les rangs de son armée transformée la masse compacte de ses jeunes générations, le plus ardent et le plus pur de son sang.

Il faut tout espérer de cette entreprise hardie qui peut relever en France, par la pratique de la discipline, le sentiment trop oublié du respect de l'autorité chez les uns, de la responsabilité du commandement chez les autres.

Cette épreuve commence ; dans quelques semaines, dans quelques jours peut-être, 140,000 jeunes gens envahiront nos camps : que votre sentence soit leur premier enseignement, sous l'uniforme qui leur impose de rudes et nobles devoirs ; que votre arrêt, terrible en son impartialité, grave à jamais dans ces jeunes cœurs, encore vierges d'impressions funestes, l'amour de la patrie et la religion de l'honneur.

Enfin, que cette sombre histoire ne s'efface plus de notre mémoire, et fortifie dans nos âmes retrempées par les revers cette conviction salutaire :

« Un peuple qui refuse de s'incliner devant la loi sera forcé de
» s'humilier un jour devant un vainqueur. »

Nous avons oublié les traditions de nos pères : vous allez fonder la tradition pour la postérité.

Les desseins de la Providence sont impénétrables ; reverrons-nous jamais le cours interrompu de nos heureuses destinées? C'est le secret de Dieu. Mais, si nos vœux ardents doivent être un jour exaucés, ceux d'entre vous, messieurs, qui fouleront encore en maître, avant de fermer les yeux, une terre naguère française, rebelle à la conquête, pourront dire avec fierté : « Cette ère nouvelle de prospérité qui ramène la fortune sous nos drapeaux, elle date de l'heure terrible où la justice des hommes, supérieure à toutes les faiblesses, sut abattre l'audace et l'orgueil d'un grand coupable ! »

Peut-être alors, dans l'ivresse du triomphe, les cœurs s'ouvriraient-ils à la clémence, et sa mémoire trouverait, enfin, grâce devant la France heureuse et régénérée.

Incertaine et chère espérance ! Elle se dérobe encore dans la nuit de l'avenir; mais elle calme et nos regrets déchirants et nos ressentiments amers.

Ecartons ce rêve consolant où l'âme assombrie de la patrie en deuil se repose et goûte encore une âpre jouissance.

L'heure qui s'approche, hélas ! n'est pas celle des représailles que nous aurions aimées ; c'est l'heure solennelle de l'impartiale justice qui va sonner, et nous voulons, messieurs, qu'elle vibre triste et grave, au milieu du silence de nos esprits recueillis et dans l'apaisement de nos passions soumises.

---

### 4° Réplique de Mᵉ Lachaud.

Mᵉ LACHAUD. — J'avais cru, messieurs, que c'était assez d'une fois pour demander la tête d'un maréchal de France. J'avais cru que la douleur d'un général français devait être bien horrible, quand il lui fallait décapiter l'armée. Je m'étais trompé ! M. le commissaire spécial du gouvernement, général Pourcet, je le nomme à mon tour, puisqu'il a prononcé mon nom, vous a prouvé qu'il y avait une certaine satisfaction à le faire, et je le constate sans m'en étonner. Si j'avais à répondre à toutes les personnalités qui sont venues m'atteindre, si j'avais à dire tout ce que ces colères et ces railleries ont d'étrange dans un débat de cette importance, je me laisserais égarer, et je ne le veux pas ! Je n'ai pas de ma personnalité l'opinion que le ministère public paraît avoir de la sienne, et quand il attaquera l'avocat, l'avocat se taira ; il n'est rien dans le débat, et quand il a fait son devoir, quand il a le témoignage de sa conscience, il lui est à peu près égal de ne pas l'avoir. d'autre part.

Cependant, est-il vrai, messieurs, que j'ai fait descendre le débat ? Est-il vrai que je n'en ai pas compris les grandeurs ? Est-il vrai que j'ai défendu le maréchal comme on défend un accusé vulgaire ? J'en appelle à vous. Si c'est là un outrage qu'on m'adresse, j'en appelle à vous pour me venger. Ah ! je ne me suis pas perdu dans les immenses hauteurs du réquisitoire ; je n'ai pas pu monter à ce degré d'éloquence; mes termes ont été souvent malheureux, mais je n'ai pas le bonheur de les écrire avant l'audience, et je puis quelquefois mal rencontrer.

Laissons cela, messieurs ; arrivons à quelque chose de plus sérieux et de plus grave, suivons ces attaques nouvelles, et tâchons d'en faire justice.

Ah ! je suis venu ici avec des certificats de civisme délivrés par les généraux allemands ! Et c'est un général français qui trouve que, quand son ennemi est indignement calomnié, on ne doit pas le défendre ; — et on apprendra dans le monde entier que si un de nos ennemis était outragé, que si on avait la preuve de son innocence , M. le commissaire spécial du gouvernement la garderait et n'irait pas venger la calomnie. Malheur à nous ! car nous allons nous faire juger d'une étrange manière ! Malheur à mon pays , si , après la parole autorisée que vous venez d'entendre , on a le droit de croire que nos haines vont assez loin pour laisser perdre la vérité et pour laisser triompher le mensonge et la calomnie ! Quoi ! vous appelez cela des certificats de civisme !... Quoi ! vous considérez cela comme des attestations !... Quoi ! général, vous ne voyez pas que c'est un cœur de soldat qui écrit que c'est une infamie !... Ah ! tant pis , tant pis pour vous !... car un écho comme celui-là frappe toutes les grandes âmes... Mais passons, laissons cela !

Le ministère public se vante de la modération de son réquisitoire... Qu'eût-il donc été s'il n'avait pas été modéré ?... Je passe... C'est vous qui jugez et c'est à vous que je m'en rapporte.

Le ministère public — et je le suivrai pas à pas, — veut empêcher cette vérité radieuse d'éclairer le débat et d'éclairer le monde : il veut que les généraux et les maréchaux témoins dans ce grand débat n'aient pas été unis à ce malheureux maréchal ; il veut briser ce lien magnifique qui fait l'honneur de l'armée, comme l'honneur du pays... Il n'y parviendra pas!... Ah! il restera ceci, c'est que les généraux français, toujours courageux et loyaux, ont compris qu'il y avait là une solidarité nécessaire, et que si le maréchal était leur chef devant la loi, ils étaient tous égaux devant la conscience, parce que tous ils avaient su et parce que tous ils avaient voulu.

Ah! messieurs, est-ce que je puis accepter un mot que vous venez d'entendre? Puis-je laisser dire que j'ai tronqué la lecture du réquisitoire? Ah! puisque le mot tronquer a été dit, je le retourne, et je répète qu'on a tronqué mon discours et qu'on n'a pas voulu me comprendre. Qu'ai-je dit? J'ai dit qu'après la proclamation de M. Gambetta à Tours, quand le maréchal Bazaine, non pas lui tout seul, mais avec lui les autres maréchaux et les autres commandants de corps ont été abominablement outragés, — j'ai dit que, quand on a appris à tous qu'ils étaient des traîtres, il y avait là une infamie ; et j'ai bien dit, j'ai dit que je ne comprenais pas, et je le répète encore, qu'on ait appelé cela, au nom de l'accusation, un injurieux soupçon. Ah! je ne tronque pas le mot ! Quand M. Gambetta parle de trahison, quand M. Gambetta outrage les Canrobert, les Le Bœuf, les Frossard, les Ladmirault, quand il en fait de misérables traîtres à la patrie, vous appelez cela des soupçons, rien que des soupçons ! Le mot restera, et, m'emparant de votre phrase, je vous dirai à mon tour que, si cela suffit à votre conscience, c'est bien, mais que la mienne est plus difficile.

Marchons, messieurs, — poursuivons — et certes, mon animation est un droit ; je l'exerce, quelle que soit la fatigue extrême que j'éprouve, et il me semble que si ma voix s'arrêtait tout à l'heure, je trouverais encore dans ma volonté, dans mon indignation la force d'exprimer ce que je ressens.

J'avais mal compris un mot, je le veux bien : le mot de lâcheté; ce n'était pas à M. le maréchal Bazaine auquel ce mot s'adressait ; c'est un vaillant soldat, oui, le maréchal... s'il est un vaillant soldat, s'il est toujours le premier au feu, s'il a une bravoure téméraire d'exposer sa vie à chaque instant, il faudrait au moins, non par une phrase académique, mais par une bonne raison, m'indiquer comment cet ambitieux, qui va se faire tuer, a l'espérance, par sa trahison, de satisfaire à ses désirs... On ne prend pas même la peine de discuter cela, je le répète, on se dégage de tout..... Des mots, rien que des mots !.. Au commencement de la pompe — de la pompe au milieu, de la pompe à la fin!.. Et puis ?... Rien ! rien !..

Ainsi, quand nous examinons les différentes parties du réquisitoire, quand je fais les critiques que vous savez, quand je passe en revue les conséquences à tirer des témoignages, quand je vous montre que le ministère public, évidemment, s'est trompé, on prétend que la réponse n'est pas exacte ; et puis, l'on passe... Quand je parle de la défaillance des témoins, quand je dis que cette défaillance est facile à comprendre, on me répond que c'est vrai ; que la défaillance des témoins se comprend.... on l'accepte pour les uns, et on ne l'accepte pas pour les autres.

·Et il faut que l'opinion publique sache que le colonel Stoffel doit avoir une mémoire parfaite et qu'à côté de lui il en est d'autres qui peuvent s'en passer.

Voilà ce que j'ai à dire. J'ai affirmé que je croyais à la bonne foi de tout le monde ; la loyauté de l'un est égale à celle des autres, il n'y a pas de distinction à faire.

Ah ! quel reproche ! J'en prends à témoin le conseil, toute cette salle. Moi ! moi ! j'ai rabaissé l'honneur de l'armée ! Moi, je n'ai pas eu des paroles enflammées, puisque c'est votre mot, pour ces grands noms, pour ces braves soldats ! Quoi! je n'ai pas fait sentir à chaque instant les palpitations ardentes de mon cœur ! Quoi ! j'ai été assez malheureux pour ne pas laisser lire tout ce qu'il y a dans mon âme d'admiration et de pitié pour tous ceux-là qui ont tant souffert et qui le méritaient si peu ! Allons! allons ! la vérité, s'il vous plaît ! il la faut ; on nous juge, et nous ne sommes pas accusé, nous sommes ici acteur. Il ne suffira pas de dire : c'est moi, moi seul qui suis la vérité, — c'est le monde qui nous jugera et je ne crains pas son opinion.

Marchons, examinons les quelques points sur lesquels M. le commissaire du gouvernement a ramené le débat. Il a fait un examen très-prompt, je ne serai pas plus long que lui. Je marcherai après lui, pas à pas. J'avais la plume à la main quand il parlait, j'ai pris des notes et je serai bien malheureux si, avec des termes mauvais, sans doute, mais avec une raison qui est incontestable, je ne parviens pas à démontrer qu'il n'y a pas eu plus de force dans la réplique qu'il n'y en avait eu dans le discours principal.

Me Lachaud revient sur tous les points de l'accusation en quelques mots. Comme nous l'avons fait pour la réplique du général Pourcet, nous passons à la question de savoir si l'armée du maréchal Bazaine doit être considérée comme ayant capitulé en rase campagne.

Je touche au terme. Ce que je fais devant vous, ce n'est pas mon travail, c'est le travail de l'accusation; je l'ai suivie pas à pas, j'ai noté les mots, et j'ai oublié bien des vivacités de sa parole : quand elles ne touchent que moi, cela m'est égal, mais je pourrais peut-être les lui reprocher quand elles touchent le malheureux qui est ici.

Le ministère public a-t-il même essayé de me répondre sur la capitulation en rase campagne ? Non, il dit que le camp retranché ne peut pas être confondu avec la forteresse. Est-ce que j'ai jamais confondu cela ? Il dit que le camp retranché se construit d'ordinaire pour permettre à des troupes de reposer là momentanément; est-ce que j'ai dit le contraire? Il est facile de combattre ainsi ses adversaires; quand ils vont à gauche, vous allez à droite, et vous ne les rencontrez jamais.

J'ai dit que dans certaines circonstances le camp retranché se fond avec la citadelle et la ville fortifiée. J'ai dit que la situation à Metz était absolument celle-là. J'ai dit que quand on ne peut pas sortir, que quand on ne peut pas aller se prendre corps à corps, on n'est pas en rase campagne. Il ne faut pas être savant, il ne faut pas avoir passé par l'Ecole polytechnique pour comprendre ces choses-là. Assurément, je ne saurais dire comment il faut s'y prendre pour fortifier, je me garderais bien de l'essayer, mais pour comprendre que le camp retranché, qui aujourd'hui sert de lieu d'asile, peut demain matin servir d'annexe de la forteresse, et que là l'armée du camp retranché deviendra garnison de la ville fortifiée, il suffit d'un entendement parfaitement ordinaire, et j'ai l'espérance que Dieu me l'a donné.

Il y avait deux zones, je vous l'ai montré ce matin, et le ministère public n'a pas répondu un mot à ce sujet. Je vous ai dit que c'était un camp retranché, d'abord parce que cette annexe de la ville ne permettait pas le combat en rase campagne, ne laissait pas aux deux armées le moyen de se rencontrer, puis parce que les Prussiens s'étaient fortifiés. Je vous ai lu ce matin une traduction qui a été faite par ordre du gouvernement français, je vous ai montré les trois positions, la première position du combat, puis la position de retraite, et j'en ai conclu que les Prussiens étaient abrités derrière ces remparts faits par eux, que ces remparts étaient d'une puissance énorme, qu'ils étaient défendus par 250,000 hommes, entendez-vous bien, et que, par conséquent, quoique le périmètre fût immense, il était facile de le défendre. Je vous ai dit encore que le camp retranché qui se trouvait ainsi immobilisé, si je puis ainsi parler, par les travaux des Prussiens, l'était devenu également par les travaux que l'armée du Rhin avait faits. Je vous ai rappelé qu'à compter du 26 août, pen-

dant les quinze jours qui, suivant l'accusation, étaient les seuls dont
on avait besoin, on avait fait là tous les travaux nécessaires.

Je vous ai montré que lorsqu'il a été impossible de sortir, — et la
capitulation s'est faite après, n'est-il pas vrai ? car il faut prendre
l'état de l'armée au jour où la capitulation sera signée, — je vous ai
montré que l'armée du Rhin s'était fortifiée à son tour, qu'elle avait
des positions prises, des canons de position, qu'il y avait trois remparts chez les Prussiens, des remparts de notre côté, par conséquent,
il manquait cette facilité d'approche, condition essentielle d'un combat
en rase campagne ; voilà à quels arguments il fallait répondre, voilà
ce que le ministère public n'a pas même essayé d'examiner. Et,
comme il s'est arrêté là, je m'y arrête à mon tour, en terminant
comme lui, avec les dernières invocations de sa péroraison ! Il est
temps que ce procès finisse. Ah ! vous dites que l'on pervertit tous
les jours l'opinion publique ! En vous adressant à des feuilles qui
rendent compte du procès, vous avez fait entendre des paroles sévères.

Au nom de la justice la plus vulgaire, je vous le demande, quelles
sont donc les feuilles que vous avez lues et qui vous blessent si fort ?
Comparez, recherchez les comptes-rendus des audiences ; demandez-
vous de quel côté est la passion, de quel côté est l'égarement ou l'en-
traînement. J'aurais pu, c'était mon droit, c'était peut-être mon devoir, solliciter l'intervention du conseil, et lui dénoncer des comptes-
rendus qui n'en étaient pas ; je m'en serais bien gardé, car, ainsi que je
le disais hier, je respecte la presse, même alors qu'elle est égarée,
et je n'aurais pas voulu opposer une digue aux calomnies, aux in-
sultes qui s'adressaient au maréchal Bazaine. Je voulais qu'après
votre verdict, on pût dire qu'on avait tout essayé, qu'on avait
tout tenté pendant trois ans, que la calomnie n'avait jamais désarmé, que l'outrage avait été versé à flots, et que, cependant, la
vérité s'était fait jour.

Je me suis tu, et c'est l'accusation qui parle d'ardeurs ! Et nous
arrivons à une telle méconnaissance des choses, que la victime est
réputée le coupable. Passons.

Mon dernier mot sera aussi à l'adresse de ces soldats, de ces 140,000
jeunes gens à qui, pour apprendre la discipline, il faut montrer
qu'un maréchal de France est un traître ! Ah ! vous trouvez que
l'exemple sera beau !

C'est ainsi que vous leur enseignerez le respect ; et, quand le plus
haut grade de l'armée aura été déshonoré, vous pensez qu'ils obéi-
ront aux généraux et qu'ils ne diront pas de cette armée : tout le
monde était pourri, puisque le premier de ses chefs était gangrené !

Laissez-moi vous dire qu'il y a, ce me semble, mieux à faire pour l'éducation de ces 140,000 jeunes gens que vous évoquez ici comme grand mouvement de votre péroraison. Ce qui serait mieux, à mon sens, ce serait de leur apprendre que la calomnie ne porte pas quand elle touche à des innocents ; que l'armée n'a pas à rougir, qu'elle peut toujours lever la tête ; que si celui-là, qui fut l'un de ses chefs, a été malheureux, il ne fut pas indigne ; que si l'on a pu un instant le soupçonner, la lumière s'est faite et l'honneur de l'armée est sorti sauf de cette épreuve.

C'est un exemple moral qui en vaut un autre, et que je cite, pour terminer mon discours comme s'est terminé le réquisitoire de M. le commissaire du gouvernement.

Je m'arrête. Hâtez-vous ; l'opinion publique vous demande une satisfaction que vous ne pouvez pas lui refuser. Le maréchal Bazaine est innocent, il faut le proclamer bien vite. Insister davantage, ce serait blesser, messieurs, j'oserais presque dire votre honneur ; car, lorsqu'on a suivi ce débat comme vous l'avez fait, quand tout a été vu, quand tout a été compris, quand l'évidence s'est faite, il ne faut plus perdre une minute, il faut que la vérité éclate, il faut que chacun sache que celui qui est devant vous est toujours le grand, le digne maréchal Bazaine, que sa gloire est intacte. L'homme qui nous a donné vingt-et-un drapeaux ennemis, qui les a vaillamment conquis sur le champ de bataille, qui, lui, ne les a pas pris à des intendances, reste le vaillant soldat du pays !

J'ai dit. Je m'arrête ; j'ai foi en Dieu, j'ai foi en la justice, j'ai foi en vous, et je ne crains pas une œuvre d'iniquité.

M. LE PRÉSIDENT. — M. le maréchal, avez-vous quelque chose à ajouter pour votre défense?

M. LE MARÉCHAL BAZAINE (d'une voix ferme). — J'ai sur la poitrine deux mots : Honneur et Patrie, qui m'ont guidé dans toute ma vie militaire. Je n'ai jamais manqué à cette noble devise, pas plus à Metz que partout ailleurs, pendant les quarante-deux ans que j'ai servi loyalement la France. Je le jure devant le Christ !

M. LE PRÉSIDENT. — Les débats sont clos.

Commandant Thiriet, priez M. le maréchal de se retirer. Le conseil va délibérer. MM. les juges suppléants qui n'ont pas accès à la salle des délibérations, voudront bien néanmoins se tenir à la disposition du conseil, pour le cas où leur intervention deviendrait nécessaire.

# CINQUIÈME PARTIE

---

# JUGEMENT

---



*Suite de l'audience du mercredi 10 décembre.*

Après une délibération de quatre heures, le conseil rentre en séance.

Pendant la délibération, deux avertissements ont été donnés au public pour prévenir toute marque d'approbation ou d'improbation, de sorte qu'à la rentrée du conseil s'établit le plus religieux silence. Il est huit heures quarante-cinq minutes.

Un cordon de gendarmerie mobile entoure le prétoire.

M. le président, d'une voix solennelle, mais qui laisse percer une certaine émotion, prononce le jugement qui suit :

## AU NOM DU PEUPLE FRANÇAIS,

Cejourd'hui 10 décembre 1873, le 1er conseil de guerre permanent de la 1re division militaire, délibérant à huis-clos, le président a posé les questions suivantes :

1re QUESTION. — Le maréchal Bazaine est-il coupable d'avoir, le 28 octobre 1870, comme commandant en chef de l'armée du Rhin, capitulé en rase campagne ?

2e QUESTION. — Cette capitulation a-t-elle eu pour résultat de faire poser les armes aux troupes dont le maréchal Bazaine avait le commandement en chef ?

3e QUESTION. — Le maréchal Bazaine a-t-il traité verbalement ou par écrit avec l'ennemi sans avoir fait préalablement tout ce que lui prescrivaient le devoir et l'honneur ?

4ᵉ QUESTION. — Le maréchal Bazaine, mis en jugement après avis d'un conseil d'enquête, est-il coupable d'avoir, le 28 octobre 1870, capitulé avec l'ennemi et rendu la place de Metz, dont il avait le commandement supérieur, sans avoir épuisé tous les moyens de défense dont il disposait et sans avoir fait tout ce que lui prescrivaient le devoir et l'honneur ?

Les voix recueillies séparément en commençant par le juge le moins ancien en grade, le président ayant émis son opinion le dernier, le 1ᵉʳ conseil de guerre déclare :

Sur la 1ʳᵉ question : OUI, à l'unanimité.
Sur la 2ᵉ question : OUI, à l'unanimité.
Sur la 3ᵉ question : OUI, à l'unanimité.
Sur la 4ᵉ question : OUI, à l'unanimité.

Sur quoi, et attendu les conclusions prises par le commissaire spécial du gouvernement dans ses réquisitions, le président a lu le texte de la loi et a recueilli de nouveau les voix dans la forme indiquée ci-dessus pour l'application de la peine.

En conséquence, le conseil, vu les dispositions des articles 210 et 209 du Code de justice militaire, ainsi conçu :
 « Article 210. — Tout général, tout commandant d'une troupe
» armée qui capitule en rase campagne est puni :
 » 1° De la peine de mort, avec dégradation militaire, si la capitu-
» lation a eu pour résultat de faire poser les armes à sa troupe, ou
» si, avant de traiter verbalement ou par écrit, il n'a pas fait tout
» ce que lui prescrivaient le devoir et l'honneur ;
 » 2° De la destitution dans tous les autres cas. »
 « Article 209. — Est puni de mort, avec dégradation militaire,
» tout gouverneur ou commandant qui, mis en jugement après avis
» d'un conseil d'enquête, et reconnu coupable d'avoir capitulé avec
» l'ennemi et rendu la place qui lui était confiée, sans avoir épuisé
» tous les moyens de défense dont il disposait, et sans avoir fait tout
» ce que prescrivaient le devoir et l'honneur. »

Condamne, à l'unanimité des voix, FRANÇOIS-ACHILLE BAZAINE, maréchal de France, **à la peine de mort avec dégradation militaire.**

Le 1ᵉʳ conseil de guerre déclare que le maréchal Bazaine cesse de faire partie de la Légion d'honneur et d'être décoré de la médaille militaire.

Condamne, en outre, le maréchal Bazaine aux frais de la procédure envers l'Etat, par application de l'article 159 du Code de justice militaire, ainsi conçu :

« Le jugement qui prononce une peine contre l'accusé le condamne aux frais envers l'Etat. »

Enjoint au Commissaire spécial du Gouvernement de faire donner immédiatement en sa présence lecture du présent jugement au condamné, devant la garde rassemblée sous les armes, et de l'avertir que la loi lui accorde vingt-quatre heures pour se pourvoir en révision.

---

A peine le jugement rendu, tous les juges signèrent un recours en grâce qui fut envoyé immédiatement au président de la République par M. le duc d'Aumale.

Le maréchal de Mac-Mahon conféra longuement le lendemain avec les ministres qui lui firent, dit-on, sur un point, une vive résistance. A onze heures du soir, il fit connaître au maréchal sa décision. La peine de mort est commuée en vingt années de détention, et la dégradation, maintenue dans ses effets, ne recevra pas d'exécution matérielle.

Le lieu de détention du condamné sera une des îles Sainte-Marguerite, dans la Méditerranée, près de Cannes.

M. Bazaine a adressé, vingt-quatre heures après avoir reçu l'avis de la commutation de sa peine, la lettre suivante à M. le maréchal de Mac-Mahon :

> Monsieur le maréchal,
>
> Vous vous êtes rappelé le temps où nous servions la patrie l'un et l'autre ; je crains que votre cœur n'ait dominé la raison d'État. Je serais mort sans regret, car la demande en grâce que vous ont adressée mes juges venge mon honneur.
>
> Agréez, monsieur le maréchal, l'expression de mon respect.
>
> BAZAINE.

FIN.

# TABLE

DE

## LA QUATRIÈME LIVRAISON.

## QUATRIÈME PARTIE.

### PLAIDOIRIES.

| | PAGES. |
|---|---|
| 1° Réquisitoire du général Pourcet | 1 |
| 2° Plaidoirie de M° Lachaud | 158 |
| 3° Réplique du général Pourcet | 212 |
| 4° Réplique de M° Lachaud | 224 |



## CINQUIÈME PARTIE.

### JUGEMENT.

Jugement ......................................... 231





3512 — Nantes, Imprimerie Jules Grinsard, rue de la Fosse, 32.

# REVUE UNIVERSELLE

## PUBLICATION DESTINÉE AUX PAYS HORS D'EUROPE

POLITIQUE, SCIENCES, LITTÉRATURE, BEAUX-ARTS,
INDUSTRIE, AGRICULTURE, FAITS DIVERS, MODES, COMMERCE,

---

13 Livraisons par an, de quatre semaines en quatre semaines,
de 250 pages chacune, avec gravures.

---

### CONDITIONS D'ABONNEMENT

*On ne s'abonne pas pour moins de six mois.*

|                                                  | Un an | Six mois |
|--------------------------------------------------|-------|----------|
| Tous pays hors d'Europe, et Russie, Turquie, Grèce | F. 80 » | 40 » |
| Tous pays en Europe ( excepté ceux ci-dessus)    | 50 » | 25 » |
| France et Algérie                                | 40 » | 20 » |

---

### PRIME

*Pour les abonnés de la* REVUE UNIVERSELLE.

Tous les abonnés de la *Revue universelle* reçoivent
gratuitement LE PROCÈS DU MARÉCHAL BAZAINE, 4 livraisons de plus de 200 pages chacune, avec gravures.

---

### BUREAUX DE LA *REVUE* :

Paris, J.-J. TESSIER, 98, boulevard Richard-Lenoir.
Nantes, Jules GRINSARD, imprimeur-éditeur, succ' de
M. H. Charpentier, rue de la Fosse, 32 et 34.

---

4512 — Nantes, Imp. Jules Grinsard.

www.ingramcontent.com/pod-product-compliance
Lightning Source LLC
LaVergne TN
LVHW020120060726
842526LV00004B/1201